須恵器から見た被葬者像の研究

中村　浩

芙蓉書房出版

まえがき

須恵器は古墳時代後半以降、日本全国にその消費が急速に拡大していった主要な日常容器の一つである。それらの多くは当時構築されていた墳墓に副葬品或は供献物の容器として内部に納められてきた。その検討は当時の葬送儀礼の実態を解明するための糸口の一つとして重要である。さらにそれら墳墓の年代を推定する資料として、墓誌を伴わない殆どの墳墓の年代推定にとっても貴重な材料でもある。

墳墓の年代推定のみならず、その種類に見られる特徴から、被葬者およびその構築氏族の性格が反映している場合も少なからず見られる。まず本書では、この須恵器を通じて古代の墳墓の被葬者像の検討を行なってみた。

須恵器生産の始まった五世紀以来、その中心的地位を保ち続けた和泉陶邑窯は、全国各地に供給しその需要をまかなっていた。とりわけその生産開始からしばらくは一元的供給体制のもと、中央政権に管理運営された生産ではなかったかと考えられている。まもなく各地で須恵器生産が開始されていったが、その主たる地位は揺るがなかったと考えられる。

次に須恵器生産の実態について、とくに窯とその操業期間の問題に焦点を当てて考えてみた。従来失敗品などの廃棄場所である灰原の状況、すなわち堆積状況や広がりという面からの検討は見られたが、実際に窯本体に残された痕跡からの検証は十分行なわれたとはいえない。陶邑窯における床面残存遺物などから各時期における操業期間、操業状況などについて検討を加えてみた。

須恵器生産に関しては既に多くの論考が公刊され、その実態が明らかになってきているが、その直接生産にかかわった工人層やその直接支配層については必ずしも実態が明らかにされているとはいいがたい状況にある。

本書では、陶邑地域内に構築された様々な地域の古墳について再検討を行なった。とくに墳墓への埋葬は彼らの生活の最終末段階におとづれる重要な儀礼であるとともに、納められた須恵器はその被葬者やその氏族の状況を知る重要な手がかりとなるものである。陶邑域内には、陶器千塚古墳群、牛石古墳群、野々井古墳群、南野々井古墳群、檜尾塚原古墳群など多くの古墳群が分布していた事が知られている。本書ではこれら全てを網羅することは出来なかったが、そのうちの中部、西部地域に位置する野々井古墳群、南野々井古墳群、檜尾塚原古墳群などについて考えてみた。十分なものではないかもしれないが、これによって須恵器生産に関与した工人及び関係氏族の実態の一部でも明らかになればと考えている。

須恵器から見た被葬者像の研究●目次

第三部　陶邑の古墳――須恵器工人の墳墓

第一部　須恵器から見た被葬者像

第一章

金山古墳の年代とその被葬者像

——とくに出土須恵器の再検討から——

はじめに

大阪府南河内郡河南町芹生谷に所在する金山古墳は大小の円墳を連接した双円墳として全国的に知られており、一九九一年二月一五日に国史跡に指定され、一九九三年には史跡金山古墳公園として整備された。

当該古墳は戦後まもなく、大阪府下で最初に行なわれた調査として、『大阪府文化財調査報告書』第２輯として、東大阪市所在の大藪古墳の報告とともに一九五三年に発刊された。①

やがて一九九三年に河南町教育委員会によって、金山古墳の整備に先行して墳丘および北丘部に所在する横穴式石室の全容を把握するための調査が行われた。②

これらの調査によっていくつかの内容が明らかになったが、その時期的な推定や被葬者の問題についてはいまだ十分な議論には至っていない。

本稿では、金山古墳出土遺物のうち比較的時期的な想定が容易と考えられる須恵器について再検討を試みることにする。

1　金山古墳の確認調査―昭和21年調査―

一九四六（昭和二一）年八月に二個の石棺を蔵した古墳の発見が新聞紙上をにぎわした。これを受けて一九四六（昭和二一）年九月一八日～二一日の四日間、大阪府における戦後第一回遺跡調査として京都大学小林行雄氏を中心として調査が行われ、一〇月二八日には出土遺物の調査が梅原末治氏らによって行われた。

その成果は『大阪府文化財調査報告書』第2輯として発刊された。[①]そこから調査の状況を見る事にする。測量から長軸径は七七・九m、南丘は東西径四四・八m、高さ八・二m、北丘は東西径三〇・九m、高さ七・二mをはかり、「外周には一二m内外の幅をもって周囲の土地より一段低い水田が封土とりかこんで、……（略）、両古墳に共通した濠を設けたものと解してよいであろう」とある。

主体部については、開墾者が好奇心から掘り広げ、羨道の入り口を掘り当て、石室内に入った。これにより石室内に石棺が二個所在する事が明らかとなった。

八月二六日には平尾兵庫、末永雅雄氏により実査され、当該古墳が既に盗掘されている事が判明した。この時、玄室内に位置した盗掘孔を穿たれた石棺の内部などから、鉄製品、銀環、陶質土器片が得られたという。

やがて九月一七日実測調査に先立ち羨道部分の土砂を掘り出した際には、石棺内に殆ど遺物が残存していない事が確認された。調査は、その勢力の大半を石室内に安置された二個の家型石棺に置かざるを得なかったのである。これらの所見から以下の結論が導かれている。

すなわち、二棺の細部の相違は単なる任意の変化ではなく、玄室にある石棺に比して、羨道にある石棺が、やや新しい様式に属している結果である事が指摘された（図1）。

これらの調査成果から石室内の二つの石棺は、当初から二人の埋葬を予定して同時に製作されたものではなく、羨道の石棺は玄室の石棺を参考にし、細部に時期の流行とも称すべき手法を採用して製作、搬入したものであるとの見解が述べられている。

また当該古墳の石室規模が本来一個の石棺が収容しうる程度の大きさに作られている事からも、必ずしも二棺合葬の目的に沿うものではないというべきである。すなわち、むしろ合葬のことは石室構築の際には予期されていなかった事を示すものともされた。

遺物については、報告書で観察され、記録されているのは、いずれも調査に先立って行われた、主として棺内から採集された装身具、鉄製品、陶質土器などの破片と、本調査の際に検出された若干の同種の遺品をあげるにすぎないとされている。①

2　金山古墳整備に伴う調査

一九九一年二月一五日に国史跡に指定された後、一九九三（平成五）年度に河南町教育委員会によって、金山古墳の整備に先行して墳丘および北丘部に所在する横穴式石室の全容を把握するための調査が行われた。

以下、公刊されている概要報告などから古墳の状況を見ていきたい。②

・遺構の状況

この調査によって墳丘のうち南丘は三段、北丘は二段築成で行われていることが明らかとなり、設定されたトレンチにより墳丘規模も確定した。それによると墳長八五・八m、北丘径三八・六m、南丘径五五・四m、残存高北丘六・八m、南丘八・八mで、それらの復元高は六・八m、九・四mをそれぞれはかる。墳丘部の各段テラスは、それぞれの墳丘部を巡るが、北丘テラスと南丘下段テラスとは、くびれ部で接していた。この事実は当該古墳の墳丘部についてみると、南北墳丘が計画的に築造されていることがわかる。

すなわちいずれかの墳丘がたとえ時間的経過を持って追加されたとしても、当初の墳丘の構築時の企画を尊重する形で築造されたと考えたのである。

ちなみに調査担当者は「南北墳丘は、二つの円墳を近接して築いたのではなく、当初から双円墳に築き、同一の濠で囲む計画性を持っていた。」さらに「二つの石室を一つの墳丘内に築くために双円形に築いたともいえる」②とされる。ただし南丘の石室の状況が明らかではないので、この指摘の妥当性の判断は困難である。しかし既に明らかになっているように北丘での主体部にも埋葬時期に若干の時間差が認められる如く、南丘の主体部との間にも時間差を考慮すべきと考える。しかし北丘に構築された石室の南北主体部の時間差は少なく、おそらく先の埋葬を後の被葬者は承知しており所謂同時期という範疇で理解して大過ない程度の差だろう。あるいは同一世代内という表現も可能であろう。ただしこの部分は当該古墳を考える上で重要な示唆を与えるものであり、重要である。

また北丘の石室内には玄室に一、羨道に一と、合計二個の家型石棺が配置されている。本来、埋葬主体である玄室部からは、明らかに外部である羨道部に棺を置く計画があったのかどうかは疑問である、あえて棺を羨道部に置いたという状況は両棺の被葬者相互に何らかの親族関係があったと考えるのが自然であろう。

次に調査成果として外表施設と北丘石室および南丘埋葬施設の問題がある。

外表施設としては埴輪は存在せず、葺き石はくびれ部西側斜面を除いて斜面には存在しないことが確認された。テラス部分には敷き石が南丘各段および墳頂部で見られたが、三段目裾部には間隔をあけて石が置かれていた。とくに「北丘では残りがわるかったが、テラス部分には、敷き石がみられた。」と報告されている。

北丘石室前部分ではくびれ部に続く墓道が検出され、石室の閉塞施設がほぼ完全に残存し、石室から続く排水溝も確認された。墓道幅上面四・二m、底部二・五mで、西側肩部はくびれ部へラッパ状に開く。閉塞施設で石室を塞いだ後、墓道は埋められ、墳丘くびれ部を成形し、最終的に斜面に葺き石を施している。葺き石が見られたのは当該墓道埋設部分のみである。また敷き石は墓道上面に及んでいないことも確認されている。

閉塞施設は、石室入り口のやや内側から墓道にかけての部分に二〇～四〇cmの石を積み上げて構築され、これらは高さ約二・五mをはかり、石室入り口を急傾斜に完全に塞ぐ状態となっている。

遺物は、くびれ部張り出し上面及びすぐ下の濠内から、須恵器が比較的まとまった状態で検出されている。すなわち墓道埋土上部層内から遺物が検出され、その出土層は明らかに当該墓道を埋めた土砂からのものである。また他の堆積土の痕跡が見られないことから、それら遺物がたまたま混入した可能性は少ないとされる。さらに細かく見れば、周濠の内部、下層堆積土のやや上面にある程度混入土が溜まった後に遺物が転げ落ちたという印象があるとのことであり、とくに調査者は当該遺物を初葬段階のものであると考えているようである。

須恵器の器種には壺、子持ち器台がある。これら遺物についての観察検討の結果については後述する。

南丘主体部については、墓道と排水溝が確認された。墓道幅は上面で三・一m、底部で二・九mをはかり、肩部で敷石がとまり、埋葬終了後埋め戻されており、北丘と同じ構造といえ、南丘、北丘両者の埋土は非常に似ていたという指摘がある。

排水溝は、断面U字形、幅六〇cm、深さ七〇cmで、北丘と比較して大きく、底に三〇cm程度の石、さらにその上に五～二〇cmの石をつめ、その上部に二〇～四〇cmの石を蓋に置いている。また墓道の両側に石の集積が確認されている。同様な石の集積状況は、河南町寛弘寺2号墳、同45号墳をはじめ平石古墳群など、いずれも当該地域の終末期段階の古墳で確認されている。

3　須恵器の再検討（図2）

（1）一九四六年調査および以前の採集品

それら須恵器の検出部分については、主として南棺の間から採集されたといい、調査の際にも一部採集されている。

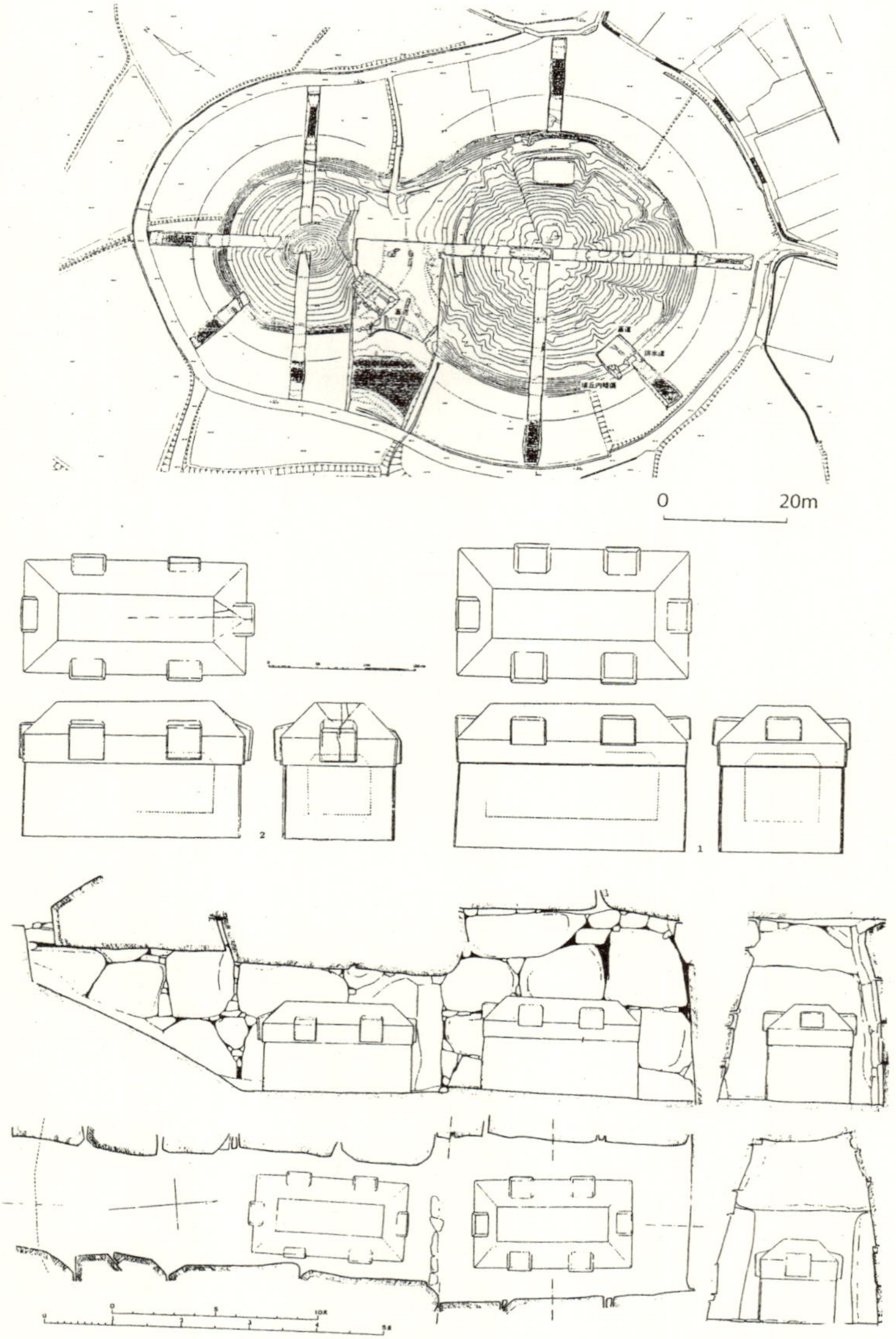

図１　金山古墳墳丘（上）、石棺（中）、石室（下）測量図
（注①文献から引用改変）

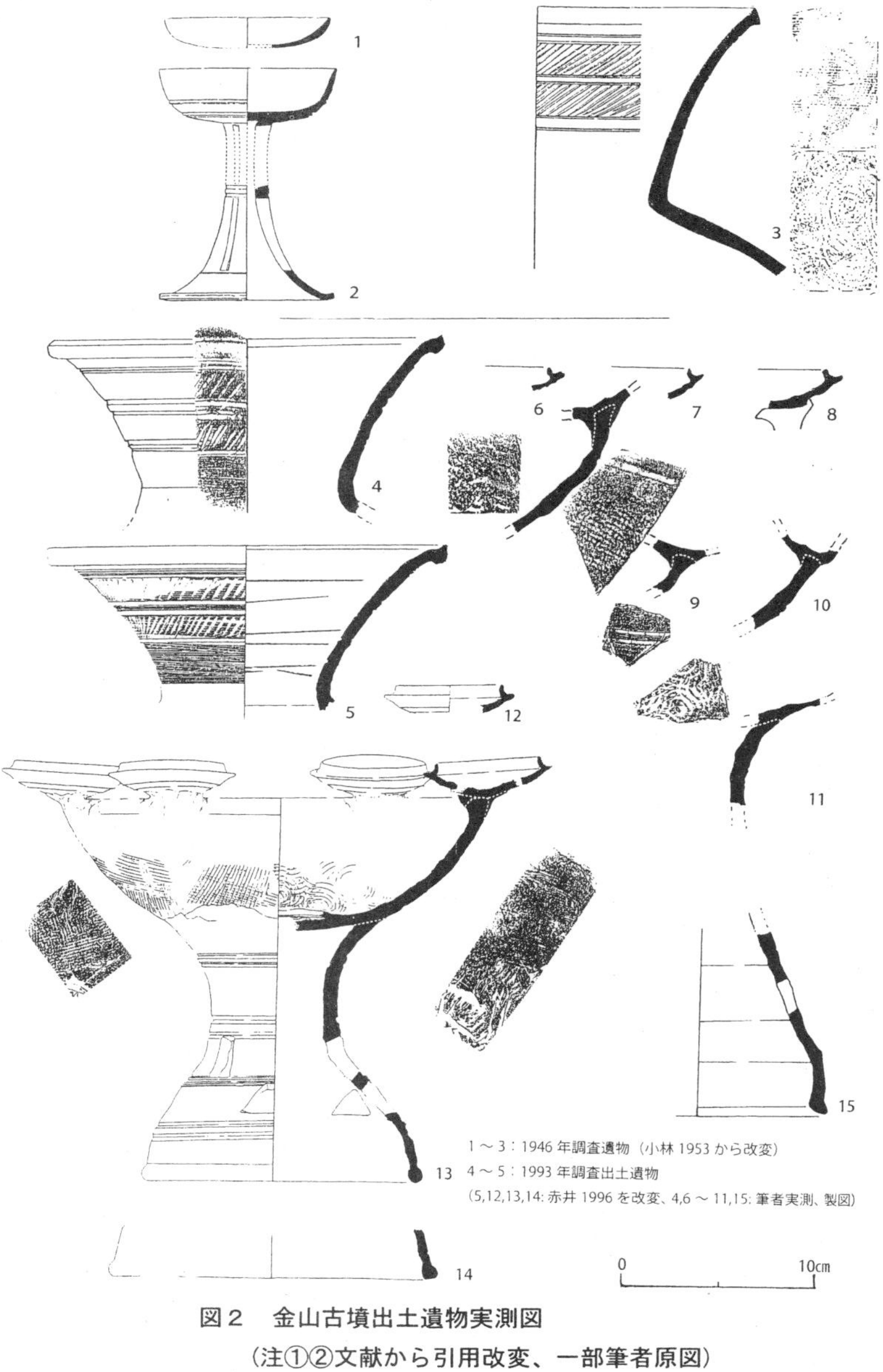

図２　金山古墳出土遺物実測図
（注①②文献から引用改変、一部筆者原図）

南北の石棺の位置関係から見て、当該採取品が南棺の葬送儀礼に伴う遺物と見る事ができ、さらに北側石棺より先行する可能性が高いと考えられる。

これら検出された須恵器には、高杯、壺がある。

・高杯—口径一二・四cm、脚径一二cm、器高一六・八cmをはかる所謂長脚二段高杯である。他にも別個体に属する杯及び脚部の破片があると報告書には記されている。それらがいくつの個体に復元されるのか、あるいは他の器種が見られるのかは報告されていない。

図面から見る形態の特徴は、杯部の口縁部は上外方に開き気味にのび、端部は丸い。杯部外面に底部付近に凸線に上下を囲まれた無文帯部分が見られる。杯底部中央に基部の細い外彎する脚を貼付する。脚中位に沈線2条、下位に1条を巡らせ、その間に長方形の透かし窓が三方向二段に見られる。脚端部はわずかに上方にまげられている。

・壺—口径三〇cm、腹径（頸基部径…筆者注）約五〇cmと推定される大型の広口壺である。前者と同じく報告書の実測図から見る形態の特徴は、口縁部は頸基部で「く」の字をなして、上外方にのび、端部で上下に伸ばし外傾する面をなす。口縁部外面中位から上方に上下を沈線2条に囲まれた二段のヘラ描き斜線文の文様帯を巡らせている。

体部上位外面には平行叩き、内面には同心円叩きが認められる。報告書によると、当該器種の破片数は七〇余点を数えるが、接合するには足らぬ部分が多いと記述されている。

（2）一九九三年調査の出土品

これら須恵器はくびれ部張り出し上面及びすぐ下の濠内から比較的まとまった状態で検出された。それらはいずれも破片であり、接合可能なものも見られる。

器種は子持ち器台と壺の口縁部の破片のみで、他の器種は確認できない。さらに壺の体部や底部の破片はまったく認められず、口縁部も断片的な破片が確認されるのみである。

既に図面が公開されている子持ち器台と壺は、下の濠内から検出されたものである。

このほかに図化された遺物とは異なる同趣の器台破片が見られた。以下、実物観察の結果を提示する。

・器台A―子持ち器台である。実測図が既に印刷物で公開されているものである。脚部は中位が最小径をはかり、上下に大きく開く。下方は開いた後、内側に曲げられ、端部は肥厚され、丸く仕上げられている。外面には上下四段に沈線2条づつを巡らせている。沈線に囲まれた帯状部分には文様は施されず、いずれも回転ナデ調整が行われている。

脚には下位に三角形、その上位に長方形の透かし窓を、それぞれ三方向一段穿たれている。内外面には回転ナデ調整を行っている。脚上方は大きく開いた後、台部底中央に貼付する。脚上端中央から大きく開き、端部口縁部は肥厚され上下に伸ばし、内傾する面をなす。口縁部上面に杯を五〜六個（復元推定）貼付する。また中央部の台部中央に突起の剥離痕跡が見られる。この台頂部に周辺と同じ杯が貼付されていたものと考えられる。

杯部は口径一二cm、器高三cm程度に復元できる小型の杯で、同じ規模の蓋を通常は伴っているが、当該古墳では現在のところ、それらは確認されていない。底部は比較的浅く丸く、回転ナデ調整の痕跡を残す。焼成は良好堅緻で、胎土はやや粗で、白色粒をわずかに含む。

なお類似例は一須賀古墳群WA17号墳出土子持ち器台や千早赤阪村森屋地区消滅古墳出土子持ち器台などがあり、③子持ち器台の出土が近隣地域で比較的多く確認されている(図3)。いずれの古墳出土器台例も、形状的には同じ系譜に連なるものではあるが、それぞれに付属された形状から見て、金山古墳出土例より時期的にわずかながら先行すると考えられる*2。

・器台B―出土品の中に先例とほぼ同じく、器台の脚部破片がある。形状的には脚底部から直立気味に伸びた後、内側に曲げられ内上方に続き、外面には沈線はめぐっておらず、透かし窓を穿つが、その詳細は不明である。明らかに先の子持ち器台とは別固体であることが確認される。とくに脚内面の調整手法では、明らかな差異が見られる。すなわち両者の脚外面には回転ナデ調整が行われているが、当該例の内面には同心円叩きの後、上面を回転ナデ調整が行われた痕跡が認められ、回転ナデ調整のみで仕上げられている器台Aとは異なる。

法量などについては接合部分が少なく、現状では全体復元は不可能な状態である。焼成良好堅緻で胎土はやや粗で、白色粒をわずかに含む。また所謂子持ち杯の破片がAに付属しない例がみられる。これらの既述の特徴から先の子持ち器台Aとは別個体である事がわかる。しかし当該器台に伴っていたものかどうかは明らかではない。

・壺─復元口径三一㎝、頸基部復元径一六・四㎝、残存高一四・五㎝をはかる広口壺の口縁部の破片で、口頸基部以下、体部、底部の破片は採集遺物の中には含まれていない。外面には沈線2条に上下を囲まれた2段のヘラ描き斜線文の文様帯を巡らせている。これは、一九四六年調査での採集遺物と極めてよく似ている。

これらは同一個体の可能性も十分にあるが、現在現物の観察が出来ない。なお今回の採集遺物には、これら二点の口縁部の破片が見られるが、体部、底部の破片は全く確認されていない。

(3) 各須恵器の年代観

以上記述してきた各須恵器を陶邑窯跡群出土例と比較し、それらの想定される年代について考えてみる（図4〜6）。

一九四六年調査および以前の採集品の無蓋高杯については、図示した出土例が陶邑窯跡群で見られる。この特徴は杯部と脚部に見られる。

すなわち杯部は同じ段階の蓋杯の蓋を逆転させて用いるのがよく見られる例である。さらに脚部の底部径と杯部口径との関係は、ほぼ同じである。脚に見られる透かし窓の大きさは上方が短く下方がやや長い。これら形態上の特徴を有することから当該高杯はⅡ型式4段階相当と見てよいだろう。

ちなみに、この段階の陶邑窯の須恵器は、器種および生産量では、ほぼ3段階と大きな変化は見られない。もっとも形状の差が顕著な蓋杯で見ると、口径そのものには大きな差は見られないが、器高がやや低くなるという傾向が見られる。

絶対年代の対比では、飛鳥寺下層出土例相当の時期と考えられ、あえて年代を当てれば、六世紀末（六世紀第三四半期相当）とされよう。

壺は、和泉陶邑谷山池地区窯跡群などで出土例が見られる。[4] とくに外面のヘラ描き斜線文が特徴的であり、時期判断の指標となろう。このヘラ描き沈線文は、Ⅱ型式3段階ころから見られるようになり、6段階でほぼ見られなくなる。その全盛期は4・5段階であるが、陶邑窯の地区によって端部の状況が異なる。すなわち栂（ＴＧ）地区、光明池（ＫＭ）地区では、口縁端部が大きく肥厚され、断面長方形をなすのに対し、谷山池（ＴＮ）地区では端部で上下に伸ばし、肥厚は伴わない。また谷山池地区の状況からＴＮ７号窯跡出土例を標識とする3ｂ期相当と見てよいだろう。すなわち壺についても先の高杯と同じ段階と見て大過ないだろう。

一九九三年調査の出土品である子持ち器台Ａ、Ｂおよび壺については、比較的類例が少ないが、一九四六年調査および以前の採集品との間に時期差が見られるか否かがまず問題となる。既述の如く子持ち器台Ａ、ｂは、わずかながら異なる手法が認められる。Ｂは脚部内面上位に同心円叩きが認められるが、Ａにはまったく見られない点で異なる。

金山古墳出土器台には、欠損した蓋杯を中心に五個の蓋杯が器台部分に配置されている。その杯部から想定される蓋杯を陶邑窯出土例から類似例を検討すると、ＴＧ17号窯跡[5]、ＫＭ28号窯跡[6]出土例などがあげられる。

なお、この想定が妥当であるとすると、型式編年上の位置付けはⅡ型式5段階相当となる。

調査者は「この土器は昭和二一年の調査で出土した土器と同じく、陶邑のＴＫ２０９型式のものである」[2] とされており、ほぼ同じ時期と判断をされている。

しかし記述の如く筆者は、それらが同じ時期ではなく、わずかながら時期差を認めるものであると考える。すなわち一九四六年調査段階での出土例は、玄室部に置かれた石棺の葬送儀礼に伴うものであり、一九九六年調査での出土

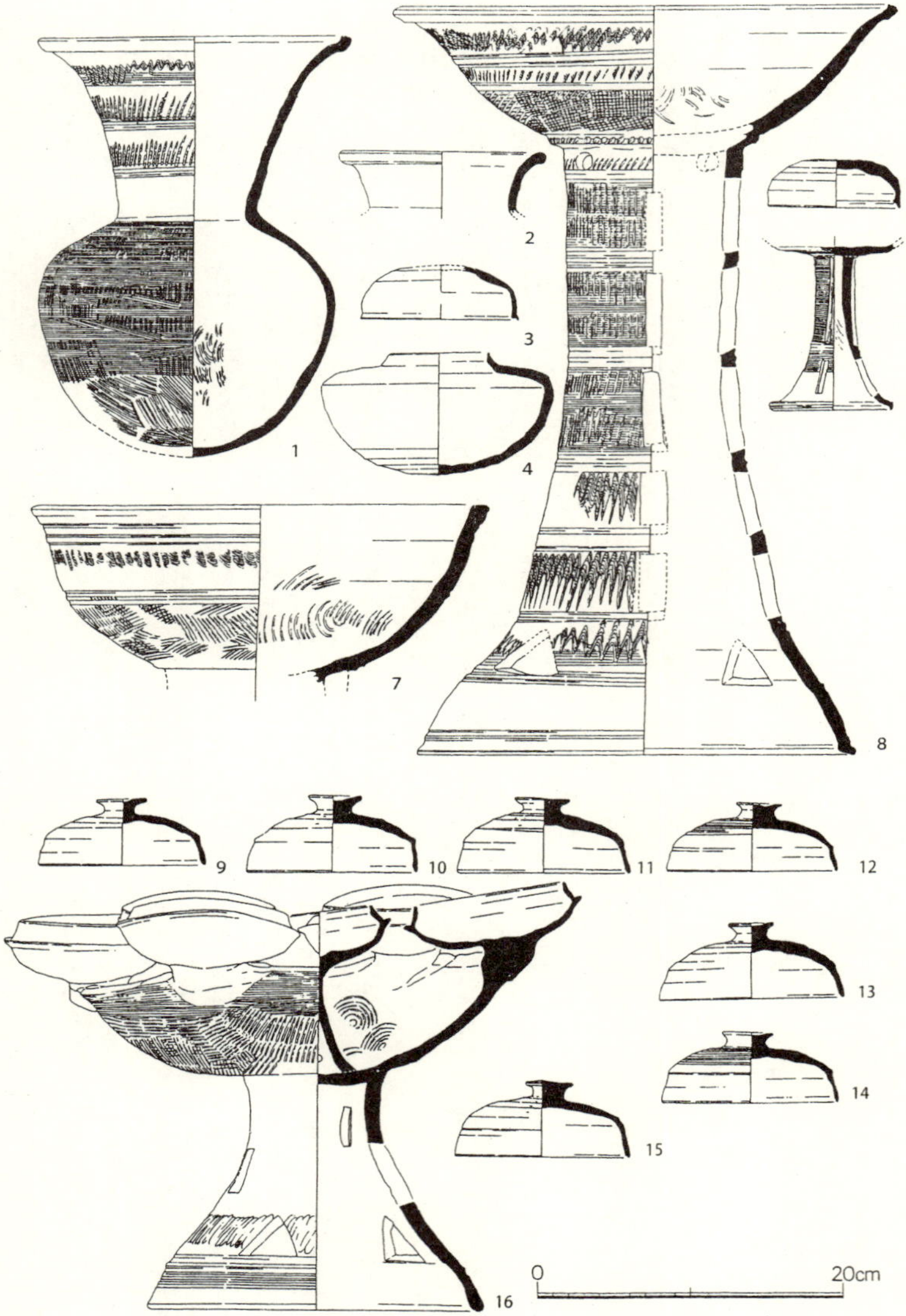

図３　一須賀古墳群ＷＡ17号墳出土遺物実測図（大阪府教育委員会・1992から改変）
1～16；一須賀古墳群WA17号墳出土

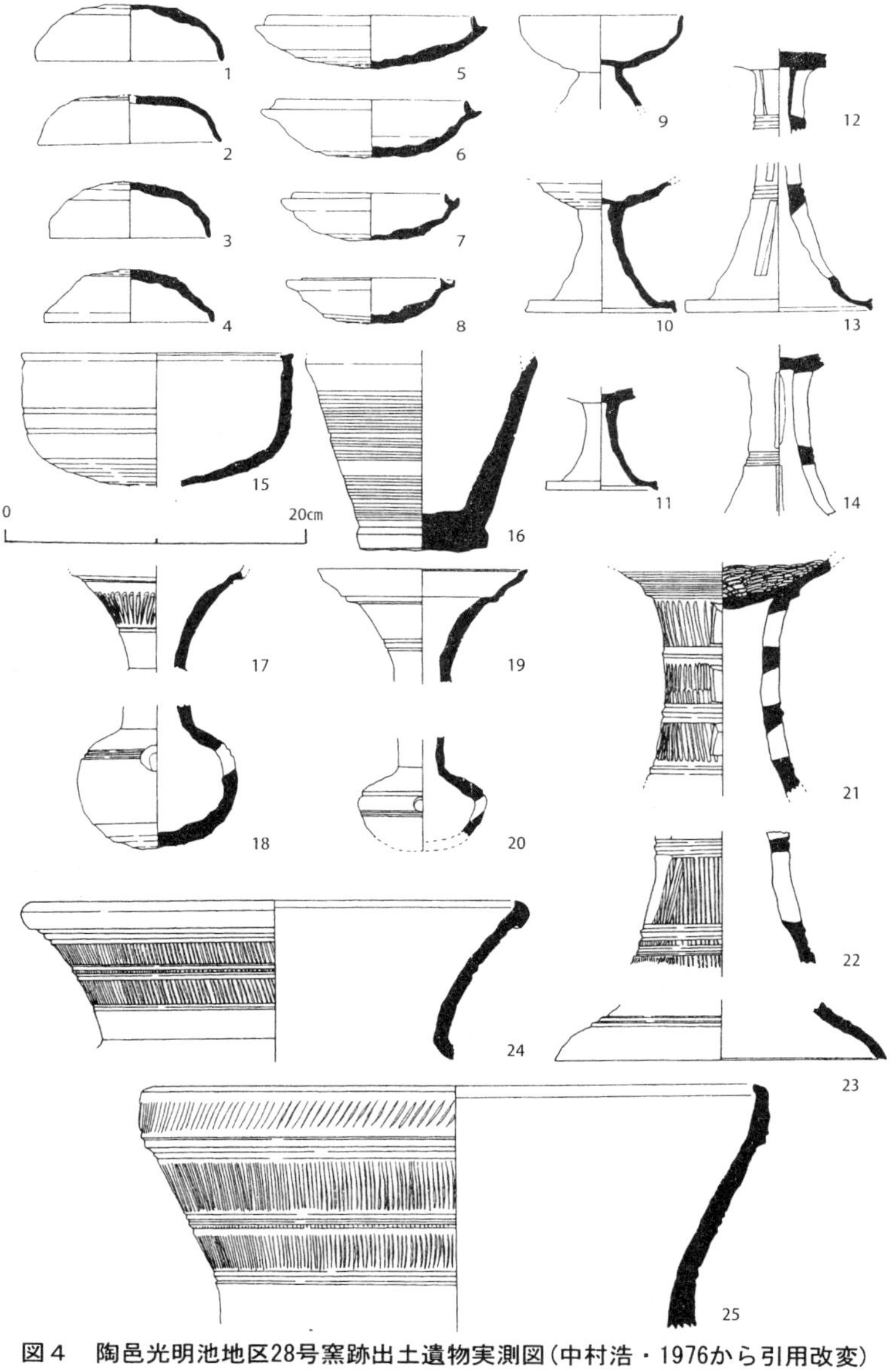

図４　陶邑光明池地区28号窯跡出土遺物実測図（中村浩・1976から引用改変）
1～25；光明池（KM）地区28号窯跡出土

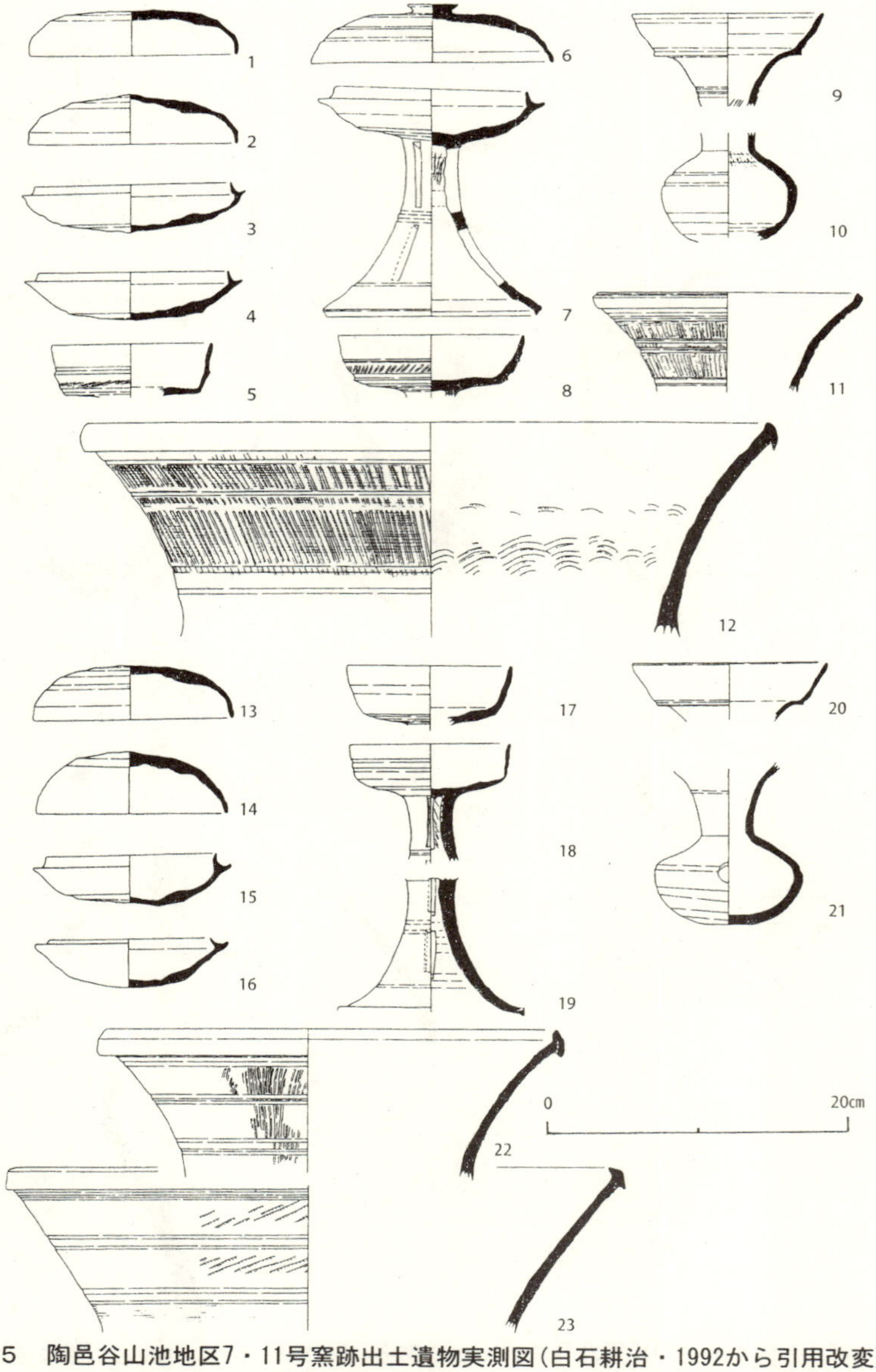

図５　陶邑谷山池地区7・11号窯跡出土遺物実測図（白石耕治・1992から引用改変）
1～12；谷山池（TN）地区7号窯跡出土、13～23：谷山池（TN）地区11号窯跡出土

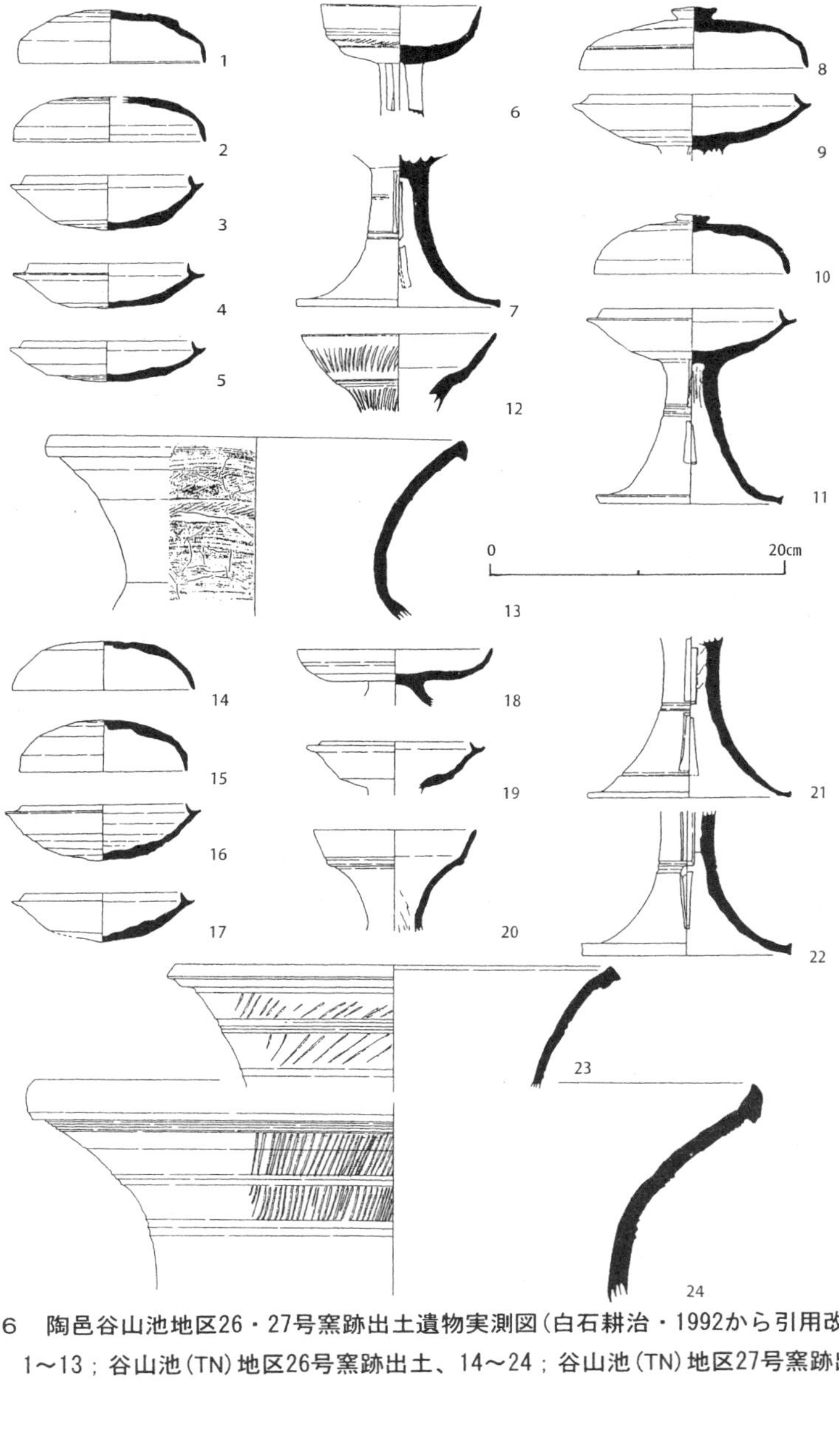

図６　陶邑谷山池地区26・27号窯跡出土遺物実測図（白石耕治・1992から引用改変）
1〜13；谷山池（TN）地区26号窯跡出土、14〜24；谷山池（TN）地区27号窯跡出土

例は羨道部に配置された石棺の葬送儀礼に伴うものと考えられる。
　また当該例については陶邑窯谷山池地区にその例を求める事ができないが、あえて求めればＴＮ26・28・27号窯跡出土例があり、４段階に相当する。④
　さらに光明池地区28号窯跡出土例が最も近似しており、栂（ＴＧ）17号窯跡出土例まではくだらないと見ることができる。従って、前者の高杯および壺はⅡ型式４段階相当、後者の器台はⅡ型式５段階相当と考えてよいだろう。
　これら相互間の段階的な形状の誤差は、きわめてわずかであり、時間的な差も少なく、最大経過年数を見積もっても一〇年以内の差であり、あえていえば五年前後としてよいだろう。
　このⅡ型式５段階の絶対年代との関係では、近似例は兵庫県八鹿町箕谷古墳群２号墳出土例がある。ここでは「戊辰年五月□」と記名された太刀が確認されており、その年代として「五四八年」あるいは「六〇八年」が考えられる。大村敬通氏は、その年代を前者と想定されている。⑦
　とはいえ干支を逆のぼって五四八年とするには、既に想定されている飛鳥寺下層出土須恵器より時期的に遡ることとなり、明らかに後出の当該遺物との比定年代と矛盾する事になる。従って筆者は、後者の六〇八年頃相当とする年代が矛盾せず、その想定年代として妥当であると考える。⑧

4　被葬者像を求めて

　筆者は、先に金山古墳の所在する芹生谷地域が蘇我氏の氏寺である龍泉寺の寺領であった可能性が濃いことや当該地域との関係について検討した。⑨
　さらに本稿では金山古墳での葬送儀礼が少なくとも二度行なわれ、それら葬送（祭祀）儀礼に供用されたと考えられる須恵器から、その年代を推定する事ができた。

上林史郎氏は平石古墳群の被葬者について検討を加える中で、現在残されている地名と『日本書紀』『万葉集』に手がかりを求め、欽明朝から孝徳朝にかけての、おおよそ百年間を中心として、この地に関連する氏族を抽出された。[10]その氏族として、蘇我、波多、川辺、大伴の四氏をあげられた。蘇我氏は同腹関係、系譜に連なる天皇や氏族が多く見られることから、磯長谷に一族の墳墓所在地を求めたとされている。

シショ塚古墳、アカハゲ古墳、ツカマリ古墳などから構成される平石古墳群については、近接地名などの諸条件から、関連する被葬者として大伴氏を考えられ、その事跡について記述されている。

しかし大伴氏の本拠として指摘される地域と平石古墳群の所在する部分とは、石川の支流千早川によって形成された河岸段丘による大きな自然境界が所在する。この河岸段丘によって上下に耕作地が大きく区分され、上位の水田部分には上段という地名が残されている。

すなわち当該段丘は一〇m前後あり、明らかに上位の地域と下位の地域とは区分されてしかるべきと考える。下位の地域には西側に丘陵が広がっており、そこには大伴氏と関係のあるとされる（大伴）黒主神社及び古墳群が位置している。

これらから当該地域に居住していたと考えられる大伴氏の奥津城としての古墳は、当該大伴地区に隣接して西側に展開する丘陵地に求められるべきと考えられ、平石古墳群の被葬者として大伴氏は再考さるべきである。

一方、西川寿和氏は、平石古墳群の被葬者についてシショ塚古墳が改葬墓である可能性を示唆し「馬子の父稲目（五七〇年没）と考えるべき」とされ、さらにアカハゲ、ツカマリ古墳を「六四二年に造墓がはじまった蝦夷と入鹿の双墓」の可能性も示唆されている。魅力的な説ではあるが、その根拠をいかに示せるのかが今後の課題であろう。[11]

なお上林氏は金山古墳の南側地域にあたる南河内郡千早赤阪村川野邊の地名の残存する事を根拠として金山古墳の被葬者として川辺氏の可能性を示された。川辺氏は、蘇我石川氏と祖先伝承を同じくする氏族であり、その可能性はあると考えてよいだろう。

ところで川辺氏は、『新撰姓氏録』[12]に「川辺朝臣。武内宿祢の四世孫、宗我宿祢の後なり。日本紀に合へり。」とあり、天武十三年に朝臣の姓を賜っていることが『日本書紀』に見える。また『日本書紀』には川辺臣として、欽明二十三年（川辺臣瓊）、推古二十六年（闕名）、推古三十一年（川辺臣禰受）、舒明即位前紀（闕名）、大化二年（川辺臣百依）、（川辺臣磐管）、（川辺臣湯麻呂）、白雉五年（川辺臣麻呂）、天武十年（川辺臣子首）らが見える。さらに『続日本紀』には、慶雲三年（川辺朝臣乙麻呂）、和銅元年（川辺朝臣母知）、養老七年（川辺朝臣智麻呂）らがそれぞれ散見する。とくに『続日本紀』宝亀元年八月戊午条に「初天平十二年左馬寮馬部大豆鯛麻呂誣告河内國人川辺朝臣乙麻呂男杖代。勝麻呂等。編附飼馬。宅麻呂累年披訴。至是始雪。因除飼馬之帳。」とある。これは天平十二年に至って、河内國人川辺朝臣乙麻呂男杖代。勝麻呂等が訴えてきた飼馬の身分がそこから除籍され、回復した事を示すものである。[13]

これらの記事はともかくとしても、それ以前の記事にたびたび登場する川辺臣は、少なくとも一定程度の地位を有した氏族であることを忍ばせている。しかし彼らが果たして金山古墳の被葬者たりうるのかどうかは、資料が残存しないので明らかには出来ない。

ところで、金山古墳の外形たる双円形は韓国慶州地域に所在する双円墳と近似するものであり、そこから新羅色の濃いものと考える事ができよう。また当該地周辺に残された「馬谷」（マタニ）はコマタニ＝高麗（谷）に通じ、「白木」すなわちシラキは「新羅」に通じる。前者は川辺臣が馬の飼育に関係していた時期があることから付けられた地名という可能性もある。しかし川辺氏がそれら朝鮮地域の文化の影響を色濃く受けたという文献や徴証資料は確認できない。従って金山古墳の被葬者については多分に隣接地域に居住していたという事は十分考慮されたとしても、川辺氏が古墳構築の主体者(被葬者)になる可能性は薄いと考える。

なお筆者は、河内国石川郡に居住したあるいは居住していた蘇我氏(石川氏)の祖先系譜に連なる有力者で、かつ新羅の文化にも通じていた氏族が、その被葬者として妥当ではないかと考えている*3。

むすびにかえて

以上、金山古墳の二度にわたる調査で得られた須恵器について再度検討を加えてきた。調査の成果から見ると、二度にわたる調査で出土した須恵器は、二度にわたる葬送儀礼の各段階に伴うものと考えられる。その前後の葬送儀礼の行なわれた年代として、当該石室内から出土した須恵器が重要な判断資料となる。その須恵器の検討から、年代としては六世紀末と七世紀初頭とすることが妥当であるという結論を得るに至った。

このことは金山古墳の被葬者像を考える上で、きわめて重要である。加えて金山古墳所在地周辺が蘇我氏の氏寺である龍泉寺の寺領であったことを考え合わせると、その被葬者像はいっそう明らかになってくるだろう。さらに既述の時期的な想定を前提として、今後はその被葬者像の検証を行なっていこうと考えている。

〈補注・参考文献〉

1　報告書で報告されている遺物は、地元の小学校で保管されていたが、須恵器についてはまったくそれらの中には含まれておらず、その行方も不明である。したがって本稿で再検討することはかなわなかった。従って本稿では実測図からの検討ということになる。

2　葬送儀礼に伴って使用された須恵器は、他の同時期の横穴式石室からの出土例を見ても比較的多い。すなわち当該報告にあるのみの物量ではない事が十分想定される。また石棺内ではなく、外部から採集されているのも、それら須恵器が副葬品ではなく、葬送儀礼に伴う祭具であった、あるいは儀礼に伴ってささげられた供物の容器であった事を物語っている。
　また葬送儀礼に伴って使用された須恵器は、それらの儀礼が終了した段階で廃棄されるのが通例である。それらは一括して埋葬施設内の片隅に片付けられる。それらの廃棄品の置き場所は、少なくとも埋葬場所の近接部に求められる。しかし、多くの類例から見て、それが先行して行なわれた埋葬部分より奥にその置き場所が求められる事はほとんどないと考える。

3　河内石川郡における蘇我氏、蘇我石川氏と祖先系譜を同じくする氏族の検討とそれら氏族分布について今後検討しなければならない課題である。また蘇我（石川）氏が河内においていかなる基盤で勢力を伸ばして行ったのかについてもあわせて考えたい。

〈参考・引用文献〉

①小林行雄「金山古墳および大藪古墳の調査」『大阪府文化財調査報告書』第2輯、大阪府教育委員会、一九五三年。
②赤井毅彦『現地説明会資料』河南町教育委員会、一九九六年。赤井毅彦「金山古墳の発掘調査成果」『金山古墳をめぐる諸問題』河南町教育委員会、一九九六年。
③大阪府教育委員会『一須賀古墳群資料目録』土器編（実測図）、一九九二年。和泉大樹「千早赤坂村の消滅した古墳」『誕生地遺跡発掘調査概要』Ⅲ、千早赤阪村教育委員会、二〇〇一年。
④白石耕治ほか『陶邑古窯址群―谷山池地区の調査―』和泉丘陵内遺跡発掘調査報告書Ⅳ、和泉丘陵内遺跡調査会、一九九二年。白石耕治「陶邑編年と藤ノ木古墳の須恵器」、『財団法人大阪府文化財センター・日本民家集落博物館・大阪府立弥生文化博物館・大阪府立近つ飛鳥博物館、二〇〇五年度共同研究成果報告書』二〇〇七年。
⑤中村浩ほか『陶邑』Ⅰ、大阪府文化財調査報告書第28、大阪府教育委員会、一九七六年。
⑥中村浩ほか陶邑』Ⅱ、大阪府文化財調査報告書第29、大阪府教育委員会、一九七七年。
⑦大村敬通「兵庫県箕谷古墳群」『月刊文化財』二五五、文化庁文化財保護部、一九八四年。谷本進『箕谷古墳群発掘調査報告書』、八鹿町教育委員会、一九八七年。
⑧奈良国立文化財研究所『飛鳥寺発掘調査報告』、奈良国立文化財研究所学報第五冊、一九五八年。中村浩『研究入門須恵器』、柏書房、一九九〇年。
⑨中村浩「河内龍泉寺坪付帳案文」について」『文化財研究』一〇、大阪大谷大学文化財学科、二〇一〇年。
⑩上林史郎「平石古墳群の被葬者像」『加納古墳群・平石古墳群』、大阪府教育委員会、二〇〇九年。
⑪西川寿勝「近つ飛鳥の古墳と寺院」『蘇我三代と二つの飛鳥』、新泉社、二〇〇九年。
⑫佐伯有清『新撰姓氏録の研究』本文編、吉川弘文館、一九七二年。
⑬佐伯有清『新撰姓氏録の研究』考証編第二、吉川弘文館、一九八二年。

第二章
阿武山古墳の被葬者について

はじめに

大阪府高槻市に所在する阿武山古墳は、昭和九年四月に京都帝国大学阿武山地震観測所が観測機器設置工事をおこなった際に、地下約三ｍのところから小型の石室が偶然発見されたことから知られるようになったものである（図1）。

その内部の状況が広く世に知られるようになったのは、その後、実施された本格的な発掘調査[①]によってである。その内容は後に触れるとして、これらの調査によって、当時から当該古墳は「貴人の墓」として注目され、かつ当地域に関わりの濃いとされる藤原鎌足の墓地と推定されるに至った。[②]とくに戦前にも大騒ぎであったらしいが、再び、当時のX線フィルムが保存されていたのが再発見されたということから、ふたたびその被葬者像の追及が行われるようになり、むしろ結論として被葬者として藤原鎌足が確定したかのように報じられ、ニュース番組の一環として、特集番組が放送されるという一躍マスコミの寵児ともなった。またこの風潮に沿った検証内容の刊行物も見られた。

一方、これらの騒々しさとは無関係に、高槻市教育委員会、茨木市教育委員会、大阪府教育委員会の三者は、当該古墳の保存に対しての方策を行うべく協議を重ねていた。そこでその保存資料たる範囲の確定資料をえるべく、発掘

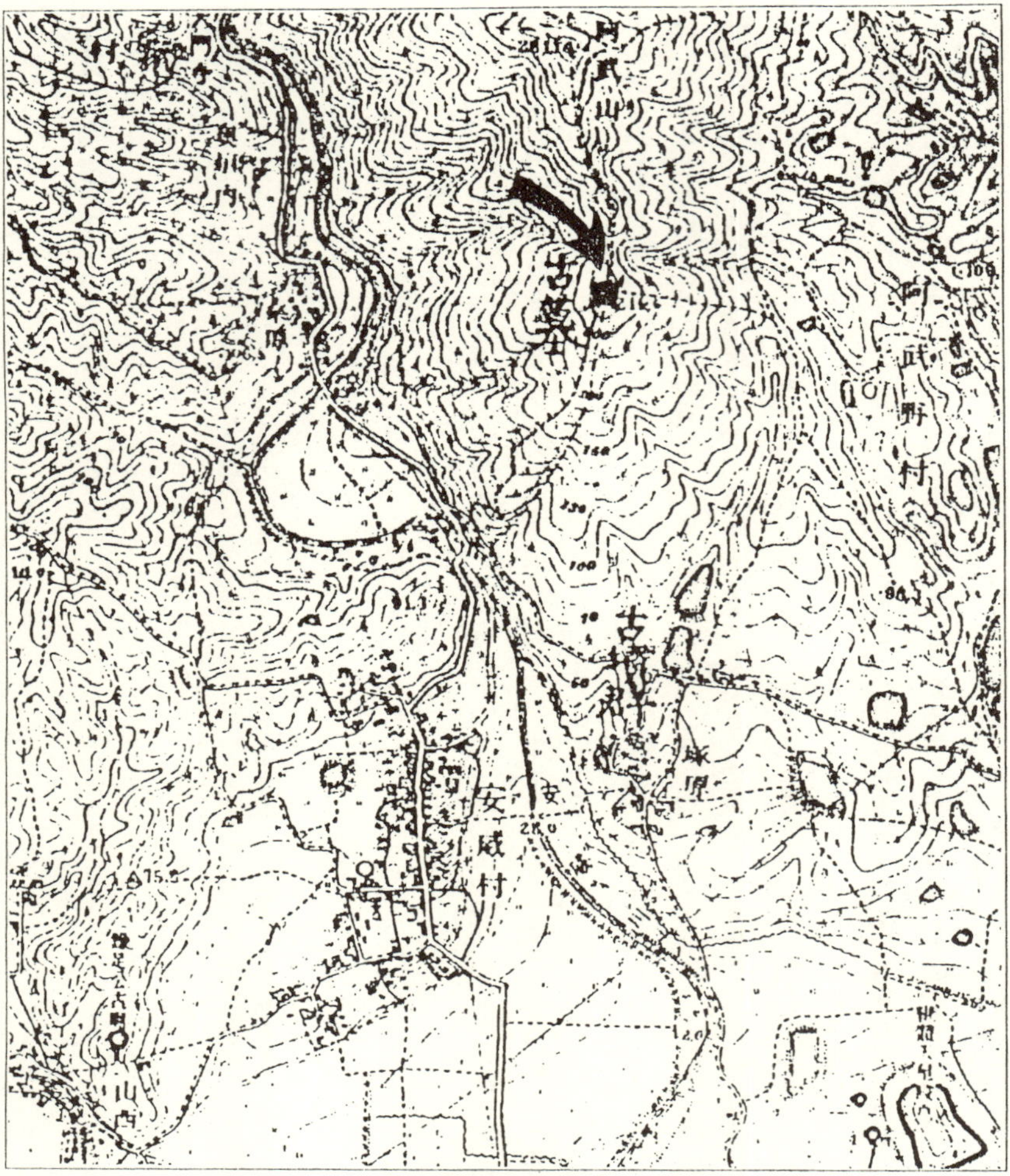

図１　調査位置図（注①文献より）

調査を当該古墳の周囲において実施することとなり、昭和五七年に地元高槻市教育委員会が確認調査を実施した。その成果は、『概要報告書』③として調査の概要が報告され、かつ本来の目的であった当該古墳の国指定史跡が、それを受けて昭和五七年一〇月に決定された。このことは調査が十分にその成果をあげたといってもよいだろう。

しかしそれらはあくまで文化財行政上の問題であって、学問的に当該古墳の被葬者が確定したというわけではない。当時、調査担当者からの要請によって、出土した須恵器について意見を述べた一人として、改めて当該古墳の被葬者について考えてみたいと思う。

1　阿武山古墳の調査とその内容

阿武山古墳は、昭和九年および昭和五七年の二度にわたって調査された。その報告、あるいは概要報告が刊行され、調査の成果の一端を知ることができる。

以下、各報告書から検討を進めるに当たっての重要な部分を引用しながら、見ることにする。

古墳は、標高二八一ｍの阿武山の山頂から南に伸びる尾根の平坦部に位置する。当該古墳のある丘陵南斜面には塚原古墳群、西斜面には桑原古墳群という両者ともに後期の群衆墳が分布している。当該古墳は、これら古墳群の中央部の最高所に位置する部分に構築されている。

昭和九年の調査について、そのきっかけを『報告書』①は次のように記述している。

……（略）昭和九年四月下旬、同観測所の位置施設工事の際、はからずも一個の古墓が見出され、壮麗な其の石室内に埋蔵の夾紵棺には遺骸が完存し、また金糸が纏ってゐた所から、広く一般世人の注意と興味とを聚めることとなった。

右の遺跡の検出並に当初の調査は、志田博士の手でなされたのであったが、「金糸を纏える貴人の墓」として世に伝称せらるに至って、保存顕彰の見地から、それらの調査が当然本府史跡調査会の事業とならざるを得なくなった。

とある。さらに『報告書』は次のように続けている。

尤も当初大規模の調査を計画せられた発見者志田博士は、中途からかゝることは死人に対する敬意に欠けるとして学術調査を望まない様に見え、それに関連して若干の問題も起こったので……（略）

と複雑な当時の状況を記録している。これらの複雑な状況は明らかではないが、この結果関係者による協議会を構成し、そこで夾紵棺を再びもとの室内に戻して保存することと、これらの埋蔵に先立って学術上最小限の調査を実施することになったのである。

この調査は、八月九日から委員の手で調査を開始し、二日で調査を終え十一日に所謂「貴人の遺骸」を棺とともに、もとの奥城に帰葬された。

このような状況の元、わずか二日間の調査で得られた所見は、『報告書』にまとめられ大阪府から刊行されている。それによると調査の過程での、志田博士と報告者などとの現地での調査方法を巡っての葛藤も文章の端々に見られる。ともあれそれらはさておき、墳墓の状況については、「四、古墓の構造」で詳細に報告がある。

本稿の主たる考察の対象ではないが、当該墳墓の構築状況や一応の内容について、『報告書』から引用しておく（図２）。

その石室は本来の地盤を十尺以上彫り込んで作られており、その墓坑の中心部に長さ約八尺五寸、幅三尺六寸余りで、その周囲四、五寸を残して中央に大きな棺台を作り、立面では台上約三尺の部位まで側壁があって天井石を横架したもの、内容は一個の棺を蔵置するのに恰好な大きさをしてゐる。用材は花崗岩を主としてゐるが、一部に磚を用ひ、また漆喰を塗抹した処に特色がある。……（略）

右の大観から更に石室構造の細部に就くに、基底部の詳細はこれを精査する機会を得なかったが、現在見るに室

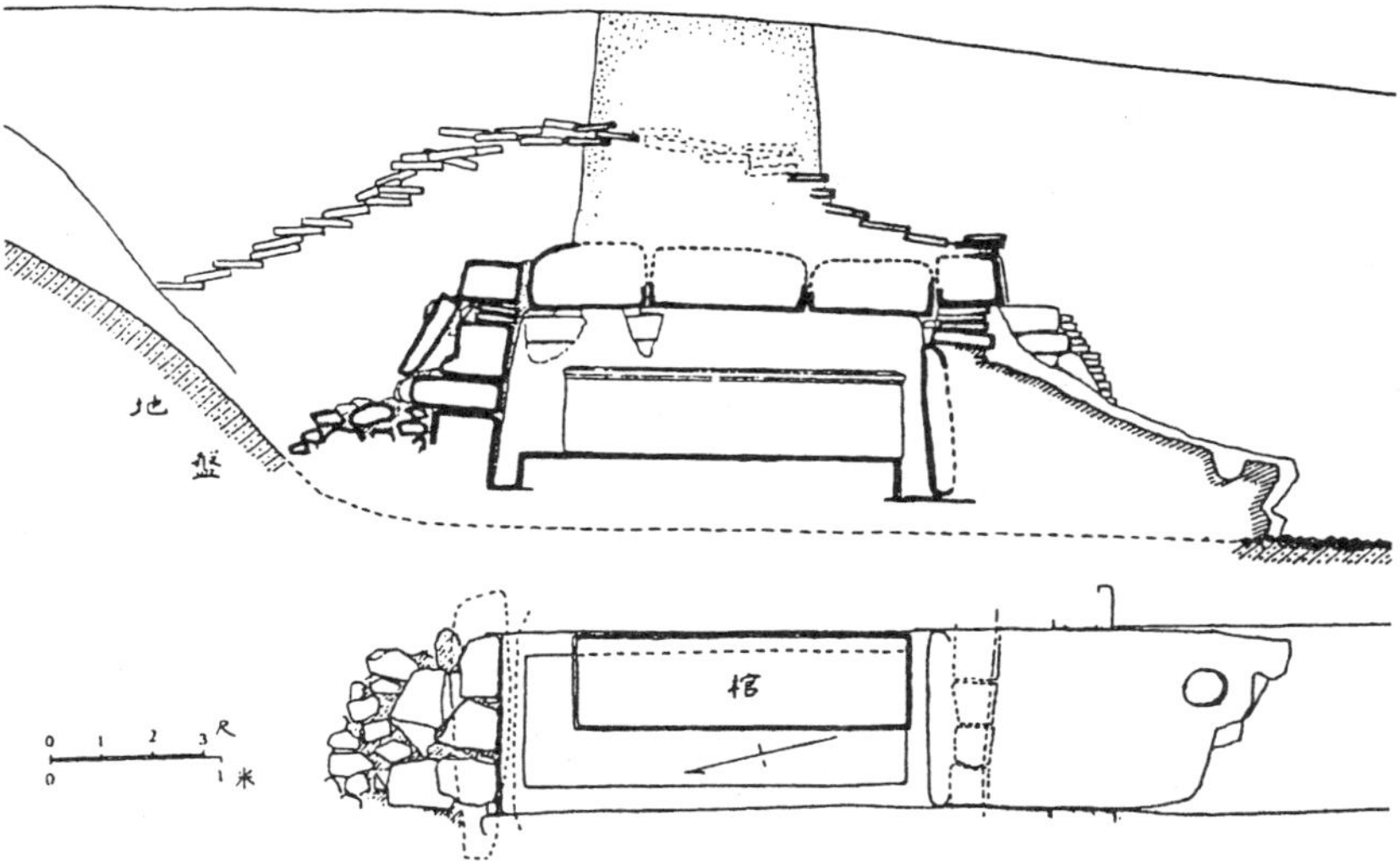

図２　主体部及び棺の実測図(注①文献より引用改変)

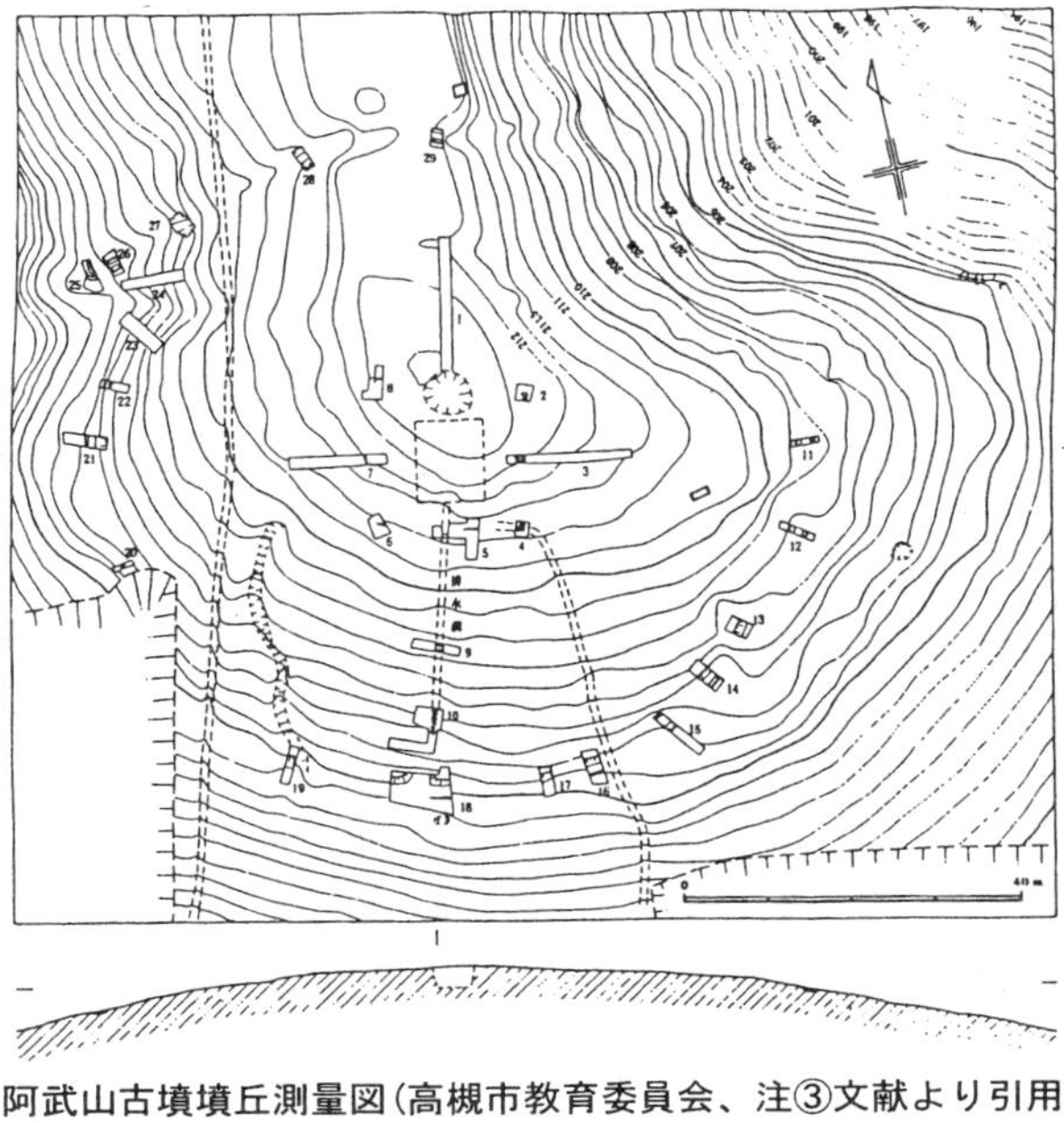

図３　阿武山古墳墳丘測量図(高槻市教育委員会、注③文献より引用改変)

の下底では一面に塗られた厚さ五寸内外の漆喰の下に磚（西南隅）石材（北辺）を混用したと覚しき床敷きの設備がある。……（略）

また内部に安置されていた棺については、以下の如くの記述がある。

さて棺は、蓋身の二つの部分から作られてゐて、身は長六尺五寸、幅二尺六分、高さ一尺七寸に近い匣形をなし、口縁の外側に近く蓋を受ける少許の突帯を付匝する外に、何等の装飾もない簡単なものである。蓋またこれに外被せとなる高さ三寸の扁平な式で、上辺の四周に若干の面取りがあるに過ぎない。大きさは身より梢々大きくて長六尺七寸、幅二尺二寸六分ある。蓋身通じて厚さ　七八分の間にあり、夾紵に通有な布地に下地を施し、それを漆で固め作っている。……（略）

このような主体部、棺に遺骸は一体安置され、副葬品はほとんど見られなかった。性格には玉枕ないしはその部品と見られる大小のガラス玉と金糸、布帛類は出土している。また土器も一点あったというが失われてしまったとある。いずれにしても、主体部や外形の物々しさに比較して、何ら攪乱されていない墳墓にしては、内部の副葬品の希薄さは注目される（図2）。

これらの内容は昭和一一年の『報告書』によって知られるものであるが、その後、当該古墳は埋め戻された後、近年まで大きく注目されることもなく置かれていた。

一方、昭和五七年に調査を実施した高槻市教育委員会の成果は、『概要報告書』②として公刊された。それによると調査を行ったのは、既述の如く当該古墳の国史跡指定に伴う資料の充実のためであった。以下『概要報告書』から引用する（図3）。

古墳の盛土は、今回の調査範囲では全く認められなかった。石室は尾根の最高部よりやや低いところに設けられ、その覆土は測量図を見るかぎりにおいては顕著ではない石室を中心として設けたトレンチでは、低い段と浅い溝を検出した。これらの段および溝は石室を中心として、方形にめぐっており、一辺一八ｍを測る。この方形区画は、地下の石室構築後の地山整形とも考えられるが、具体的な意味合いについては、いまのところ詳らかにし得ない。

このほか、排水溝は地表下三m掘り下げた楕円形の墓坑から、南側斜面を約三〇mの長さにわたって設けられていることが明らかとなり、その中には拳から人頭大の山石を底部に置き暗渠としている。

さらに周濠は、かつての調査で約〇・五mの段がめぐると報告されていたものである。調査の結果、周はほぼ円形にめぐり、自然地形が谷となる北東部、北西部については省略されている。また第5トレンチでの周濠は、本来南にカーブしなければならない。しかし当該周濠は排水に重点を置くため北側の谷に直角に折れ曲げていることなどが明らかとなった。なお周濠の規模は地形によってばらつきがあるが、上幅二～二・七m、下幅〇・五～一・二m、深さ〇・三～〇・七mをはかる。濠の直径は東西径約八四m、南北径約八〇mをはかり、形状は直円に近く、石室はその中央に位置する。

出土遺物は、須恵器、土師器があり、とくに第18トレンチの濠底から、須恵器蓋杯が各一点づつ出土している。

以上が、二度にわたる阿武山古墳の発掘調査の成果である。これらによって当該古墳の概要がおおむね理解出来たのではないかと考える。

2　阿武山古墳の構築時期について

（1）築造時期について

主体部および墳丘部の施設などから、阿武山古墳の構築をめぐる問題について考えてみたい。古墳の主体部、墳丘部施設については既に説明を行ってきたが、さらに『報告書』および『概要報告書』などから時期を考えるに資料となる部分を注目してみたい。

『報告書』で梅原末治博士は「六、後記―遺跡の性質と其の年代―」の項で、以下のように記述されている。

……（略）さて阿武山古墓の性質を論ずるに当たって。先ず認められるのは、如上の本邦上代の墓制の実際乃至沿革に較べて、それが高塚制の盛行した時期のものとなし難い事である。それは現実な封土のないことや、内部構造の示すところ乃至副葬品を欠く事実等が高塚の一般的な性質と背馳する点から殆ど疑を容れる余地がない。それは同時にまた、構造上に技巧に甚だ進んだものがあり、なお一般的な墓制変革期の事象に相応する点で、それ自らの占める位置を物語るものである。尤も右の動かない概観が誤らないとしても、更に細部の上に見られる性質の吟味を試みるとなると、繰り返して述べた様に本古墓の示す事実は全体として上代の通有な高塚と違ってゐるが、多面に於いて所謂後期の墓制の或者との同似、乃至従来知られた古墓との合致が全くないではなく、其処に此の奥城が全然他とかけ離れた存在ではなく、我が上代の墓制の連なりの一点を占めることが明確にせられる。

既に指摘した本夾紵棺と同じ作りの破片が聖徳太子の磯長御廟や、大和越の牽牛子塚で見出された事実や、相似た磚が河内山田村の山田麿の石棺側に遺存したこと等は、右の点で先ず挙ぐ可きである。太子の御廟は年代の明な好例として、それは他方我が国に於ける夾紵像製作の歴史と併せて、本古墓の年代を想定する上に重要な処所をなすもの。後の二者は前者のごとく明確な年代を指示し難いが、また其の特殊の造構に依って古墳末期に属することが一般に信じられてゐて、前者に傍証たるものがある。

とあり、さらに河内御廟山古墳の漆喰と構造が近似している点、また大化薄葬令との関連などについて考察を進め、次のように結論している。

……（略）然らば本古墓は大化薄葬令の表面的な規矩を受けた一例として、而もなお実質的な薄葬令の趣旨に副はない性質のものとして、やがて、それの営造の時代が大化を去ること遠からずまた被葬者の身分を詔勅の文から推定し得ることにもならう。前者に対しては上来述べた考古学上の比較からする所と矛盾する所なく、後段に関しても少くも大仁小仁以上の高貴の奥城とする解釈が加へられるのである。表面薄葬令に依拠し乍ら、なほ永久の住家に力をつくしてゐる此の墓の主が、当代の富と力を持った人士であったことは、構造の上に見出される技術の上でも十分首肯せられる。……（略）

一方、高槻市教育委員会による周濠の調査の結果からは、いくつかの遺物が出土しており、次のような年代観が示されている。

阿武山古墳の年代については、前回の石室内部の調査でも決め手となる遺物が少なく、時期を明確にすることができなかった。しかも今回の調査では、破片ではあるが周濠から、須恵器の蓋杯・壷・甕片が出土し、一応古墳の年代を推定する手懸を得た。各トレンチから出土した須恵器は、陶邑の須恵器編年によると、所謂２期の終末期と考えられるものである。正確な年代決定は今後の研究にゆずるが、一応七世紀の第１四半期と第２四半期との間とするのが妥当である。

とあり、さらに「８．まとめ」では次のように記述している。

また出土した須恵器がいずれも排水溝の南で出土したことと、四点とも同一型式内で考えられることから、本資料をして古墳造営時の祭祀に用いられたものと理解するのが妥当である。

とあり、古墳構築年代についての時期的な示唆を述べている。

これら既述の内容から、当該古墳が七世紀半ばを前後する時期に構築されているという漠然とした結論が得られると思う。さらに筆者は、当該古墳の史跡指定に関連する調査の成果に注目する。すなわちそこで出土した須恵器についてである。

（２）二次調査出土の須恵器について（図４）

A、須恵器の観察

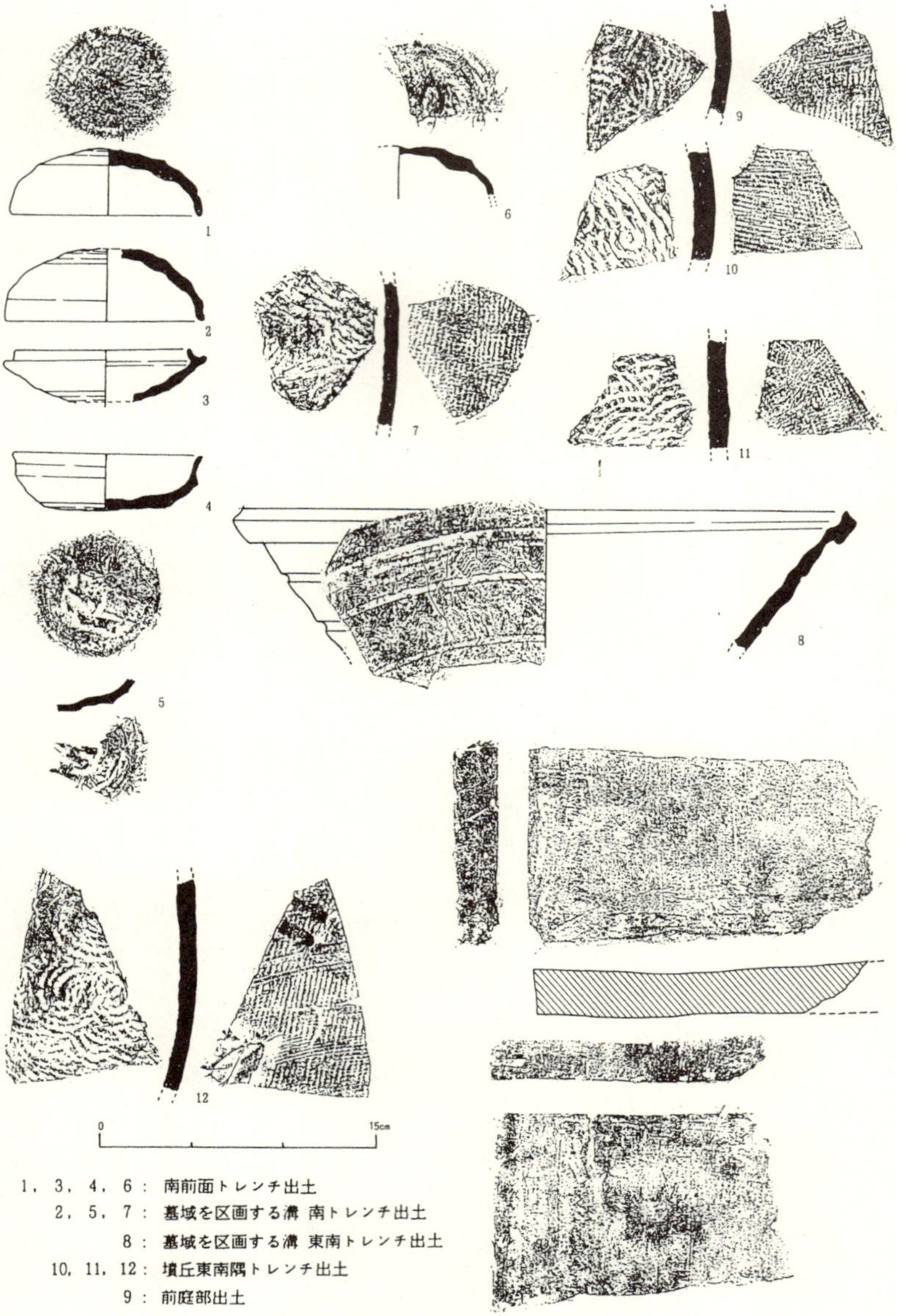

1，3，4，6： 南前面トレンチ出土
2，5，7： 墓域を区画する溝 南トレンチ出土
8： 墓域を区画する溝 東南トレンチ出土
10，11，12： 墳丘東南隅トレンチ出土
9： 前庭部出土

図４　阿武山古墳出土遺物実測図

周濠（溝）の発掘調査で出土した須恵器については、十分な検討が行われたとは言いがい状況である。現在遺物は、復元された状態で、高槻市市立埋蔵文化財センターに保管されている。

今回、関係者のご好意によって、それら一括資料の実測検討を行うことが出来た[④]。その以下に、その所見を示しておくことにする。

出土した須恵器は図４に示した如くのものである。器種は杯蓋三、杯身三、甕（広口壷）一、同体部破片五、壷体部破片三点の合計一五点である。このほかに、土師器の破片と磚が二点見られる。各個別に簡単に触れておく（図４）。

①杯蓋—口径一〇・三㎝、器高三・九㎝、天井は丸く比較的高い。中央部外面は回転ヘラ切り、ほかはいずれも回転ナデ調整。焼成良好堅緻、胎土はやや粗、白色砂粒を含む。１—４欠損、七点接合復元。南前面トレンチ出土。

②杯蓋—口径一〇・五㎝、器高四・二㎝、天井は丸く比較的高い。中央部外面には回転ヘラ切り、ほかはいずれも回転ナデ調整。焼成甘く軟質、胎土は粗、白色砂粒を多く含む。１—２強欠損。墓域を区画する溝トレンチ出土。

③杯身—口径九・三㎝、器高三・一㎝、底部は比較的浅く丸みをもつ。たちあがりは短く内傾し端部は丸い。たちあがり内面に特徴をもつ。受部は短く上外方にのび端部は丸い。底部外面には回転ヘラ切り、他は回転ナデ調整を行う。焼成甘く軟質、胎土はやや粗で白色砂粒を含む。南前面トレンチ出土。２—３弱欠損、６点接合復元。表面の摩耗が著しい。②の蓋と焼成度合いや胎土、手法の共通することから、両者がセット関係をなしていた可能性が濃い。南前面トレンチ出土。

④杯身—口径一〇・二㎝、器高三・五㎝、底部は比較的深く、平である。口縁部はならだかに上外方にのびた後、内側に曲げられ、さらに上外方に伸び端部は丸い。底部外面には回転ヘラ切り、他は回転ナデ調整を行う。焼成良好堅緻、胎土は密である。焼成良好堅緻、胎土は密である。南前面トレンチ出土。

⑤蓋杯—残存高一・九㎝、蓋杯の杯身の底部の破片と考えられる。胎土からは⑥の破片と共通する。１—７残存、

焼成良好堅緻、胎土は密で白色砂粒を含む。墓域を区画する溝、南トレンチ出土。

⑥蓋杯—残存高二・五㎝、蓋杯の蓋の天井部の破片と考えられる。胎土からは⑤の破片と共通する。なお①の器種を身とし、し当該例を蓋として、蓋杯セットをなしていたと見ることも可能である。なお従来の蓋と見られていたものが、セットをなす例は、陶邑窯のほか京都府宇治市隼上り窯などに見られる。１—５残存、焼成良好堅緻、胎土は密で白色砂粒を含む。南前面トレンチ出土。

⑦壷—残存高八・一㎝、壷あるいは甕体部の破片である。外面には格子状に見える叩き、内面には円弧叩きが施されている。焼成甘く軟質でもろい。胎土はやや粗で白色砂粒を多く含む。墓域を区画する溝、南トレンチ出土。

⑧甕・復元口径三三・一㎝、残存高八・三㎝、甕の口縁部の破片である。口頸基部太く、口頸部はなだらかに外反し、端部で肥厚し内面に稜を認める。外面中位に沈線１条を上下に巡らせ、その上下位にやや粗な波状文を施す。焼成良好堅緻、胎土はやや粗である。なお胎土の近似から７が体部であった可能性がある。墓域を区画する溝、南トレンチ出土。

⑨壷（瓶）—残存高六・一㎝、壷（瓶）の体部の破片である。外面には平行叩きののちカキ目調整を行っている。焼成良好堅緻、胎土は密である。前庭部出土。

⑩甕（壷）—残存高六・四㎝、甕（壷）の体部の破片。外面には平行叩き後にカキ目調整。焼成良好堅緻、胎土はやや粗である。墳丘東南隅トレンチ出土。

⑪甕（壷）—残存高六・八㎝、甕（壷）の体部の破片。外面には平行叩き後にカキ目調整。焼成良好堅緻、胎土はやや粗である。⑩の体部と同一個体と見られる。墳丘東南隅トレンチ出土。

⑫壷（瓶）—残存高一二・〇㎝、壷（瓶）の体部の破片である。外面には平行叩きののちカキ目調整を行っている。表面には自然釉が見られる。破片のため確実ではないが、器種としては横瓶の可能性がある。⑨と文様、手法、胎土、焼成が近似しており、同一個体の可能性が濃い。焼成良好堅緻、胎土は密である。墳丘東南隅トレンチ出

土。

以上が、二次調査で出土した須恵器である。ここにかかげたほかにも瓶あるいは壷体部の細かな破片が見られたが、特に検討を行っても、考察の対象となりえないので省略することにする。

これらの結果から、とくに時期などの検討対象となるのは、主として①、②、③、④と⑧であろう。また補助的に⑤、⑥が問題となるかもしれないが、十分前者の発想で解決しうると考えられる。

さて筆者らは、我が国最古最大の須恵器生産地の陶邑窯跡群で、そこから出土した須恵器を資料として、古墳時代から平安時代に至る型式編年作業を行ってきた。その成果に当てると、当該須恵器蓋杯の型式的な評価は、陶邑編年Ⅱ型式6段階相当（以下陶邑編年は省略するが、いずれも陶邑編年を意味する。）ということになり、ほかの器種についても同様に考えて良いだろう。これは高槻市教育委員会の結論とも一致する。

B、須恵器の年代

このⅡ型式6段階の絶対年代については、その類例の出土した遺構などの年代を考えることによって知ることができる。筆者は、既に陶邑出土須恵器と全国の年代の明らかに出来る遺構出土の須恵器を比較して、おのおのの型式編年の絶対年代の基準となるべき年代について検討してきた。⑤そのうち、本稿に関連ある陶邑編年Ⅱ型式6段階を前後する段階、すなわちⅡ型式4、5、6段階およびⅢ型式1、2、3段階、さらにはⅣ型式1段階について例示しておきたい（図5）。

まずⅡ型式6段階の性格は、蓋杯では小型化の頂点となり、たちあがりを認める最後の段階である。一方、Ⅲ型式1段階は、それまでの蓋杯の形状が逆転し、かつつまみを天井に貼付したという形態で、天井の内方（下方）に認められるかえりが長いか、短いかによって時期の前後が判断されるものである。なお1段階はかえりが長く、全段階の小型化のままの状況を引き継いでいる。

次のⅢ型式2段階は、ややかえりが短くなり、形状も少々大きくなる。また杯身の底部には高台を伴うものも出現

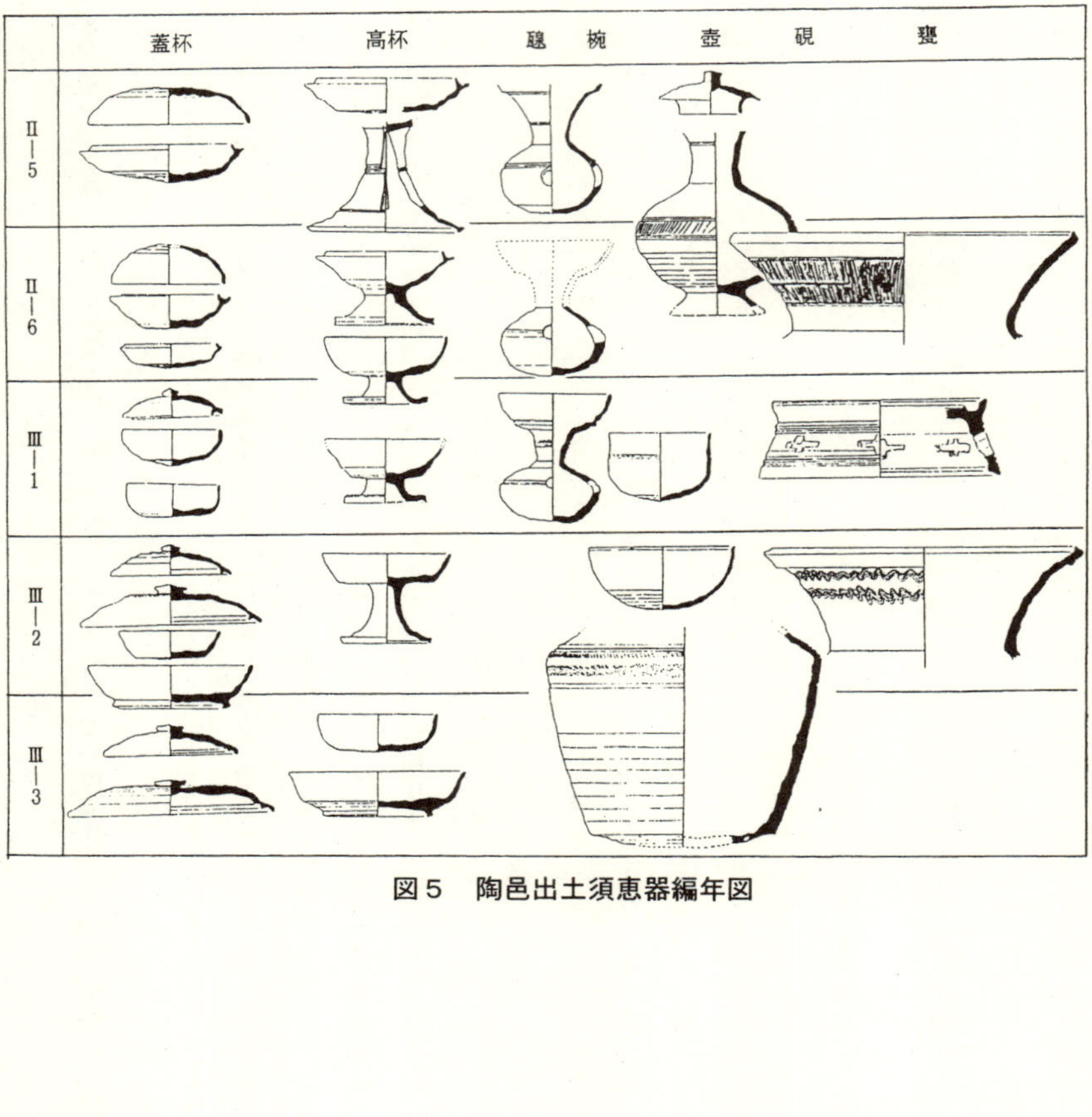

図５　陶邑出土須恵器編年図

する。３段階ではかえりは形骸化しており、かなり短く、また口径も大きいものが目立つようになる。杯身は大半のものが高台を伴う。

一方Ⅱ型式４段階から６段階への流れは、蓋杯の口径などの小型化、たちあがりが序々に短く内傾する状況や器種の組み合わせの変化（多様化）など様々な現象が如実に観察出来る段階でもある。

なお本稿では、主たる目的ではないのでその説明の詳細は省略に従ったが、これらの型式、段階の変化については、陶邑窯跡群の発掘調査を通じて得られた膨大な資料の比較検討から可能となったもので、単なる恣意的な配列や実証を伴わない作業によって成立したものではない。

以上の記述によって型式段階の流れは理解して頂いたものとして、本題の絶対年代との対比に入りたいと思う。

Ⅱ型式４段階に相当する資料は。奈良県飛鳥寺下層出土須恵器がある。飛鳥寺は『日本書紀』[⑥]六　推古天皇四年（五九六）冬十一月条に「法興寺造り竟る。」とあり、その完成を示しているが、その着手は『日本書紀』崇峻天皇即位前記（五八七）秋七月条に「蘇我大臣亦本願於手飛鳥地起法興寺」、是歳条に「壊飛鳥衣縫造祖樹葉之家、始作法興寺」とある。これらから、崇峻天皇即位前秋七月から建設工事が開始され、推古天皇四年冬十一月に完成したと見てよいだろう。ところで飛鳥寺は昭和三一、三二年に奈良国立文化財研究所、奈良県教育委員会によって発掘調査が行われた[⑦]。

これらの調査により、塔を中心とする三金堂、中門などの伽藍配置が明らかになった。さらに寺創建以前の遺構が二、三の地点で確認された。

とくに創建に伴う整地作業によって成立した地層内からいくつかの須恵器が検出された。これらは先の『日本書紀』の記述に沿うものとして、以来重要な基準資料となってきた。これらの資料はいずれも陶邑編年Ⅱ型式４段階相当のものである。同じくⅡ型式６、Ⅲ型式１段階については、昭和三二、三三年に調査された川原寺出土須恵器が、飛鳥寺と同様に時期の基準となっており、ほぼ斉明天皇二年（六五六）前後の資料と見ることが可能であろう。なお

Ⅱ型式６段階については難波宮跡での成果から孝徳朝頃と見られている。

さらに兵庫県箕谷二号墳出土須恵器が例示される。この古墳群は兵庫県養父郡八鹿町小山に所在する後期古墳群である。昭和四九年に発掘調査が行われ、２号墳石室内部から多数の遺物とともに須恵器および銘文の認められる鉄大刀が検出された。[⑧] その銘文は「戊辰年五月中」とある。その年次の解釈は、「五四八」「六〇八」年の二説があるが、須恵器の型式および類例などの検討などから、後者が妥当と考えられる。なお須恵器はいずれもⅡ型式５段階に相当するものである。

またⅢ型式からⅣ型式の変化の基準としているものに、天井部内面のかえりの有無がある。この資料としては藤原宮関連のものがある。とくに宮造営直前の遺構として大溝ＳＤ１９６１—Ａがある。この溝は運河で、宮造営の資材の運搬に供する目的で構築されたものである。内部から多数の土器資料が出土しており、それらについて『報告書』では「天武末年頃と推定される大溝の開削から大極殿の造営に伴う整地工事によって埋没するまでの短期間に中に投棄されたもの」とされている。

『日本書紀』天智天皇七年（六六八）二月条に「天下を有むるに及りて、飛鳥浄御原宮に居します。後に宮を藤原に移す。」とあるのが初見で、持統天皇八年（六九四）十二月条には「藤原宮に遷り居ます。」とあり、この段階には宮の造営が完成していたことを示す。

運河の造営は、これよりはかなり以前のことであり、むしろ天智天皇七年からあまり離れていない時期を想定することが可能であろう。ちなみにこの段階の須恵器はⅢ型式３段階からⅣ型式１段階の両者が認められる（図６）。

以上、簡単に須恵器の型式編年と絶対年代の対応を考えてみたが、以上をまとめると次のようになろう。すなわちⅡ型式４段階が崇峻天皇即位前記（五八七）秋七月条前後の時期、５段階が戊辰年（六〇八）前後、６段階が孝徳朝頃、さらにⅢ型式１段階が斉明天皇２年（六五六）前後、Ⅲ型式の終末を天智天皇七年（六六八）頃、Ⅳ型式１段階の下限として持統天皇八年（六九四）以前が考えられる。[⑨]

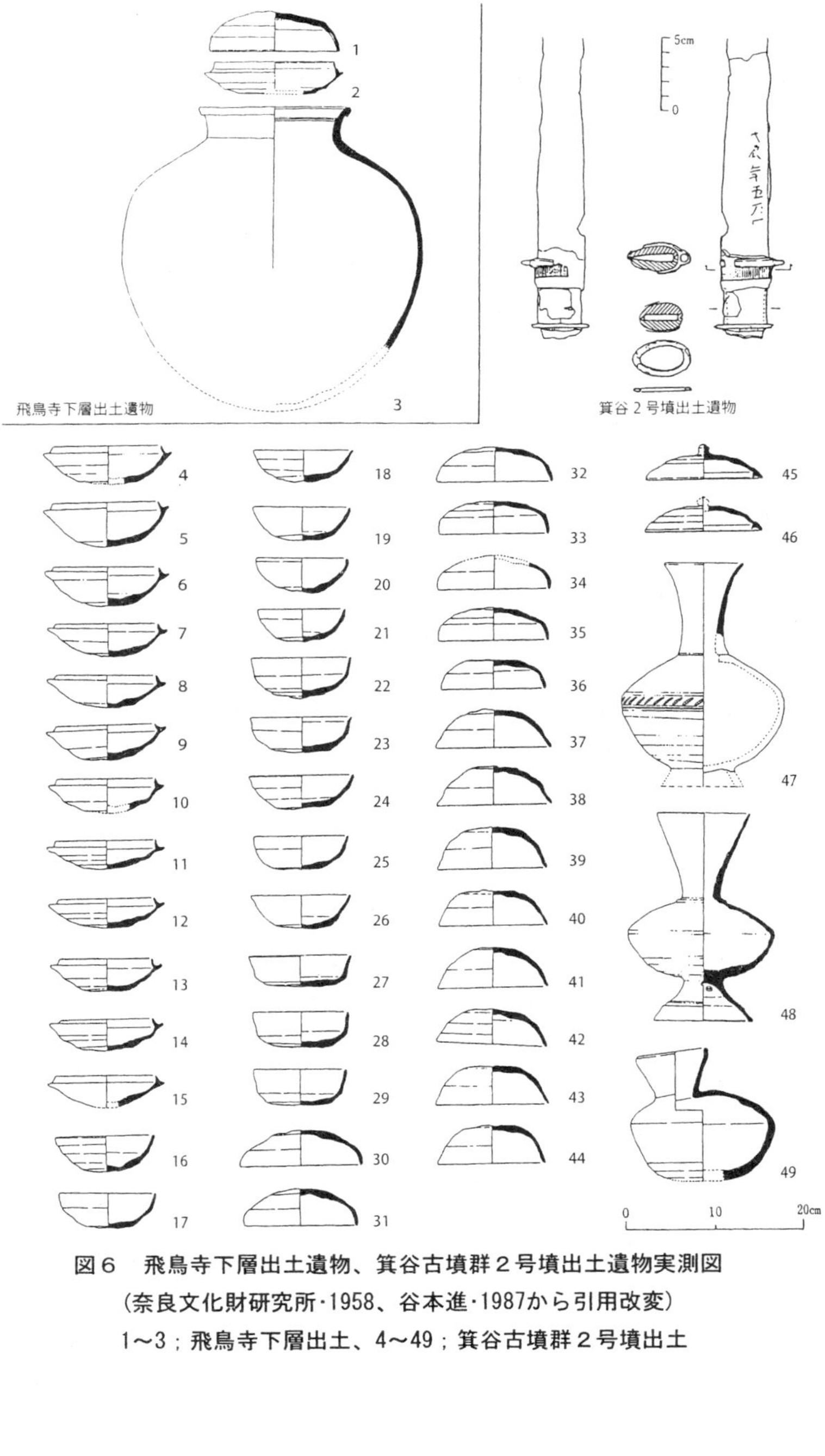

図６　飛鳥寺下層出土遺物、箕谷古墳群２号墳出土遺物実測図
(奈良文化財研究所・1958、谷本進・1987から引用改変)
1～3；飛鳥寺下層出土、4～49；箕谷古墳群２号墳出土

このように須恵器の型式編年から、阿武山古墳の周溝から出土した須恵器は、陶邑編年Ⅱ型式6段階に相当することから、その年代は七世紀の第2四半期に相当すると考えられる。またⅡ、Ⅲ型式の型式段階の連続関係を考えると、その段階の継続期間はせいぜい一〇年未満と見ることができる。またあえて年次を示せば六四〇～六五〇年頃と見られるだろう。

3　阿武山古墳の被葬者と藤原鎌足の墳墓

（1）藤原鎌足の墓所

『日本書紀』天智天皇八年十月辛酉条に「藤原内大臣薨。」とあり、さらに『家伝』には「十六日、辛酉、淡海の弟に薨ず。時に年五十有六。」とあり、これらの史料から、藤原鎌足の死去の事実は疑えないだろう。

『日本書紀』には続いて「日本政記曰、内大臣、春秋五十、薨于私第。還殯於山南。天何不淑、不憖遺耆。嗚呼哀哉。碑曰、春秋五十有六而薨。」と分注を加えている。直木孝次郎氏は「山南」では場所の特定は不可能であり、殯を行ったというのであれば墓所は別の場所に求められる[10]。

しかし大化薄葬令では王以下庶民にいたるまで「殯営むことを得ざれ」としており、鎌足を例外としたかどうかは疑問で、「山南」に墓地を作ったのではないかとも思われるとされている。

『家伝』によると「粤以庚午閏九月六日、葬於山階精舎」とあり[11]、死後一年後に山階寺に葬られたことがわかる。従来は大津京の山の南で殯を営み、やがて多武峰に改葬したというのが通説であったが、それに対し天坊幸彦氏は『延喜式』諸陵寮の「多武岑墓」について、そこに葬られているのは鎌足ではなく、不比等であると指摘した[12]。また、そのように理解すると、『三代実録』[13]天安二年十二月九日条に見る「贈太政大臣正一位藤原朝臣鎌足、多武峰墓、大和国十市郡に在り。」とある記事と矛盾する。このため鎌足の文字は、後の改ざんであると主張する。ところが

『類聚符宣抄』『扶桑略記』にも『三代実録』と同じ記事が見える。このことから直木氏は、平安時代には既に鎌足の墳墓は多武峰にあり、という伝承があったと推定されている。

また天坊氏の引く『多武峰略記』『多武峰縁起』には、阿威山の墓所から鎌足の遺骸を掘りとって、多武峰に移したとある。さらにこの阿威山を阿武山と同じであるとしたのである。しかし阿威山を阿武山とするには、後述するように問題が残されている。いずれにせよ氏が、両者を同じとした背景には『日本書紀』皇極天皇三年正月条に「以中臣鎌子連拝神祇伯、再三固辞不就、称病退去三島」とあり、鎌足の地盤が三島にあったことから生じたものである。

ところで古代の阿威は、現在大阪府茨城市阿威に該当すると考えられ、そこには大職冠神社と藤原氏荒墓という伝承を持つ古墳が所在する。なお直木氏は「山南」が阿威山の南でも矛盾はなく、三島に所在した可能性もあるとされている。

これらの記述から、筆者なりに矛盾、疑問点を示すと以下の如くとなる。

まず阿威山を阿武山とは同一視して考えるとするには、その証明が必要であろう。

また多武峰移転説があり、かつその元の墓地が三島であったとした場合、あくまで改葬を行ったと主張するならば、考古学的な調査の結果と矛盾すると考えられる。阿武山古墳内部の人骨、すなわち遺骸が全く触れられていない状態で検出されているのは、その主張される事実と反するのではないか。

さらに『日本書紀』天智天皇八年甲子条に「天皇幸藤原内大臣家。命大錦上蘇我赤兄大臣、奉宣恩詔。仍賜金香炉。」とある。

もし阿武山古墳が鎌足の墳墓であったとすれば、天皇から賜った冠のみならず、香炉も副葬されたはずである。しかし現実には香炉は、全く内部が攪乱されていなかったのにも関わらず阿武山古墳内部からは確認されていない。すなわち当該古墳が鎌足の墳墓であると仮定したとしても、内部から冠はあるが香炉は見られないという状態がある。少なくともこれが鎌足の墳墓であるとすれば、両者の副葬は必至と見るのが妥当であり、一方を除外したとは考え難いのではないだろうか。

さらに既述の『日本書紀』に引く『日本世記』にある「………（略）、碑曰、春秋五十有六而薨。」とある碑は、後述の梅原博士の説く、百済人沙吒昭明撰文の碑石と同じであり、墓碑が鎌足の墓所に立てられていた可能性を示すものである。

とすると当該地がその墓所とすれば、墓碑が残されているはずである。ところが当該墳墓には遺骸を伴って埋葬されているにもかかわらず、その痕跡は全く確認されていない。このことは当該墳墓が鎌足のものである、あるいはあったとする可能性を否定するものとなるのではないかと考える。

以上述べたように、これらの問題が解決されない限り、阿武山古墳が藤原鎌足の墳墓とするには問題があるように考える。

(2) 考古学からみた阿武山古墳被葬者藤原鎌足説について

昭和五六、七年に阿武山古墳の被葬者は藤原鎌足とする説が提示された。[②] その名前は、すでに当初の発見時から云々されていたことであり、目新しいことではなかったが、科学的処理、ハイテク技術を駆使というような従来と異なる手法によって被葬者の推定材料を提供した点は有意義であったと考える。しかし結論から言えば、筆者も当該古墳の被葬者として藤原鎌足を当てる説には賛同しがたい。とりわけ『報告書』で梅原博士が説く、次の点に有効な反証がない点などが、鎌足説の問題点であろう。

……（略）鎌足の墓が阿威山にありとする伝は、『大日本史』の始めて採用した新しいものに属し、現存する当時の根本資料の示す所では到底それは信じ難いのである。鎌足公を阿威山に葬ると云ふ説の拠り難いことは既に早く、谷井済一氏の道破せられてゐる所であって、『日本書紀』並に恵美押勝撰する『藤原家伝』（上巻）等に依ると、天智天皇の八年十月十六日を以て淡海すなわち今の近江大津市付近の私第に薨じた鎌足は、特旨を以て山南即ち同じ大津市付近の山の南麓に殯することを許され、翌年閏九月六日山階精舎即ち山城宇治郡山科の地へ土葬せられたと見る外はなく、またその墓に百済人沙吒昭明撰文の碑石が樹てられ、家伝の出来た天平宝字四五年頃までは其の所に存して改葬などのなかったことを知り得るのである。従って問題の古墓を以て鎌足の奥城とすることは、此の厳然たる歴史事実の存する以上、到底成り立ち得ない。いま仮に百歩譲って右の記事に若干の疑問を許し、上述の所伝に何等かの依処があるとしても、元来『多武峯縁起』載する鎌足を初め阿威山墓に葬る説は、もと定慧に依って、それが後に大和多武峯に改葬せられたことを説く前提をなすものである以上、本阿威山古墓の如く、被葬者の遺骸の完存したものをそれに当てることは、所伝自身とも矛盾するわけで到底成り立ち得ないのである。……（以下略）

以上に示した梅原博士の諸指摘に対して全く同感であり、一々再度考証する必要を感じない。とくに阿威山墓説には、近接地域に鎌足墳といわれる古墳が所在することから、根強い支持があることを物語っている。本稿での主題とは離れるので詳細は記述しないが、阿威山の古墳と鎌足の埋葬されたとする時期とは明らかに五〇から一〇〇年の年代の開きがある。その時代の開きは如何ともし難たく、当該古墳の鎌足墳墓説は全く成立しないと考える。

この古墳に比較すると、当該阿武山古墳は鎌足の墓地とする可能性では、時代的に接近しており、梅原氏も触れているごとく阿威山墓説を転嫁しようとする発想に結び付く懸念があることは否定できない。

しかし先に紹介した二次調査での須恵器の年代は、明らかに資料的な面から鎌足墳墓説を否定するものである。すなわち鎌足の死亡年月日は、『日本書紀』天智天皇八年十月条に「辛酉、藤原内大臣薨」とあり、さらに「日本世記に云う」として鎌足が私第で薨じ、山南に殯したことを記述している。

この天智天皇八年（六六九）十月が鎌足の死亡年次であり、この事実に誤りがなければ、この後に墳墓に埋葬されることになるだろう。とすれば先の二次調査での須恵器は、「本資料をして古墳造営時の祭祀に用いられたものと理解するのが妥当である。」とあり、かつ梅原氏は「序に附記するが右の漆喰の「マツス」と壁面に塗ったそれとの間には現在空隙が存している。これは壁面と築成と、羨道間に漆喰を加えて同部を閉じたのとの間に、時の隔たりのあることを示すものであらねばならぬ。」と当該古墳の石室の構築と漆喰で閉鎖した埋葬終了段階には明らかに時期差があることを示している。

とすると、先の墓前祭祀は、この棺埋葬完了後に、あるいは漆喰で閉鎖後に行われるとみるのが自然である。この祭祀に用いられた須恵器はきわめて特徴的なものであり、陶邑編年Ⅱ型式６段階の相当するものであり、その年代も同時代資料との比較検討から明らかになっていることは既述のとおりである。

すなわち当該古墳の埋蔵或は埋葬行為が完了し、古墳の墳丘の整備が実施された段階は、七世紀第二四半期、あえていえば西暦六五〇年を下がらない時期ということになる。

これらから鎌足が死亡する二〇年前後以前に当該古墳に埋葬が可能であった人物が、当該古墳の被葬者であることになる。例え、鎌足が生前から墳墓を構築していたとしても、その主体部に埋葬者がいないということになる。すなわち死亡前の段階には、絶対に埋葬、墓前祭祀は行えないし、逆修供養のほかはありえないと考える。さらに、この時期には少なくとも管見による限り、そのような供養法が採られた例はない。

このように遺構から出土した物的資料である遺物からも、当該古墳の被葬者が藤原鎌足ではないことが明らかになったと考える。

むすびにかえて

大阪府高槻市に所在する阿武山古墳の問題について、過去に実施された二次にわたる発掘調査を通じて得られた成果から、被葬者藤原鎌足説を検討してきた。結論的には、当該古墳の被葬者は藤原鎌足となる可能性は、ほとんど考えられないということである。

この考えが認められたとすると、一体当該古墳の被葬者は誰なのかという問題が残される。大化の改新の有無にまで踏み込むことはここでは行わないが、「大化薄葬令」の規定に沿って厚葬が禁止されている時代、あるいは「大化薄葬令」そのものの実態が存在しない可能性を示すものの可能性もあろう。ともあれ、その状態が追認される時代の墳墓としては、当該古墳は特異な存在でもある。或は全く同じ時期に当該地域で構築された古墳について見ると、一層その差が明瞭となる。

例えば、塚脇12号墳は、高槻市に所在する阿武山古墳と時期の近い古墳の一つであるが、これがとくにほかの地域の同時期の古墳と比較して大きく異なる部分はないといって過言ではない。

すなわち大抵の地域の古墳と同様、後期古墳の主体部である横穴式石室を用い、また石棺を用いている。さらに出土遺物についても大きな差異が見られない。

両者の古墳は、そこから出土した須恵器から見て、ほぼ同時期に構築されたと見られる古墳であり、塚脇12号墳の築造がわずかに遡って築造されたとしても、大きな差を云々する程ではない。

このように阿武山古墳は、当該地域の古墳としても若干異質あるいは特異な面が認められることは否定出来ない。したがって、当該古墳の被葬者をあえて求めるならば、様々な当該墳墓に見られる新しい様式、構造の導入や遺物の存在から、当地域の有力豪族で、かつ中央政府の官僚機構と何らかの関わりを持っていた、あるいは持ち得た人物と推定することができる。さらに考えれば地域の首長あるいは準首長級の上位の豪族と考えることができるだろう。

〈補注・参考文献〉

①梅原末治ほか「摂津阿武山古墓調査報告」『大阪府史跡名勝天然記念物調査報告』第七揖、大阪府、一九三六年。
②坪井清足ほか『蘇った古代の木乃伊―藤原鎌足―』小学館、一九八八年。
③高槻市教育委員会『嶋上郡衙跡他関連遺跡発掘調査概報』7、高槻市教育委員会、一九八三年。

④発掘調査期間中に現地で出土須恵器を実見し、かつ改めて平成九年三月に再度実物を観察することができた。高槻市教育委員会埋蔵文化剤センター—富成哲也所長、森田克行次長をはじめ関係各位のご好意、ご配慮に感謝する。
⑤中村浩『和泉陶邑窯の研究』柏書房、一九七〇年、さらに後に『和泉陶邑窯出土須恵器の型式編年』芙蓉書房出版、二〇〇一年に収録している。
⑥『日本書紀』岩波古典文学大系本を使用。
⑦奈良国立文化財研究所『飛鳥・藤原宮発掘調査概要』1、2、一九七五、七八年。中村浩「奈良前期の須恵器生産」『日本書紀研究』第十二冊、塙書房、一九八二年。
⑧谷本進ほか『箕谷古墳群発掘調査報告書』八鹿町教育委員会、一九八七年。大村敬通「箕谷古墳群について」『月刊文化財』二五五、一九八四年。
⑨「前掲⑤書」所収。
⑩直木孝次郎「藤原鎌足の墓所について」『前掲2書』所収。
⑪「家伝」『寧楽遺文』下巻、東京堂出版、一九六二年。
⑫天坊幸彦『上代浪華の歴史地理的研究』大八洲出版、一九五七年。
⑬『日本三代実録』国史大系本、吉川弘文館、一九六五年。

第三章
仏教文化の地方波及を示す墳墓
――五反逧古墳出土遺物の再検討を通じて――

はじめに

我が国における仏教の伝来については諸説があり、確たる年代は確定していないが、少なくとも一部地域では、仏教公伝年代とは大きく隔たらない六世紀後半には全国的に受容が始まっているといって過言ではないだろう。

岡山県美作地域もその一つとして挙げられる。たとえば真庭郡落合町下一色所在の下一色古墳では、四柱式家型陶棺の体部に瓦当文がみられ、勝田郡勝央町所在の五反逧古墳出土の小型鴟尾などが、その伝来・受容を示す徴証資料といえよう。[①] 後者の資料は、その発見後まもなく東京帝室博物館(現在の東京国立博物館)の列品となり、現在に至っている。その遺物は、仏教的葬送儀礼である火葬の普及以前に該当する時代の横穴式石室を主体とした古墳時代後半の段階のものである。また石室内部に収められた陶棺には寺院の屋根に用いられたものと同じ形状の鴟尾で、それらが小型化されたというものを伴っている点でも注目される古墳である。とくに鴟尾が仏寺の棟端を飾る、いわば仏教寺院の特徴的な器物であり、その存在そのものが当該地域への仏教文化の波及、受容、浸透の段階を示す貴重な資料といえる。

この資料については長らく類例の確認がみられず、注目はされてはいたが、その評価、位置づけが難しい資料として放置されていたきらいもある。しかし鳥取県福部村所在の蔵見３号墳の主体部である横穴式石室から出土した陶棺とそれに伴うとみられる小型鴟尾が注目をされるにいたった。この遺物の出土によって、先の鴟尾の評価も改めて行うことが可能となった。今回、関係者のご厚意によって、整理復元された蔵見３号墳出土遺物について実見することができた。[2]また五反浴古墳出土資料についても東京国立博物館で実見、検討することができた。[3]いかにその検討結果とそこから派生する被葬者像について考えてみたいと思う。

１　既往の研究

五反浴古墳出土鴟尾については、その発見年次が明治末年頃であり、かつ東京帝室博物館（現在の東京国立博物館）の列品になったのは、一九一〇年のことであった。当時の記録によると、これらの遺物は明治四三年五月一九日に横穴式石室を発掘して発見したとある。とくに陶棺やほかの遺物については簡単な図が付されており、さらに棺については詳細に寸法まで記録されている。それによると色調は淡青灰色とあり、須惠質であることを示している。さらに発見の遺跡の種類は古墳で、円墳と記載され、主体部は横穴式石室であった。やがてこれらの遺物は一九一〇年一月二五日付で東京帝室博物館の列品となり、」陶棺とわずかな遺物が地元に残された。しかし東京帝室博物館に所蔵されることになった遺物については、この時期以降本格的な調査検討は行われず今日に至っている。

いずれにしても、これらの遺物の発見以来、和田千吉氏によって『日本遺蹟遺物図譜』[4]（第五輯）に写真と「須惠質鴟尾二点の実測図が添えられたものが発表されている。のちには「墳墓と墓誌」『日本考古学講座』６、一九五六で藤沢一夫氏は和田氏の図を引用して当該遺物を以下のように紹介している。[5]

……。なお岡山県勝田郡勝間田町大字平字五反谷からは、陶質棺、陶質土器、埴質土器などと伴出したものとして陶質の模範的鴟尾二種がある。一は、高さ六寸三分、基部長二寸九分，一は高さ五寸五分、基部長四寸一分をはかるものである。これらはおそらく陶質棺の蓋上に置かれて、完全な家形をなすものであったことが考えられる。この二種の鴟尾は全然形制を異にしていて一対のものと認められないから、もともと二対の鴟尾、ひいては二個の党間の存在がうかがわれる。

とある。その後、間壁忠彦・葭子氏⑥によって「鴟尾付とされる小型陶棺」『倉敷の歴史』5、一九九五に関連しての記述が以下のように見られる。

……。岡山県勝田郡勝央町平、五反迫の古墳からも一般的大きさの陶棺と鴟尾が出土し、陶棺の行方がわからなくなったが、鴟尾二個は、東京国立博物館に所蔵されている。鴟尾は須恵質で、それぞれの高さが十九と十六・五センチメートルばかりである。板状に作られ、下端では、ほぼ直角に屈曲して陶棺の上にのせられるようになっている。蔵見三号墳の例も、基本的には板状の作りだが、中央で稜線を持って少しふくらんでおり、大きさは、勝央町五反迫例と大略同じだといえる。……

とある。このほかにも関連して記述されたものも見られるだろうが、ほぼこれらの記述内容を超えるものではない。すなわち五反迫出土資料に関しては鴟尾の情報以外には、あまり知られていないというのが実情であろう。とくに鴟尾のような特殊な遺物に関しては、時期の判断が容易なものと困難なものがある。

一方、この古墳に注目し、一九七三年一二月に再調査を東京国立博物館本村豪章氏が行った。文部省の科学研究費を得ての調査ではあったが、数少ない情報の中でもっとも貴重なものである。筆者は直接調査を行った本村氏から当時の状況について簡単な説明を受けることができた。それを簡単にまとめると次のごとくである。

古墳は丘陵部の頂上にあり、石材や末木などの運搬には相当な労力を日梅雨とする。調査の段階には横穴式石室は破壊され尽くしており、わずかに石室の掘方を確認したにすぎなかった。また羨道部前方の羨門部分から須恵器蓋杯（蓋）が一点出土した。これはおそらく状況から、元の位置を移動したものではないと考えられる。

なお残念ながら当該調査に係る『報告書』の刊行は行われておらず、わずかに本村氏の記憶による発言が現状では唯一の資料ということになる。

これらの情報資料を整理すると、五反迫は円墳で、丘陵頂上部分に構築されている。内部主体は横穴式石室であったが、一九七三年当時には、石材はすべて抜き取られ、掘方のみが確認されたに過ぎない。以上の内容であるが、その状況は鳥取県蔵見３号墳の場合と、きわめて近似する。蔵見３号墳出土須恵器および陶棺の比較検討は、後に行うとして、まずは東京国立博物館列品となっている当該五反迫古墳の資料について見ていくことにする。

以下、五反迫古墳出土須恵器について観察とその結果を記述していきたい。

2　五反迫古墳出土須恵器の観察と検討

すでに紹介されたように、五反迫古墳からは鴟尾二点のほか須恵器、土師器が出土している。このうち須恵器は長頸壺一点、平瓶二点、短頸壺二点、陶棺栓一点の六点である。

いずれも小型の須恵器ということができるが、特別に小さいというわけではなく、この時期の須恵器の一般的なものである。

・長頸壺（列品番号６２２９）　図１‐５

口径六・六cm、器高一五・〇五cm

口径部は基部細く、外反して上外方にのび、端部は丸く仕上げている。口頸部外面中位に沈線一条を巡らせる。体部は上位に最大径を求める球体をなし、底部は丸く安定を欠く。体部中位から上位に沈線一条を巡らせ、中位以下下位まで回転ヘラ削り調整を行う。焼成良好堅緻、胎土はやや粗である。底面外面にヘラ記号を認める。

・平瓶（列品番号６２３０）　図１‐４

口径六・六㎝、器高一〇・八㎝
口径部は基部細く、外反して上外方にのび端部は丸い。体部は上位に最大径を求める横に長い扁平な球体をなし、底部は丸く安定を欠く。全体に外面には回転ナデ調整を行い、なだらかな曲面をなす。焼成良好堅緻、胎土は密である。

・平瓶（列品番号６２３１）　図１－３
残存高七・二㎝
口径部は基部細く、外反して上外方にのび上位で欠損。体部は上位に最大径を求める横に長い扁平な球体をなし、底部は丸みを持ち安定を欠く。体部下位から底部には回転ヘラ削り調整、他は回転ナデ調整を行う。焼成良好堅緻、胎土は密である。

・短頸壺（列品番号６２３２―１）　図１－１
口径五・六㎝、器高四・七㎝
口頸基部太く、口頸部は短く直立して上方にのび端部は丸い。体部最大径は中位に求められ、底部は平らである。体部上位に沈線一条を巡らせる。焼成良好堅緻、胎土は密である。

・短頸壺（列品番号６２３２―２）　図１－２
口径五・二㎝、器高四・三㎝
口頸基部太く、口頸部は短く内湾して上方にのび端部は丸い。体部最大径は中位に求められ、底部は平らである。体部上位に沈線一条を巡らせる。焼成良好堅緻、胎土は密である。短頸壺は両者ともに小型の製品であるが、詳細にみると全く異なる手法と形態であることが看取される。しかし両者には時期的な差異は殆どないと見てよいだろう

・陶棺栓（列品番号６２３４）　図１－６
最大径六・一㎝、器高六・五㎝

やや先端部が尖った多錐形をなす板状の基部に棒状の円柱が付された形態である。おそらくは陶棺の両面に穿たれた穴をふさぐために使用された栓であろう。端部はヘラ削りによって成形されており、棒状部分の基部上面には細かな刷毛目調整の痕跡がみられる。これを使用する際には棒状部分を内部に挿入したものと考えられる。なおこの線から想定される穴の直径は最小三・二cm、最大七・〇cm前後と考えられる。ちなみにこの数値を超えると栓としての機能は全く果しえないことになる。理想的には基部の径である三・二～四・〇cm程度が妥当であろう。焼成良好堅緻、胎土は密である。

・鴟尾（列品番号６２２７）図２

幅（横）一六・九cm、幅（縦）六・〇cm、器高一九・〇cm

小型の鴟尾である。基底部の台部はほぼ平らで安定しているが、正面から見るとわずかに中央が膨らんでいること

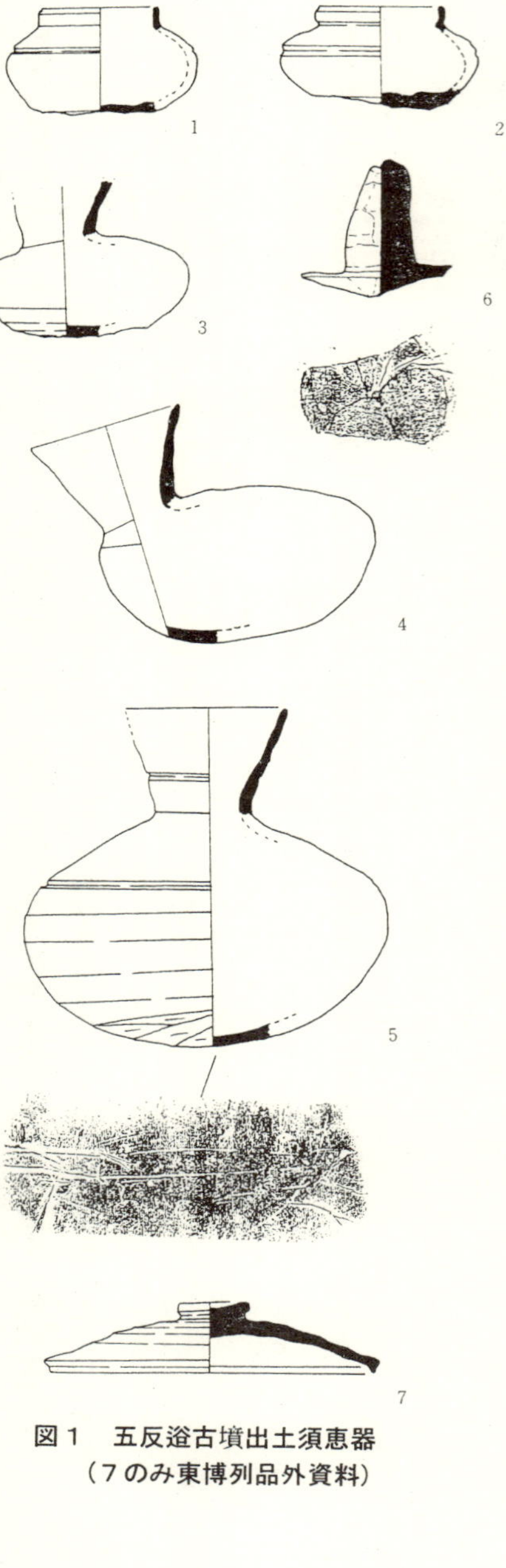

図１　五反逧古墳出土須恵器（７のみ東博列品外資料）

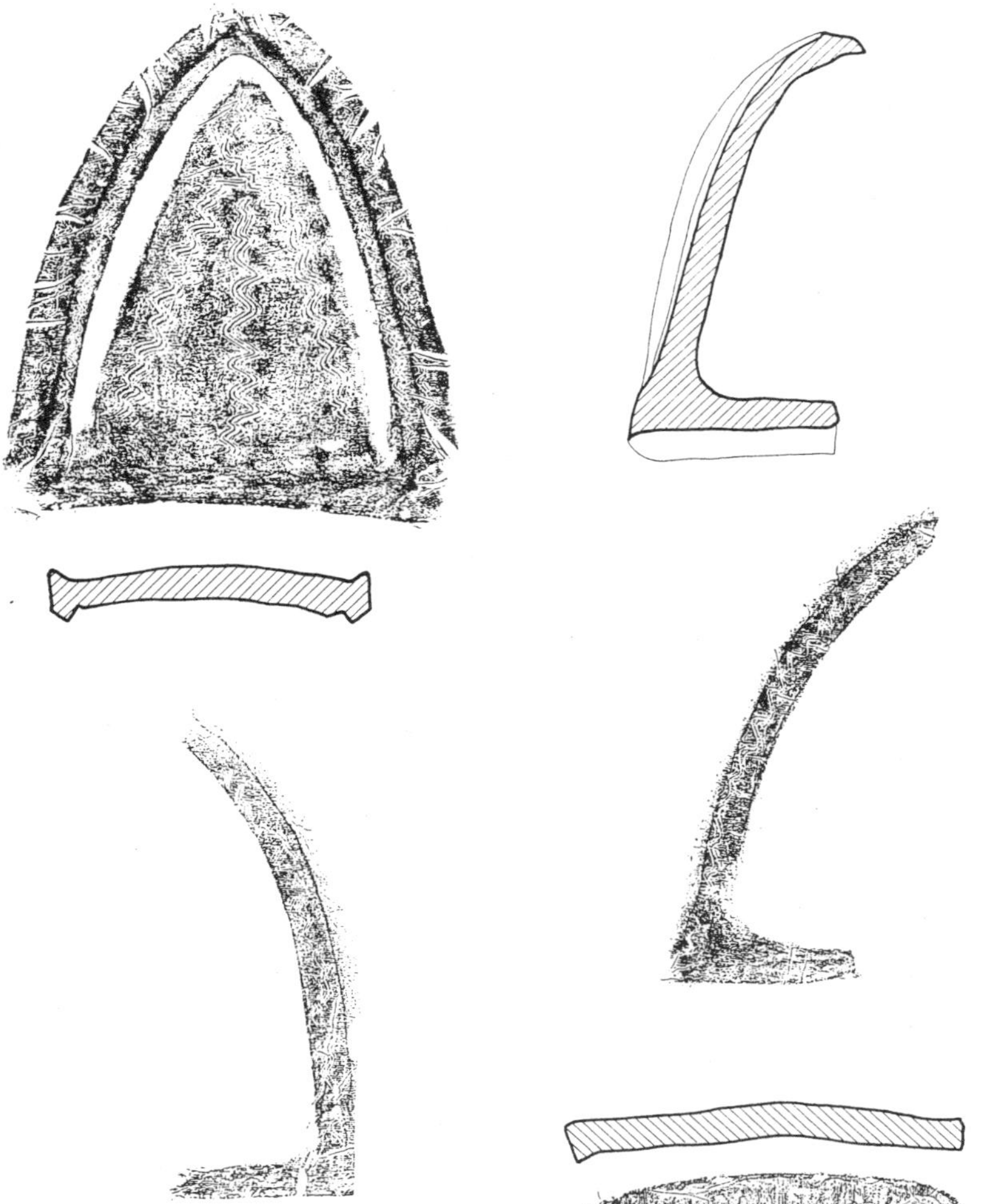

図２　五反迯古墳出土鴟尾実測図及び拓影

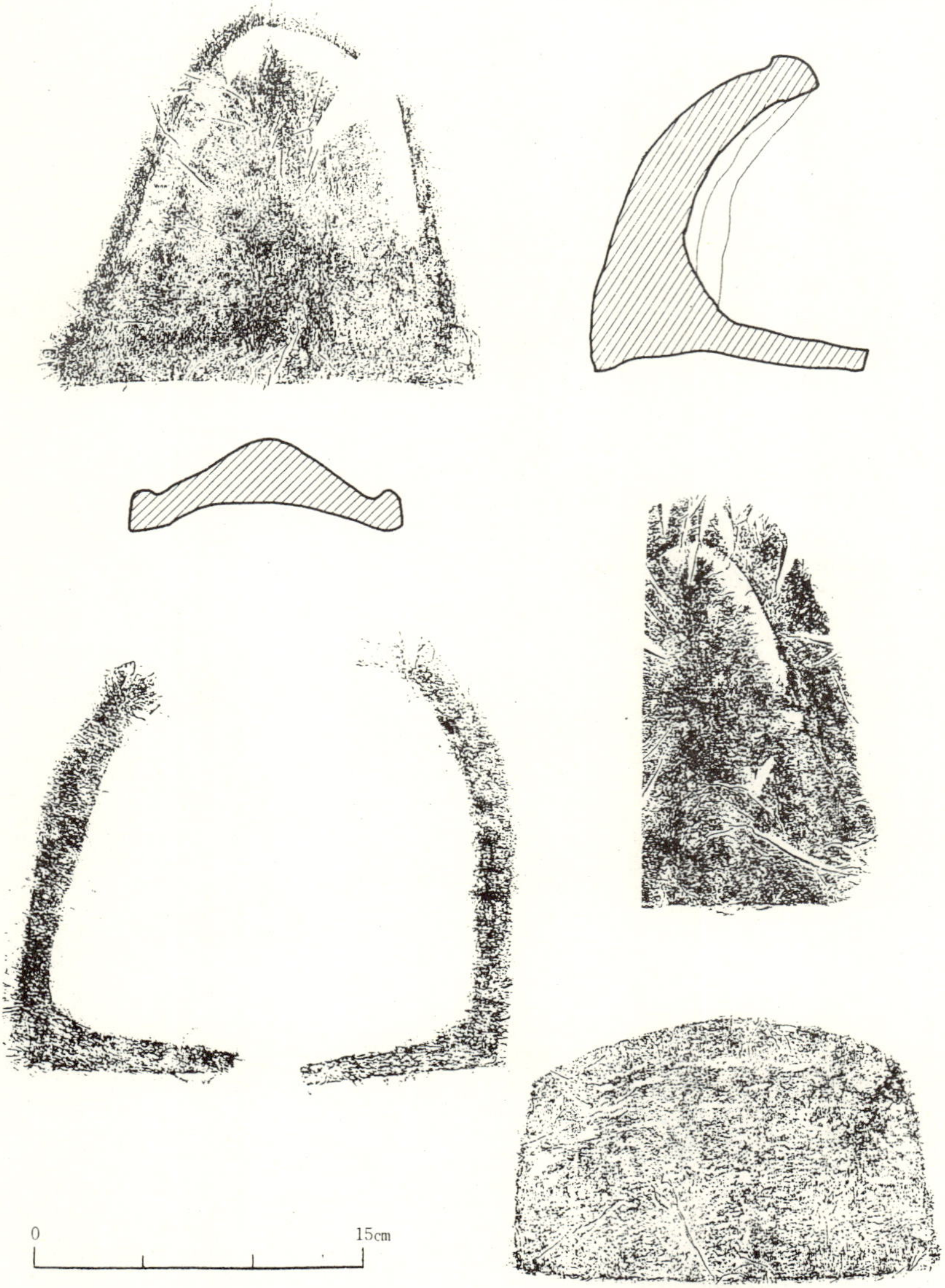

図３　五反逧古墳出土鴟尾実測図及び拓影

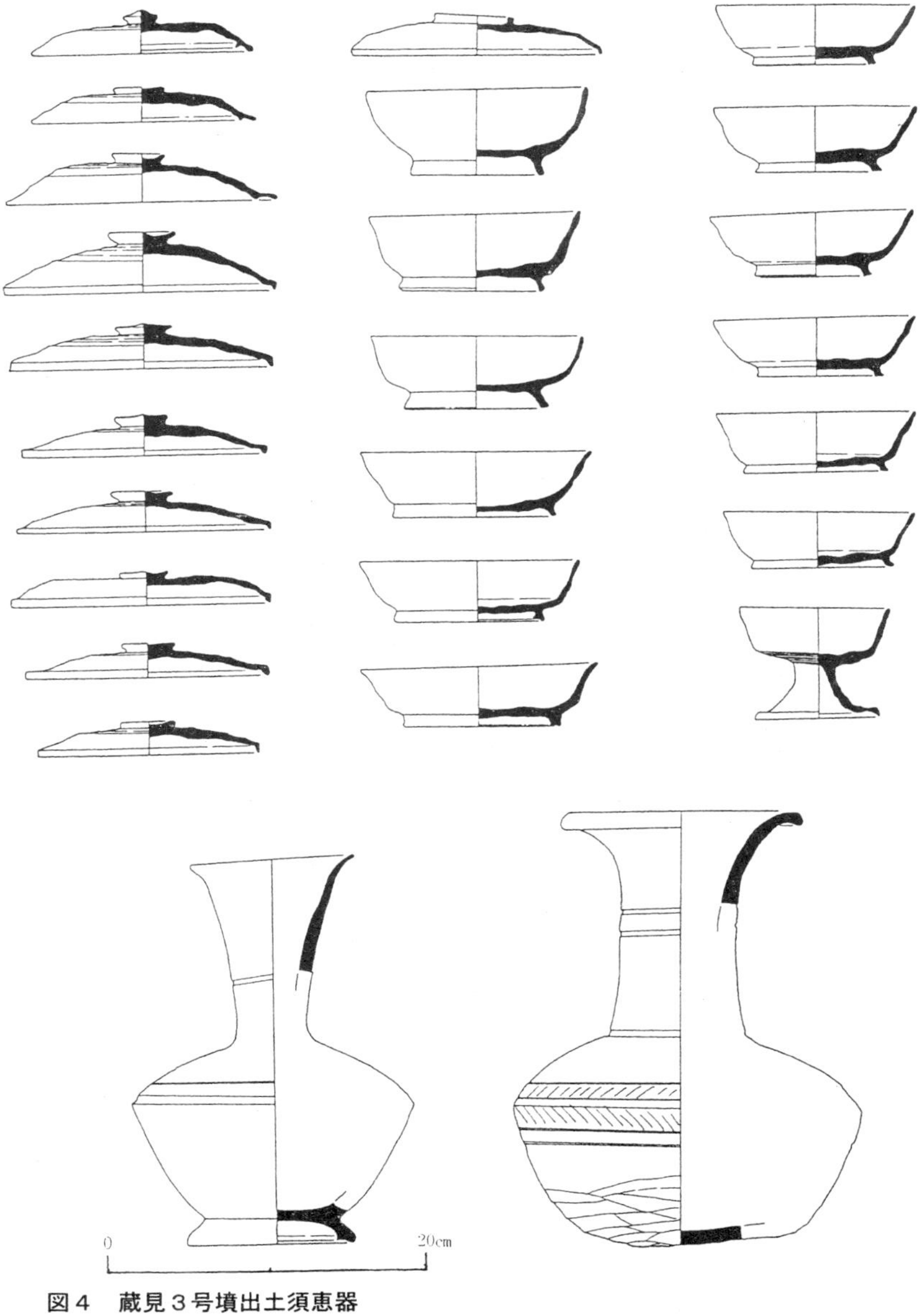

図４　蔵見３号墳出土須恵器
（谷村陽一・中原斉「鳥取県福部村鴟尾付陶棺について」より引用改変）

がわかる。とくに中央から直線的に下がっており、当該鴟尾をともなっていたとみられる陶棺の屋根の膨らみの曲線の形状に一致するものとみられる。尾の部分はなだらかに曲線を描いており、先端付近でさらに大きく反っている。側面には粗な波状文が両面に配され、正面部分には中央に三列の波状文、さらに側面に下部を除いて周囲に波状文が施されている。なお断面図でも明らかなように側面には縁状に周囲を取り囲んでおり、体部は比較的薄く作られている，他者の鴟尾とは異なる。側面をはじめ各所にヘラ削り調整、面取り調整の痕跡を認める。焼成良好堅緻、胎土は密である。

・鴟尾（列品番号６２２６）　図３

幅（横）一九・〇cm、幅（縦）一二・四cm、器高一四・五cm

小型の鴟尾である。基底部の台部はほぼ平らであるが、わずかに波打っている部分が認められる。また正面から見るとわずかに中央が膨らんでおり、前者に比較して曲線的である。尾の部分は基部背面に粘土を補強し、さらに大きく三度屈曲させ、曲線を描いて上外方にのびる。先端付近で厚みを増している。側面にはナデ調整を行い、まったく文様は伴っていない。正面部分には中央に軒丸瓦にみられる蓮華門のうち花弁子葉に相当する部分が表現されている。おそらく、これは重弁文系の文様とみてよいだろう。背面部分は正面の突出とは逆に大きくえぐれたような状態となっている。前者に比較するとかなり仕上げ調整に雑な部分が目立っている。焼成は甘く軟質であるが、全体の色調は堅緻な印象を与える。胎土は粗で三㎜前後の砂粒を多く含んでいる。

前者の鴟尾（列品番号６２２７）とは明らかに手法や焼成度合い、胎土などで差異が大きい。したがって両者が同じ陶棺の屋根を飾っていたとは考えがたい。

以上が、五反迫古墳出土遺物として東京国立博物館に列品登録され保管されている須恵器である。遺物の出土当時の状況を記載した記録によると、これらのほかに陶棺と土師器が出土し、地元に残された、あるいは地元に返還されたとある。しかし現在それらの所在などは不明である。ただし出土当時の記録にある特徴と和田千吉『日本遺蹟遺物図譜』（第五輯）１９１６に「美作勝田郡勝間田町大字平字五反迫発掘遺物」[④]の陶棺と一致している。なお本村氏が再調査によって検出された陶棺とそれらが一致するかどうかは明らかではない。

ところで五反迫古墳出土の須恵器を見ると、すべてが全く同じ時期のものであるという確証はなく、むしろわずかに時期的な差を認めるというのが妥当なように思える。とりわけ平瓶はいずれも小型であり、かつ再調査で出土した蓋に伴う時期のものとしては、全体的な形状の特徴が合致しないように見える。また短頸壺、長頸壺についても同様な見解が提示される。すなわち本村氏がのちに発掘調査をされ、横穴式石室の羨門付近から出土したという唯一の時期を推定しうる須恵器蓋（以下本村資料と略記。図１‐７）は、従来採集されていた須恵器のいずれと時期的に並行するのだろうか。

あえてそれを求めれば平瓶（列品番号６２３０）が本村資料と時期的に並行するとしてよいだろう。また短頸壺は二点みられるが、それらが微妙に形態などに差異がみられることから、いずれかが本村資料と並行する可能性もある。しかし長頸壺（列品番号６２２９）はその可能性が薄いと推定される。これらの想定についてそれぞれの産地が特定されないことから問題はあるが、あえて陶邑編年を準用してみると、本村資料の蓋はⅣ型式１段階、他の一群はⅢ型式２段階前後に相当する。[⑦]すなわち五反迫古墳の出土遺物には大きく二つの時期段階のものが認められるということになる。なお発見当初から、陶棺が二個体出土したという記録はないようである。しかしすでに紹介してきたように、鴟尾２点には一方が須恵質、他者が土師質というような焼成度合いの差や手法や形状についての細かな差の存在は両者が同一個体の陶棺を飾っていたとするとかなり不自然である。あえてそのような状況があったとすれば、両者の一者に対しての補強、あるいは補充のために供給されたものと考えざるを得ない。しかし他にこのような類例が報告されていない現状からは、あくまで二個体の陶棺が存在していたと考えるのが妥当であろう。

3　鳥取県蔵見3号墳出土遺物の検討（図4）

鳥取県岩見郡福部村所在の蔵見3号墳から、近年、鴟尾を伴う陶棺と須恵器などが一括して出土した[⑦]。それらについてはすでに調査関係者によって紹介が行われており、詳細はそれら文献[③]を参照されたい。本稿では、五反谿古墳の例と当該蔵見3号墳との近似する点が多くみられることら、改めて蔵見3号墳出土資料の観察、検討を試みたものである。

蔵見3号墳は主体部が横穴式石室で、陶棺のほか多数の須恵器が出土している。それらの器種は蓋杯、高杯、長頸壺、鳥形瓶、平瓶である。それら個別の特徴などの観察は引用文献を参照されたいが、少なくとも蓋杯で見る限りは、三種類以上の色調および胎土の差異が認められる。ともあれ、これら須恵器の産地の推定は、ここで見る際は重要な問題であろう。これらの視点以外にも個別に須恵器を観察検討することも必要である。蓋杯について見ると、明らかに古い時期の様相を示すものと新しい段階のものとが混在する。まずその検討から見ると、蓋の内面に見られるかえりの有無と長短の差がある。このかえりに注目すると、前者の長短からは1段階程度、その有無からは少なくとも1～2段階程度の差となる。これらはおそらく地元周辺の産地の製品の可能性が濃いと考えるが、あえて陶邑編年を準用すると時期的にもっともさかのぼるものはⅢ型式2段階。もっとも下がるものはⅣ型式2段階相当ということになろう。また蓋杯のほかに高杯などがあるが、これらについても陶邑編年を充てるならば、高杯および長頸壺はⅢ型式2段階相当、平瓶は大きく2時期に区分でき、小型のものはⅢ型式2-3段階、やや大型のものはⅣ型式1段階相当とることができよう。また鳥形瓶は、類例がなく、分類に窮するが、その脚部にみられる特徴から、Ⅲ型式2-3段階に分類されよう。さらに装飾付器種の一部とみられる小型壺、小型𤭯など5個が出土している。これらがいかなる形状の装飾付器形となるのかは明らかではないが、いずれの個体も単独で単一個体としての存在は考えられない。すなわちそれらが組み合わされて1個の個体（形状）を形成していたものと考えられる。これらの時期についてもほぼ

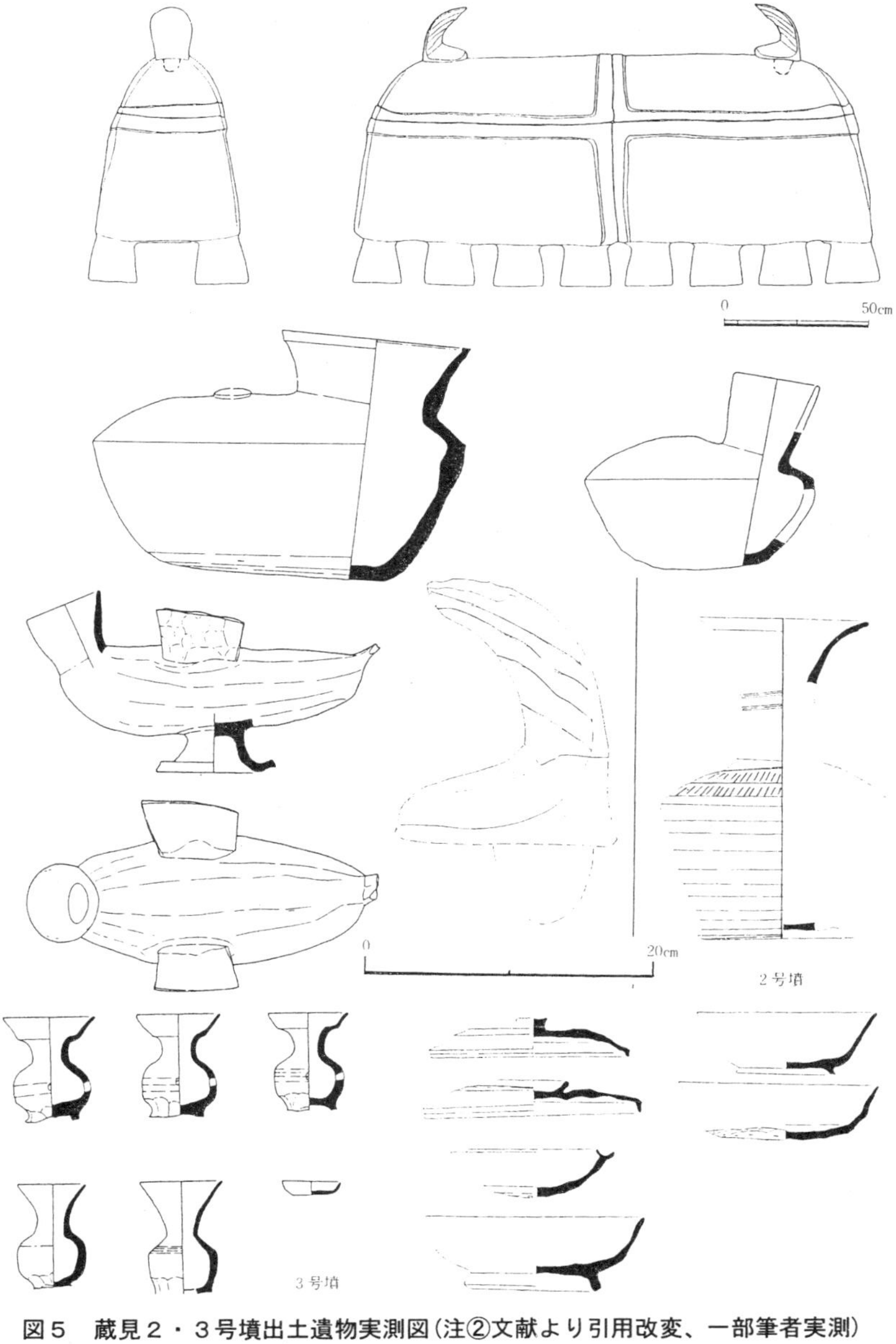

図５　蔵見２・３号墳出土遺物実測図（注②文献より引用改変、一部筆者実測）

Ⅲ型式2－3段階に相当すると考えられる。

このように蔵見3号墳の出土須恵器について検討し、分類すると、きわめて近似する時期ではあるが、異なる段階に分類されることが明らかとなる。すなわちそれらは2ないしは3段階に分類可能であり、少なくとも2時期以上の埋葬が考慮されねばならない。

このように見てくると鴟尾を伴う陶棺が果たして、いずれの埋葬に伴うものであるのかが問題となろう。この問題は単に須恵器の検討のみの比較からは推定できないかもしれないが、一応の手掛かりを得るために重要であろう。

ところで当該古墳に隣接する蔵見2号墳からは3号墳と同様須恵器が出土している。器種は蓋杯、杯、長頸壺、陶棺などである（図5）。これらのうち蓋杯について見ると、杯にたちあがりを有する形状のものが含まれている。これはたちあがりを有するものとしては竿異臭段階に分類されるもので、陶邑編年Ⅱ型式6段階に相当し[8]、明らかに3号墳からは先行することがわかる。このほか蓋杯にはこれとは時期的に異なるものが含まれている。蓋を伴っていないことからセットとしての把握はできないが、杯にみられる特徴から、それらがⅢ型式1－2段階、Ⅳ型式段階相当のものである。したがってこれらから蔵見2号墳は3時期の埋葬儀礼が行われた可能性があることがわかる。

仮に2号墳の埋葬儀礼の順位を1段階、2段階、3段階とし、先述の3号墳についても同様に1段階、2段階、3段階として、2・3号墳にみる埋葬儀礼の順を示すと以下のごとくとなる。すなわちまず2号墳1段階があり（以下2－1と略記する）次に2－2↓3－1↓3－2↓3－3↓2－3となる。

このようにみると2、3号墳の遺物の時期はほぼ陶邑編年Ⅲ型式段階の範疇に含まれており、一部がⅣ型式段階に含まれる。したがってこれらから当該古墳の埋葬儀礼の時期はほぼⅢ型式の範疇に含まれることが明らかであり、陶棺を伴う埋葬の時期もこの段階に相当すると見て大過ないだろう。ただし陶棺のうち2・3号墳の両者は鴟尾を伴うかどうかで異なる。すなわち2号墳では鴟尾を確認されておらず、その使用はなかったとみられる。陶棺本体自体は近似するものとされており、その差異は屋根の両端に飾られる鴟尾存在の有無のみである。3号墳出土須恵器の時期はⅢ型式２段階からⅣ型式１・２段階と幅があり、その期間に埋葬されたとみられる。あえて憶測すれば、２号墳の陶棺と３号墳では、前者が先行し、後者が続くと見られる。したがって３号墳の陶棺についても３号墳構築後最初の埋葬儀礼に伴って配置された可能性が濃いと考えたい。

ところで五反逧古墳出土陶棺との関連であるが、両者で伴出した須恵器に時期的な共通性近似性がみられる点に注目したい。すなわち両者の須恵器の時期にはⅢ型式からⅣ型式相当という、時期的な近似性が認められるのである。さらにⅣ型式段階の遺物については、主体部の本体をなす玄室部分ではなく、羨道先端の羨門付近の出土である点を考慮すると、当該古墳の最初の埋葬ではない可能性が濃いと考えられる。すなわち五反逧古墳、蔵見３号墳ともに共通してみられる蓋杯の新しいものについては、それぞれの古墳の最初の埋葬ではなく、追葬に伴うものである可能性が濃いことが指摘される。また陶棺の出現時期がほぼⅡ型式終末頃であることを考え併せると、両者の陶棺の時期はそれぞれのもっとも遡る時期であるⅢ型式２段階前後が最も妥当であるといえる。⑨

むすびにかえて

以上、岡山県五反逧古墳出土須恵器および鴟尾を伴う陶棺について再検討を行ってきた。従来断片的に紹介されてきた当該資料について、土師器の評価は別として須恵器については詳細に検討できたと考える。また鳥取県蔵見３号墳出土例についても同様に須恵器および鴟尾を伴う陶棺の検討を併せて行ってきた。両者を比較することにより、その共通性も明らかにし、五反逧出土例の時期比定も行えた。特に両者が比較的時期が近似することも明らかとなった。

しかし両者の陶棺に伴った鴟尾については、陶棺の蓋との設置部分に両者には大きな差異がみられることも提示しておかねばならないだろう。すなわち五反逧例が蓋の端部に置くのみであるというのに対し、蔵見３号墳例では蓋の両端に穴をうがち、そこに鴟尾の底部の突起をはめ込むという構造を採用している点である。また大きさの比較からも後者が大きく、かつ表面に宣告がみられるという点で相違がある。いずれにしても従来は岡山県地域にほぼ限定されるとみられてきた鴟尾を伴う陶棺の存在がわずかながら拡大した点は意義が大きい。

鴟尾は本来屋根の両端を飾るものであり、仏教建築のいわば象徴的存在の一つであるといえる。その小型化された製品が、死者埋葬の中心に位置づけられる柩に用いられたということは、当該被葬者がそのこと自体を理解していたとみるのが極めて妥当な見解であろう。あえて言えば被葬者あるいはその近親者がそのことを理解し、要求したともいえるのではないだろうか。

言を変えれば当該古墳の被葬者は少なくとも本人あるいはそのもっとも近親者に仏教を受容していたものがいたということになろう。すなわちこれらは地域への仏教浸透の徴証の一つとみてよいだろう。いずれにしても今後同様資料の増加をまって再考したいと考える。

〈補注・引用文献〉

①間壁葭子『吉備古代史の基礎的研究』学生社、一九九二年。『岡山県史』18、考古資料、岡山県、一九八三年。

②なおこれらについては谷村陽一・中原斉「鳥取県福部村蔵見3号墳出土の鴟尾付陶棺」『考古学雑誌』81-4、一九九六年の公刊前に両氏のご厚意によって、鴟尾、須恵器実測図の資料提供を受けたことを記し、厚く感謝する。

③東京国立博物館列品の観察については、考古課原史室望月幹夫前室長、松浦宥一郎室長、古谷毅、犬木努研究員にお世話になった。ここに感謝する。

④和田千吉『日本遺蹟遺物図譜』（第5輯）一九一六年、後に斉藤忠監修・解説『日本考古学文献集成Ⅱ期6』第一書房、一九八五年に所収、なお当該資料は谷村氏によりコピーを入手できた。また発見当時の資料については犬木努氏の教示による。

⑤藤澤一夫「墳墓と墓誌」『日本考古学講座』6、河出書房、一九五六年。

⑥間壁忠彦・葭子「鴟尾付とされる小型棺」『倉敷の歴史』五、一九九五年。なおこの資料は谷村氏によってコピーを入手することができた。

⑦これらはいずれも谷村氏の提供による。ご厚意に感謝する。

⑧陶邑の型式編年については、中村『和泉陶邑窯の研究』、柏書房、一九八一年。
⑨本村豪章氏のご教示、資料提供によって知ることができた。氏のご厚意に感謝する。

第四章
小丸山古墳の被葬者像について

はじめに

兵庫県加東郡社町（現加東市）は、中国山地に開けた山陰地域と山陽地域を結ぶ交通の要衝として古くから発達し、近年は中国自動車道を中心に発展を続けている町でもある。とくにこの地域の山間部には多くの古墳群をはじめ、須恵器窯跡群など数多くの遺跡が所在することでも知られている。

筆者は、平成元年三月第一次調査、同年七〜九月（第二次調査）、同年十一月（第三次調査）に兵庫県加東郡社町所在牧野窯跡群ほかの発掘調査を担当、実施した。

とくに本稿で検討の対象とした小丸山古墳の調査は、二次、三次調査の大半期間を要した。これらの調査はゴルフ場建設に伴う調査ではあったが、調査によって当該古墳の重要性が明らかになり、県、町、業者の協議によって現地保存されることになっていると聞いているが、その後の状況については関知していない。既に『発掘調査報告書』は調査会及び大学資料館から、一九九〇年に刊行した。[1] しかし遺構・遺物に関して、それらの詳細な検討は十分に行っていたとはいえない部分もあり、内心忸怩たるものがあった。

本稿は既報告の小丸山古墳とその被葬者像について再検討を行うものである。

1　古墳の立地と墳丘の状況

古墳は、地籍上、兵庫県加東郡（現加東市）社町吉馬字小丸山に属する（図1）。吉馬集落と牧野集落の東には岩盤質の山肌が露出し、そこから派生する多数の大小丘陵が見られる。それらの丘陵は多くの谷を形成し、それぞれの谷にはいくつもの溜池が構築されている。これら派生する一丘陵の先端部分に地元の産土神である吉馬八幡宮が鎮座する。この神社の東に位置する丘陵は頂上尾根部分にかなり広い平坦面をもって南東部にのびている。この尾根部の先端に近くで、最も眺望のきく鞍部平坦部分に構築された古墳が小丸山1号墳である。伐採前後の所見では、周辺のかなり広い範囲に石材片が散布していた。このことから当該地には2基の古墳が連接されて構築されているか、或いは前方後円墳の存在の可能性が考えられた。

やがて地形測量の結果、東西一八m、南北一八～一九m、高さ二mをはかる、当該地区では比較的規模の大きい円墳であることが明らかとなった。

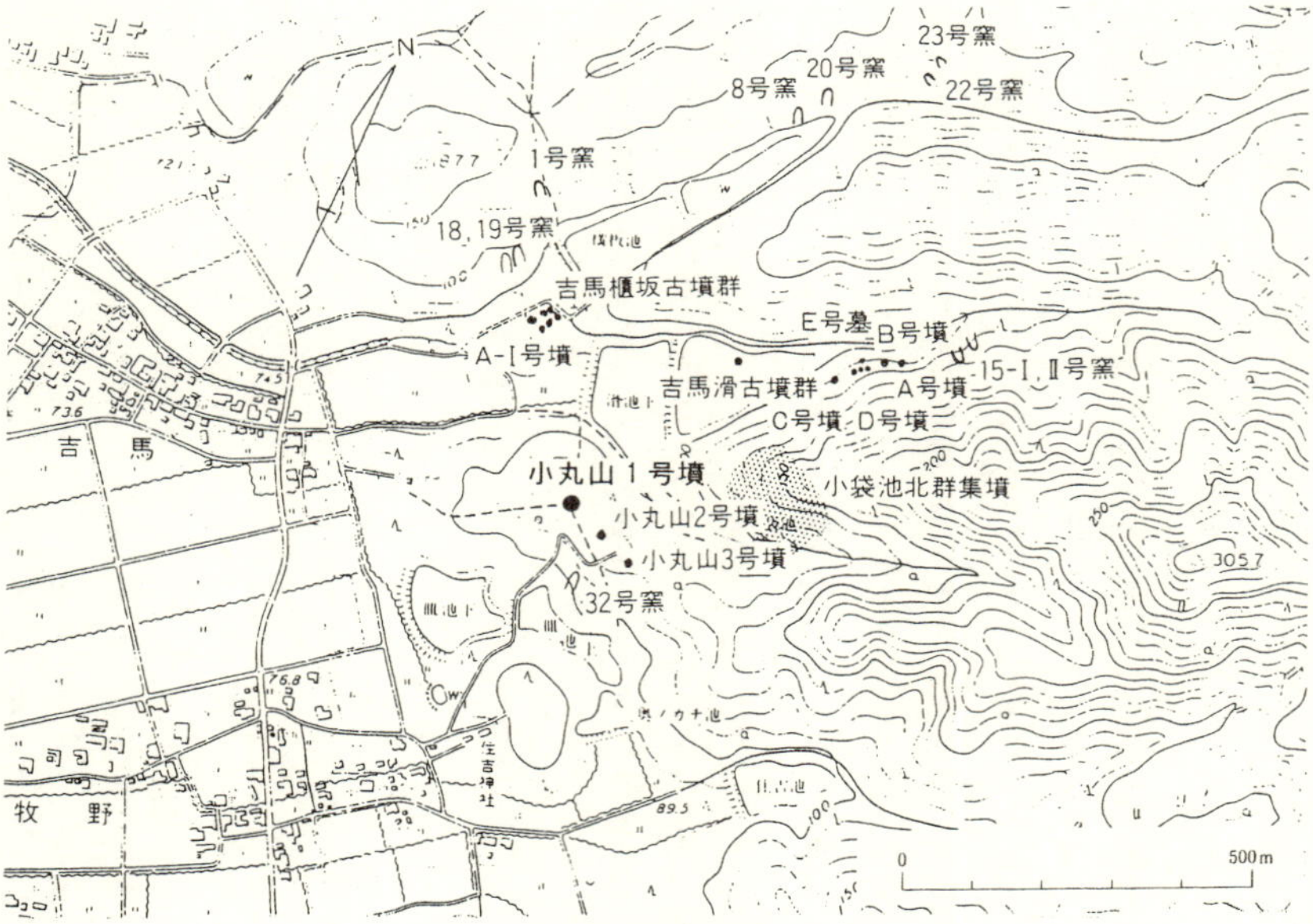

図1　小丸山古墳の位置

墳丘の構築状況を確認するために、主体部を横断する形でトレンチを設定した。その設定場所については、図2を参照されたい。

第1トレンチは、第一主体部の東側に設定したトレンチである。表土層は既に除去されており、実測段階にはわずかに五cm前後残されていたに過ぎない。堆積層は、墳丘の裾部に近づくほどブロックの規模が大きくなり、石室に近づくほど小さく、細かくなっている。石室の石材背後の状況は、式質の石材を積み挙げるのと平行して土砂を加えていったことが良好に観察できる。すなわちこのことは、墳丘を構築した後、掘りかたを堀、石室を構築していったものではないことを物語っている。石材の背後のブロックは、石室背面から約二m前後まで続いて観察できる。また墳丘の裾をこの堆積状況から求めると、石室中軸線から東へ六・四mに位置する。墳丘に見られる外部施設、例えば葺石や埴輪の設置は、全く確認されていない。また墳丘内部からの遺物の検出も見られなかった。

第2トレンチは、第一主体の東北部に設定したものである。表土の堆積状態は当該トレンチでは良好に観察できるが、大きな流出状況は見られない。第2層以下はブロック状に堆積しており、とくに第三層では石室背後まで及んでいることがわかる。なお当該トレンチの観察でもブロック状の堆積は墳丘裾部までは及んでいないことが明らかである。しかし明らかに第2層はブロック状の堆積層の上部を覆うように堆積しており、裾部で若干流出したと見るのが妥当であろう。

第3トレンチは、第一主体と第二主体の中間部分に設定したものである。遺構の保存のためもあって最下層までの掘り下げができなかった。両側に見られる主体部の上層面はいずれも後世の撹乱のため殆ど当初の堆積状況を残していない。わずかに右側に見られる第一主体背後の下層3層は、1・2トレンチで見たように石室石材の背後まで堆積土がおよんでいることが良好に観察できるが、それより上層部分は大きく撹乱されたことを物語る層の乱れが認められる。

第二主体の石室の背後については、わずかに下層二～三層部分に堀かたと裏込め土砂の状況を確認しえる堆積状況

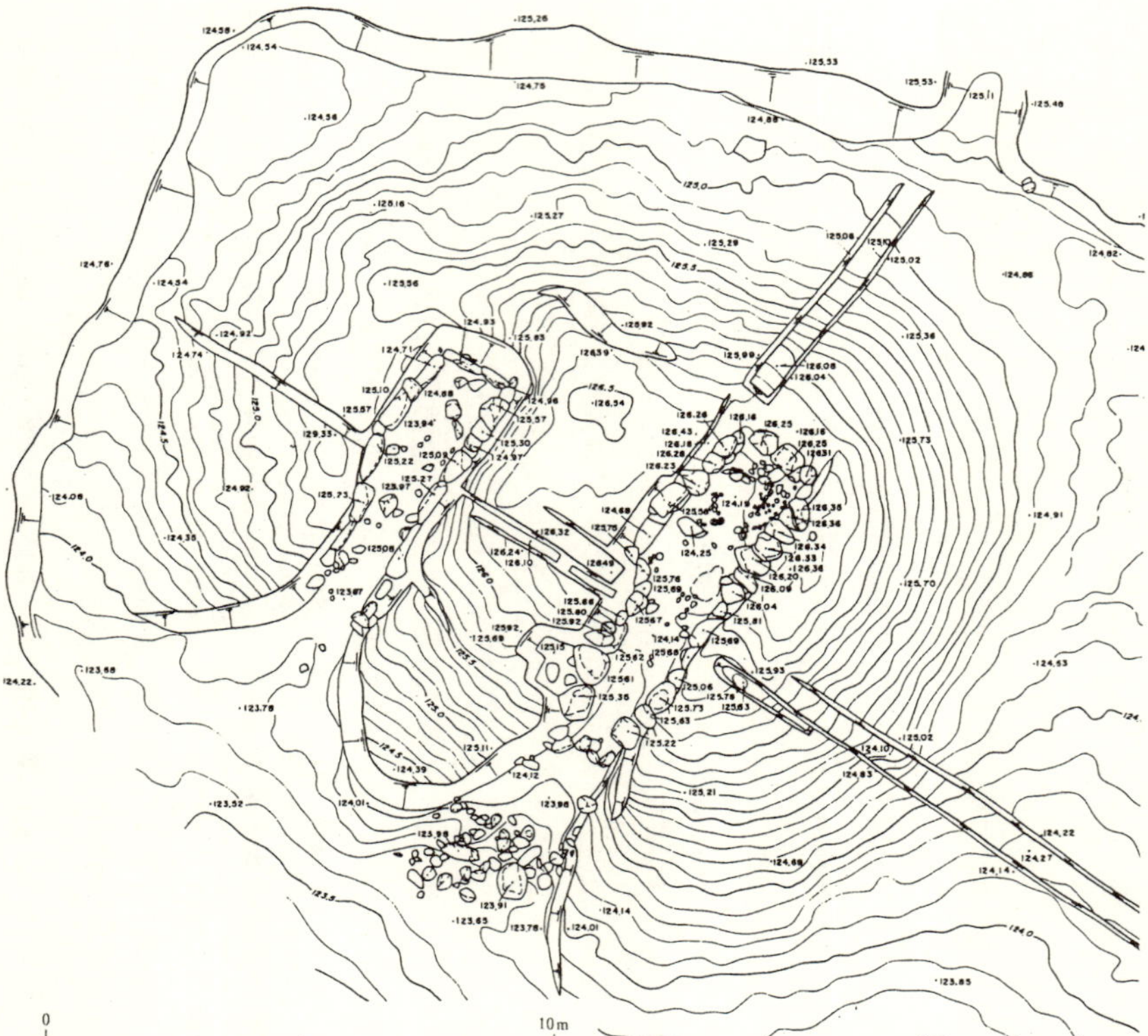

図２　小丸山1号墳墳丘測量図

が残されているが、それらより上層部分は全く右側と同様に撹乱状態である。

第4トレンチは、第二主体の北西部、既述の第1、第3トレンチの延長線上に設定したものである。このトレンチでは、とくに第二主体に伴う墳丘の設置状況を検討するのが目的であった。これによって明らかになった石室背後の状態は、石材から五〇cm前後の間には、3層におよぶ裏込めを行っている状況が良好に観察できる。また墳丘部分に当該石室構築のために堀かたを設定した様子もこの部分から明らかになる。墳丘の部分ではとくに大きな層の乱れは確認されていない。下層部分の土砂が裾端の確認を困難にさせているが、ほぼ堆積状態から判断して北端から一・三m前後に求められよう。

第5トレンチは、第二主体の石室奥壁側から北に設定したものである。既述第1、3トレンチに対し直交するかたちで設定している。このトレンチでは、先の第3、4トレンチと同様、第二主体に伴う墳丘の構築状態の確認が主たる課題である。表土層を除くと、当該トレンチでの堆積層が最も整然とした状態である。石室の背後約二〇cm前後に幅の異なる土砂で埋められた部分が確認された。この部分は石室構築に伴う堀方の痕跡であり、堆積層は石室裏込めの土砂である。墳丘部分の堆積層は、きわめて整然としたブロック状の堆積土で形成されており、そこには撹乱の及んだ痕跡は見られない。なお第二主体の堀方の設定の際、四〇cm前後、地山を掘り下げていることがわかる。これは他のトレンチでは見られない状況である。この背景には当該部分が地形的にやや高くなっていたことがあり、石室の床面を水平に近づけるためにとられた処置と考えられる。

墳丘の基底部（裾）を想定すれば、石室奥壁から北へ最大六・六mから最小四・四m前後と見られる。

これらのトレンチ設定の結果、第一主体に伴う墳丘の直径は、南北一七・〇m、東西一六・〇m前後となる。また第二主体に伴う墳丘は南北が一四〜一四・七m、東西一〇〜一三m前後となる。いずれにしても第一主体の方が第二主体に伴う墳丘の規模が二〜三m程度大きいということになる。また両者を接合させたとすると、その直径は一七〜一八m前後となり、第一主体のみの場合と大きな差は見られない。言を変えれば、第二主体は明らかに第一主体の墳丘を利用した状態で構築されていることになる。

2　主体部の構造と状況

墳丘の東西にそれぞれ一基、合計二基の横穴式石室を主体部としている。この二基の主体部のうち東側を第一主体、西側を第二主体と呼称する。以下、各主体について記述する。

（1）第一主体の構造と状況（図3）

石室の規模は、全長八m、玄室幅一・八五m、同延長三・七五m、玄門部幅一・三五m、羨道幅一・二五m、同延長四・三五m、羨門部幅一・一m、墓道幅一・七～四・〇五m、同延長三・六m、主軸方向N-32度-Eを各々はかる。石室の構築には、地山を掘り込んだ、所謂掘方は見られず、地山上に石室の石材を一段ごとに積み上げて行き、その裏に土を加えて強化していくという方法をとっている。併せて石室の構築と墳丘の形成が平行して行われており、両者に明確な前後関係は生じていない。石材は、地元に産出するものを

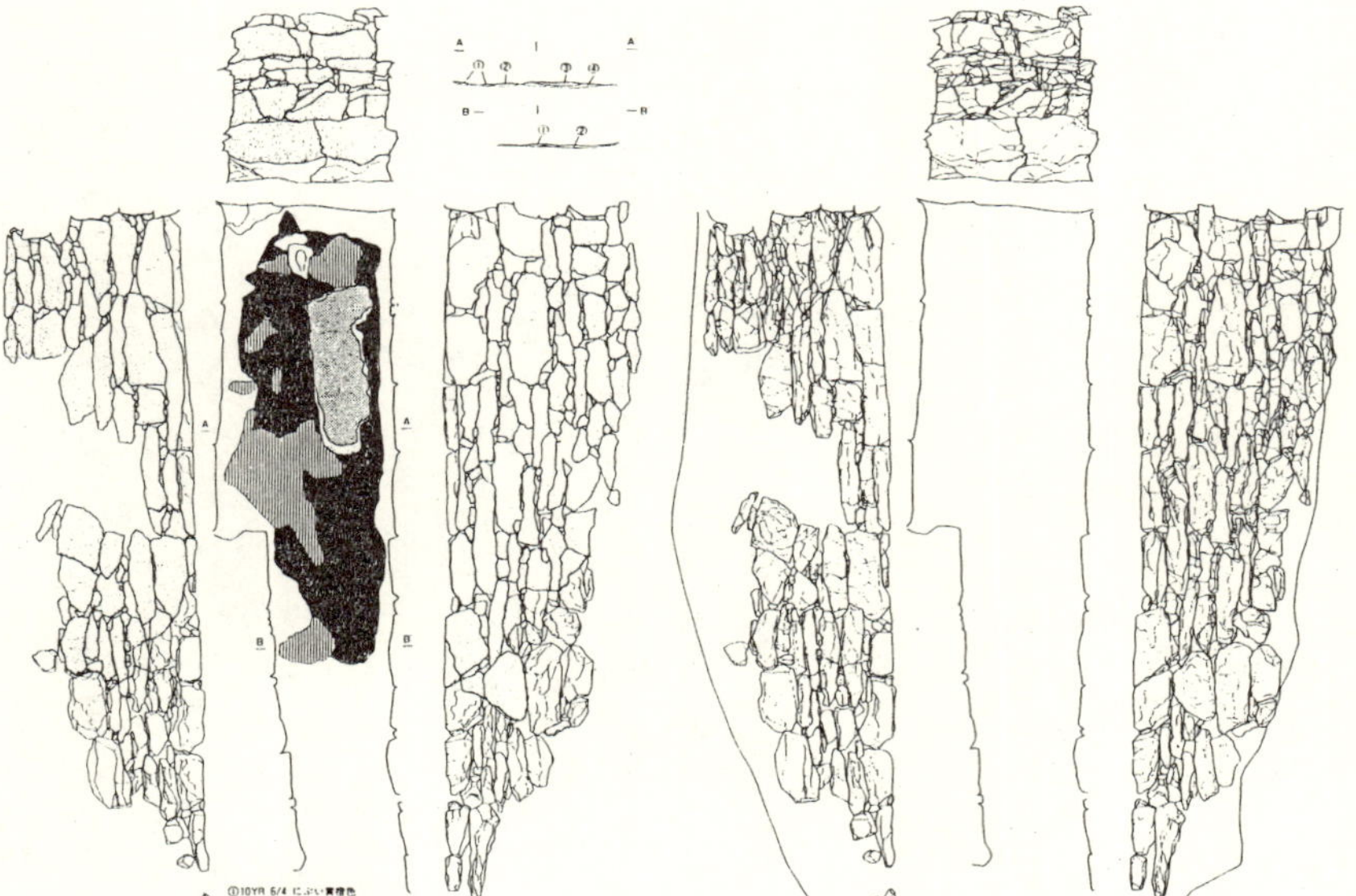

図３　小丸山1号第一主体横穴式石室実測図（左は石室被熱状態分布図）

用いており、とくに遠距離を運ばれたものではない。

石室の構築に際して、玄室部では先ず最下段に最も規模の大きな石材を横方向に配置し、さらに続いて、小型の石材が用いられて間隙を埋め、次にやや大きな石材が使用されて情報に到る。

一方、羨道部では、玄室のような用石法が採られていない。とくに袖部から開口部での石材は比較的小型の石材が用いられている。なおこれらの基盤となる石は、基本的には大きく横に長く石を配置する方法は同じである。

構築状況は、以上の如くであるが、当該石室については、特筆すべきことがある。すなわち石室全体に大きな熱が加わっていることである。なおこの石室に火熱が加えられた段階は、石室構築当初ではなく、後のいわゆる追葬段階の最終部分と考えられる。そのことは、初期段階の遺物がいずれも大きく加熱されていることから、容易に推定されるだろう。

図３・４は、石室内部の温度上昇についての状況を示したものである。石室側面は、高温のため表面が剥離し、床面に散乱状態で確認され、まるでこれらが敷石ではないかと、誤解されるほどの散乱状態であった。さらに側壁の石材表面が、熱のため大半赤変あるいは黒く変化していた。また床面についても一部に、高温による焼け土状態が見られた。これらの散乱した剥離石片などの堆積約一五㎝を除去した段階で、人骨及び遺物が確認された。

人骨は少なくとも四箇所からまとまって確認されており、それぞれA、B、C、D体と呼称する。遺物については、玄室部分および羨道部分で検出されたが、とくに前者部分では奥壁側に片付けられたという印象が濃い状況であった。いずれも各人骨との関係で遺物も理解できると考えるので、以下に各人骨の取り上げ区分に従って、遺物等の状況を記述することにする。

—A体と周辺—

玄室奥壁部分には遺物が雑然と配置されていたというより、一方に片付けられたという印象が濃く、重複状態で確認されている。遺物には須恵器の蓋杯、高杯が中心で、土師器壺や鉄製品も見られた。

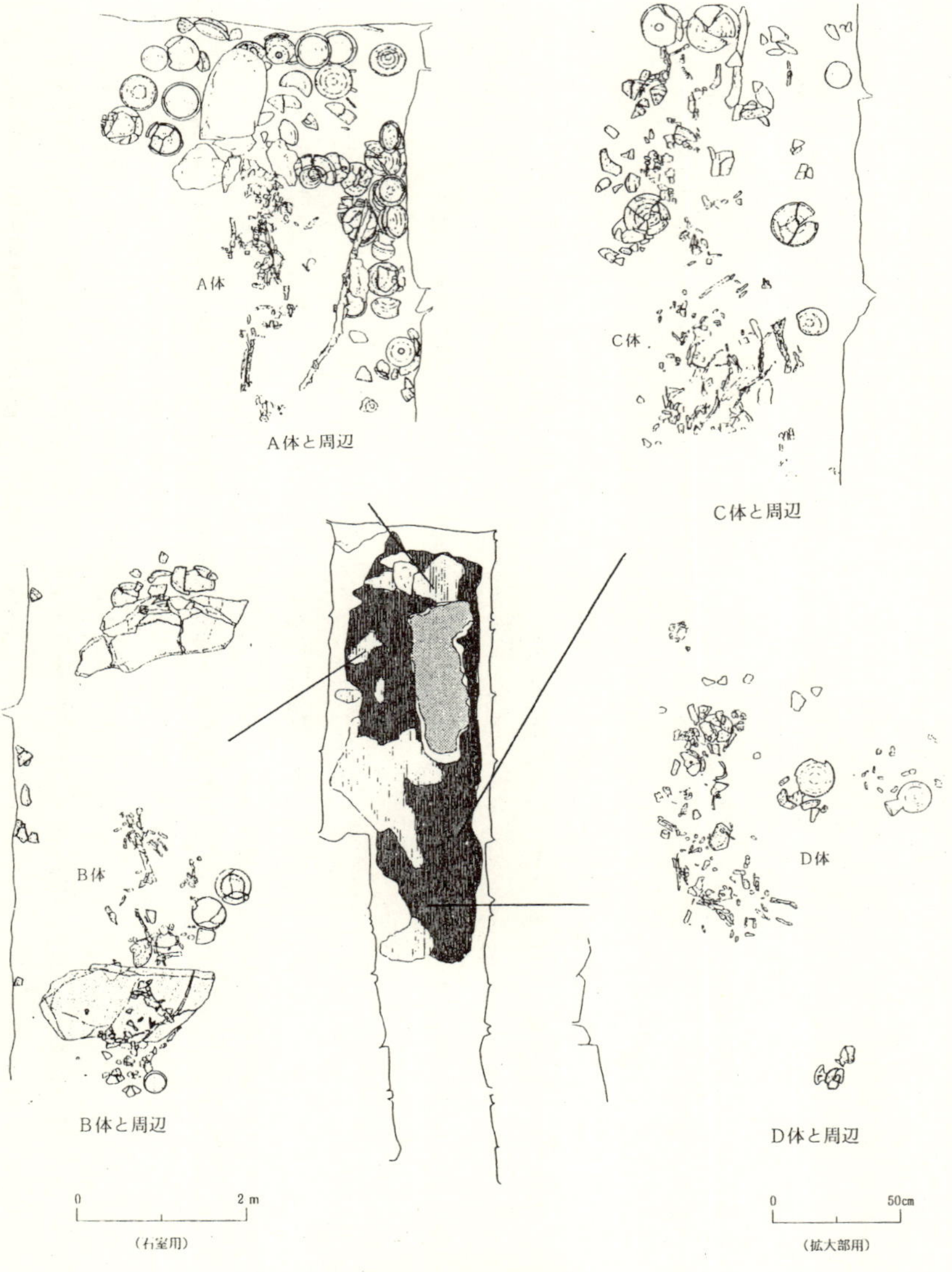

図４　石室内主体配置図

須恵器蓋杯の配置状況から見ると、本来当該器種は蓋杯がセット関係で供給され、利用されていることが多いが、当該部分では、その関係にあるものが少なく、むしろ組み合わせを無視したかの状態で、無造作に置かれていたというのが実状である。また人骨散布部分の範囲には、須恵器が殆ど配置されておらず、棺を置く前にそれらを移動したと見るのが自然である。

ちなみに人骨の分析に当たられた片山一道氏の所見によると、A区には二体以上の遺体が埋葬されており、一体は壮年から熟年の女性であるとされている。[2]

—B体と周辺—

玄室部左側で確認された人骨である。A体に比較して残存度合いが不良であった。この部分に幅二八cm、長さ六〇cm、高さ六cmをはかる自然石と幅二三cm、長さ五二cm、高さ八cmをはかる同質の自然石が向き合った形で配置されている。この配置から、上面に棺を置いた所謂置台の可能性が濃いと考えられた。これらの石のうち奥壁側は高熱のため亀裂が随所に見られ、赤変していた。なお遺物は、比較的少なく、わずかに羨道側の置台外側で管玉が検出されている。

なお人骨の分析の結果は、成人人骨の可能性が濃く、性別は不明となっている。

—C体と周辺—

玄室の玄門側で検出された人骨である。A体の延長の可能性もあるが、すると二・五mをはるかに超えることになり、人間の身長としては不自然である。当該人骨は、A体に次いで残存状態が良好であったこともあり、明らかに別人とみてよいだろう。人骨散布部分には遺物は全く見られず、A体との間に若干の須恵器が確認される。また棺の羨道側では、提瓶が検出されている。これらの状況から、A体の場合と同様、棺の配置部分の遺物は片付けられたと見てよいだろう。

人骨分析の所見は、熟年女性であると推定されている。

―D体と周辺―

羨道部分で確認された唯一の人骨である。玄室の袖部分からわずかに羨道部分に入った部分から羨道閉塞部分に配置されたものである。他の人骨と同様に高熱にさらされており、とくにビーズ玉、勾玉などが溶解して検出されていることから、その熱が相当なものであった事が容易に想像される。須恵器などの遺物は若干検出されているが、C、あるいはB体のいずれに属するものであるのかを判断するのは困難である。羨道閉塞部に近い個所からは小型脚付碗が出土している。

なお人骨の分析結果は、年齢、性別不詳ということであった。

以上、人骨との関連で記述してきたが、とくに人骨の分析で「これらすべて焼骨で、おそらくは死亡直後、まだ軟部組織に被われた生骨の段階に、火葬など何らかの方法で周到に焼成されたものであろう。しかし、どういう方法で焼成されたのかは、人骨の観察からは全く推測できない[②]」と総括されている。

（2）第二主体の構造と状況（図5）

墳丘部分での主体部の前後関係や、設置状況については既に触れてきたが、当該石室は第一主体の西(左)側に設置された横穴式石室である。石室の規模は、全長七・五m、玄室幅一・〇四m、同延長三・〇m、玄門部幅一・一八m、羨道幅一・一六m、同延長二・五m、羨門部幅一・一六m、墓道幅一・〇m、同延長三・九六m、を各々はかる第一主体に比較して小型の石室である。

石室の構築には、地山を掘り込んだ、所謂掘方を設定して、そのなかに石材を配置していく手法をとっている。石材は、地元に産出するものを用いており、とくに遠距離を運ばれたものではない。奥壁部分には、床幅全体を占める大きな板石状の石材が用いられている。この石材の上部には側壁との関係から、少なくとも1m前後の積み石があったものと考えられるが、調査段階では天井石とともに失われていた。側壁は基底部に奥から一・四m、一・三m、一・三五mをはかる横に長い石材を用いて構築し、その上段からはやや小型の石材を横方向に長く用いて上方に積み上

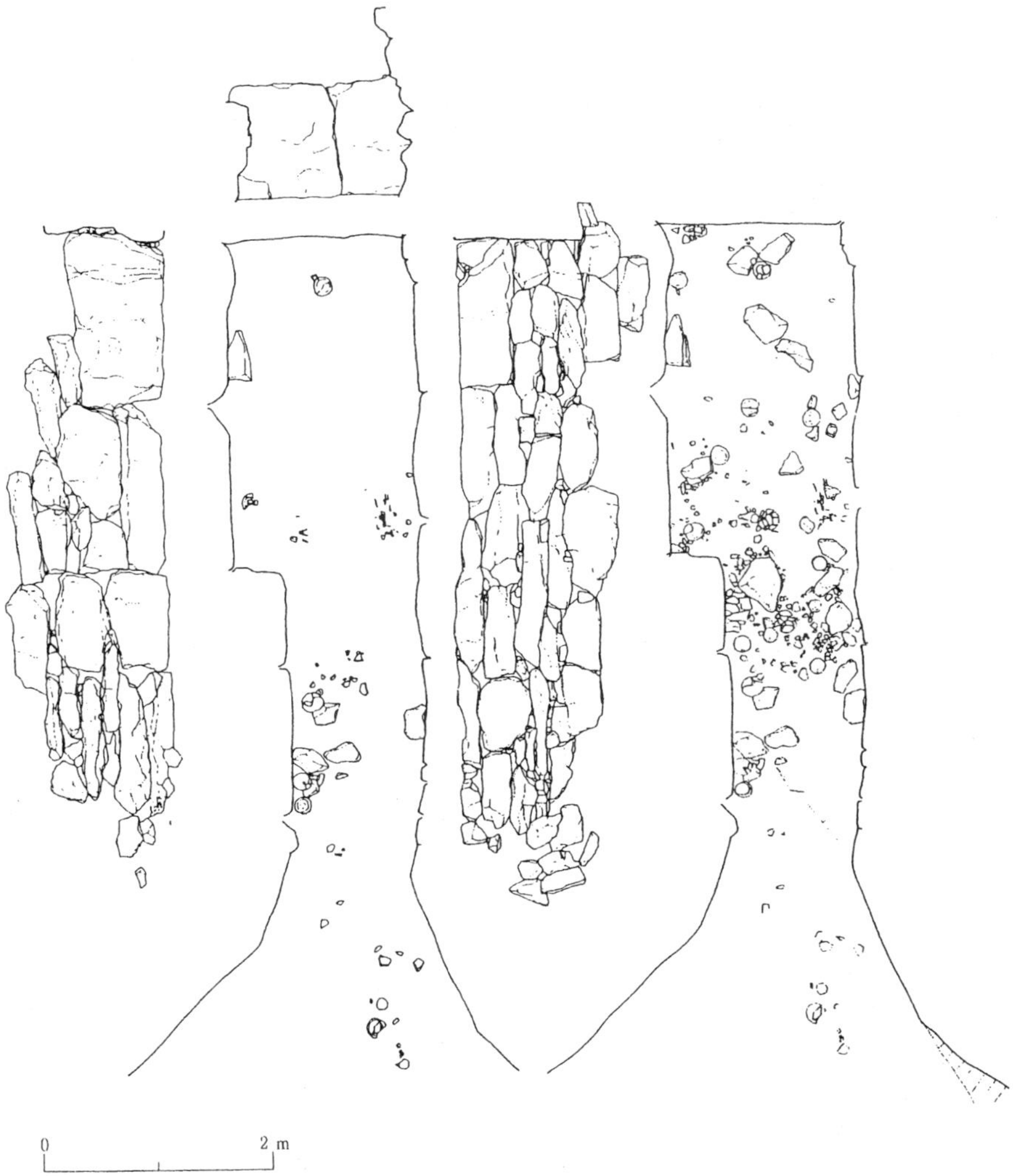

図５　小丸山1号墳第二主体横穴式石室実測図

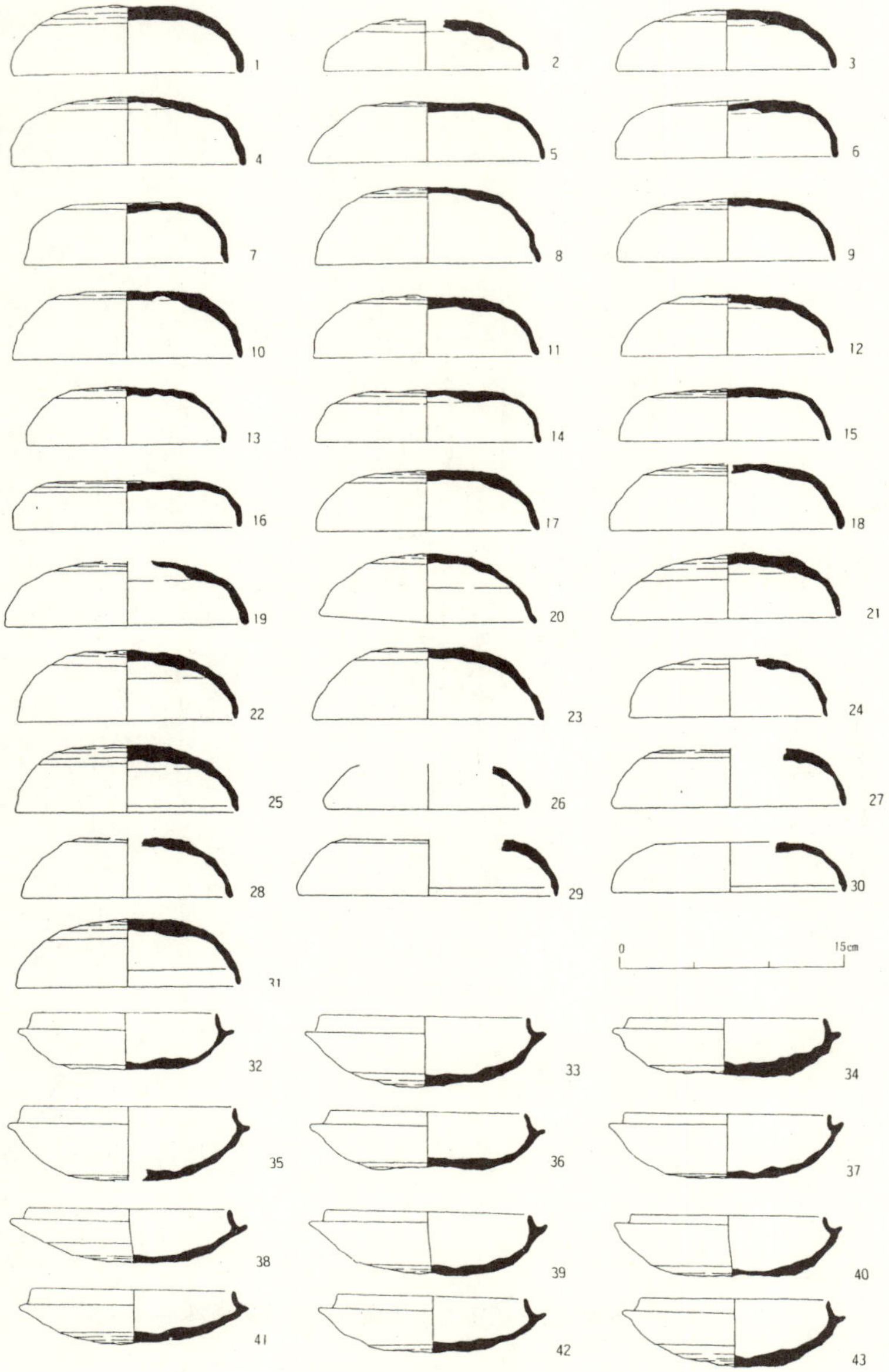
1
2
3
4
5
6
7
8
9
10
11
12
13
14
15
16
17
18
19
20
21
22
23
24
25
26
27
28
29
30
31
0
15cm
32
33
34
35
36
37
38
39
40
41
42
43

図６　出土遺物実測図（１）

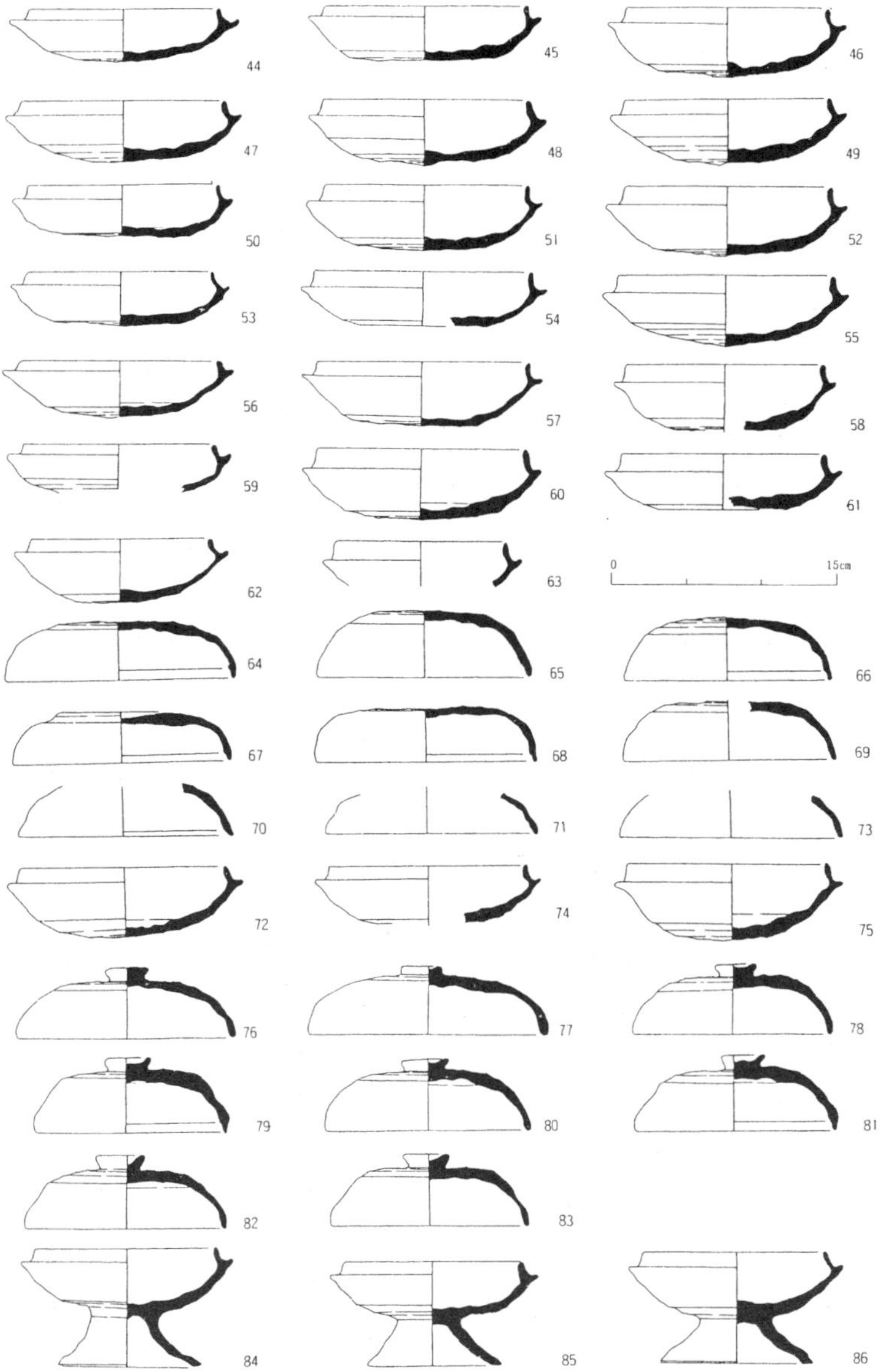
44
45
46
47
48
49
50
51
52
53
54
55
56
57
58
59
60
61
62
63
0
15cm
64
65
66
67
68
69
70
71
73
72
74
75
76
77
78
79
80
81
82
83
84
85
86

図７　出土遺物実測図（２）

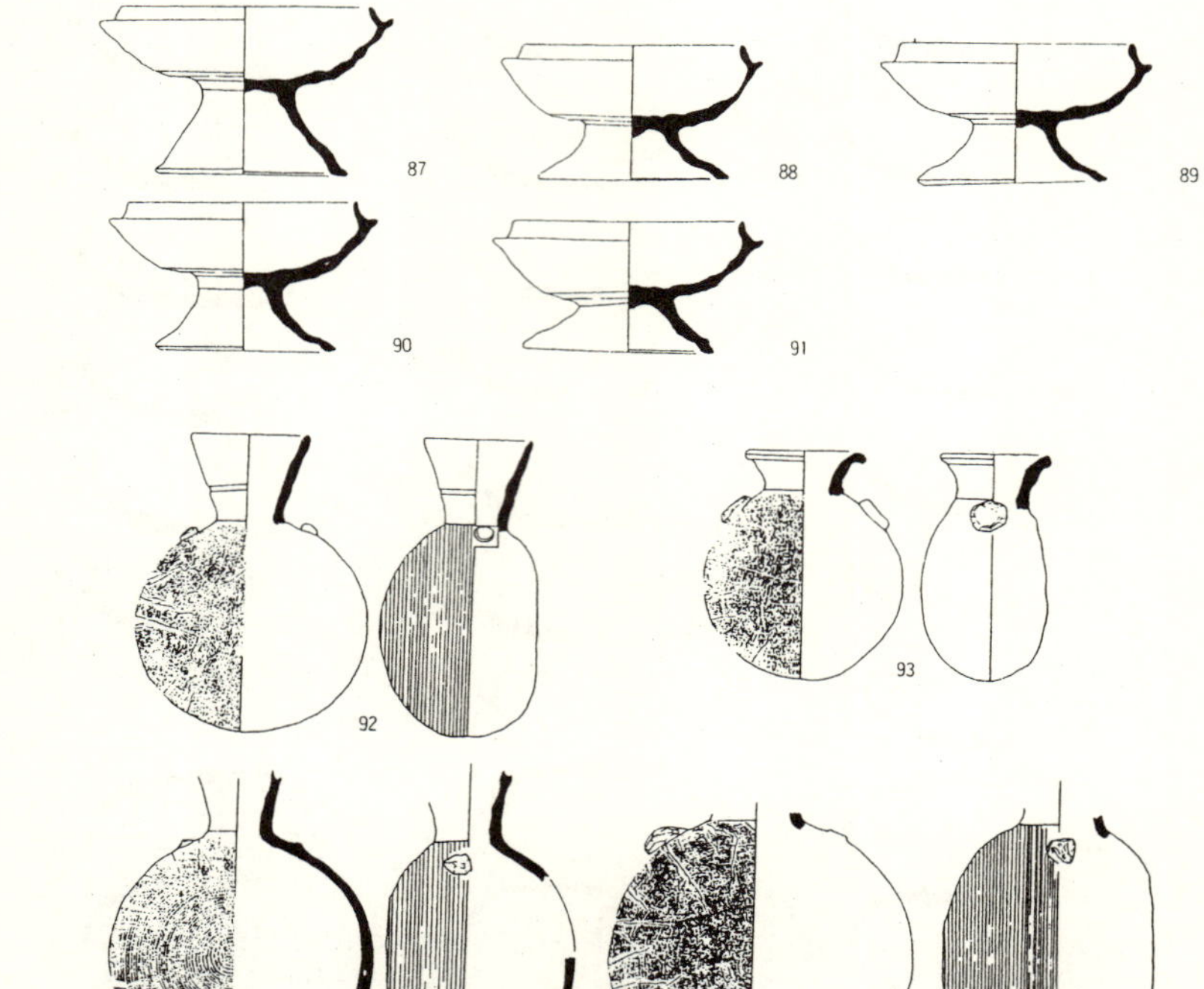
87
88
89
90
91
92
93
94
95
96
97
98
0
15cm
99
103
104
105
100
106
107
108
102
109
110
111

図８　出土遺物実測図（３）

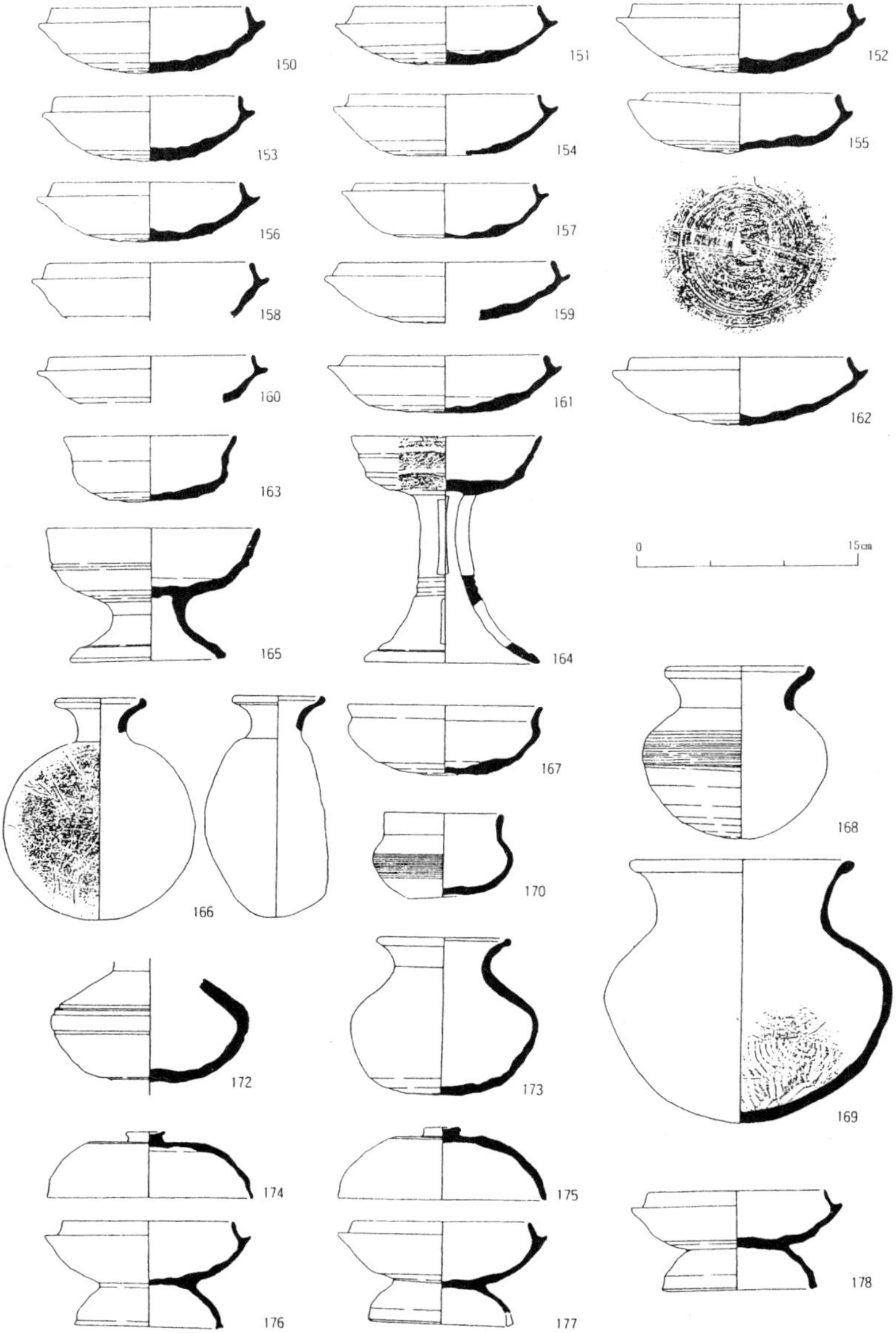
150
151
152
153
154
155
156
157
158
159
160
161
162
163
165
164
0
15cm
166
167
168
170
169
172
173
174
175
176
177
178

図９　出土遺物実測図（４）

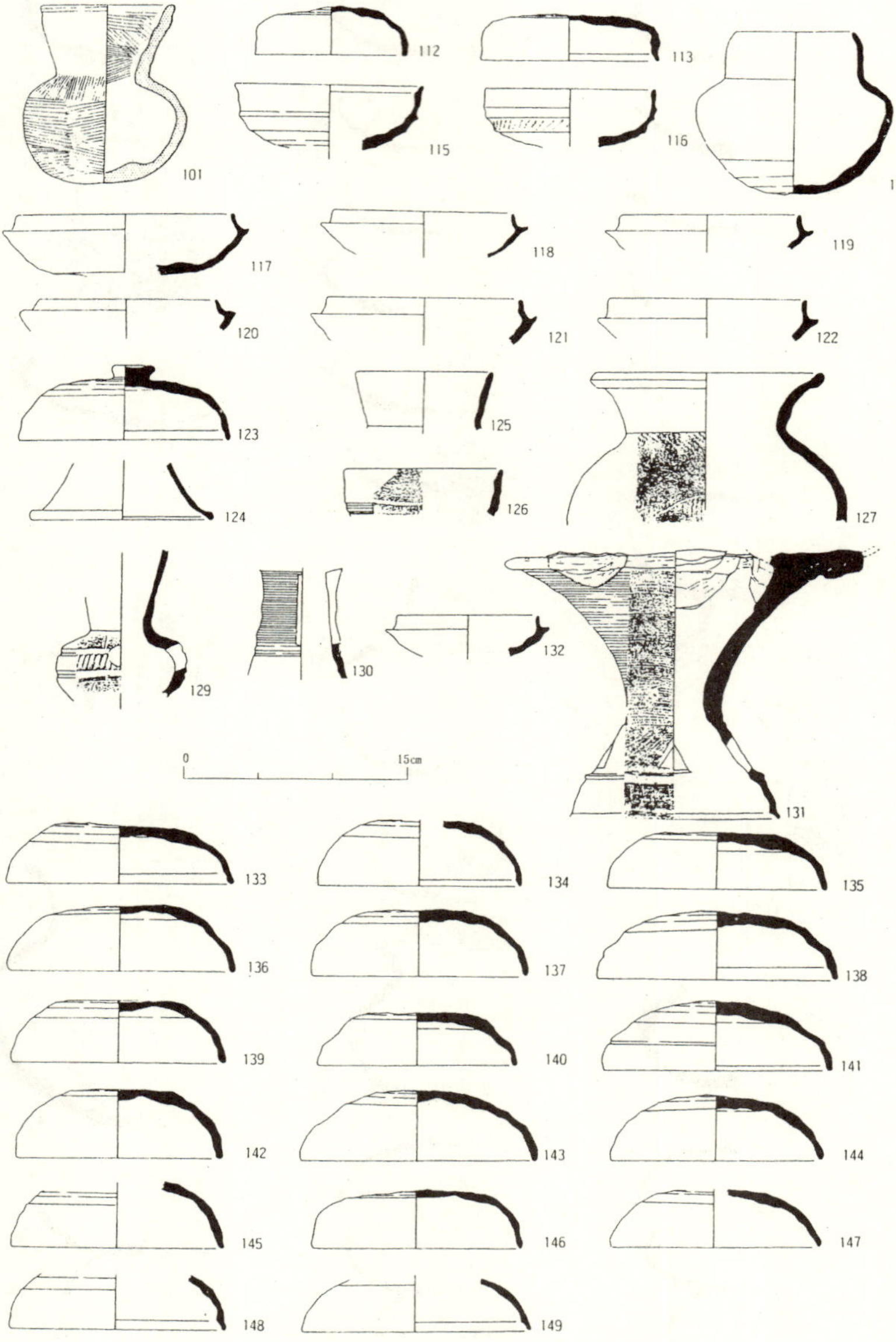

図10　出土遺物実測図(5)

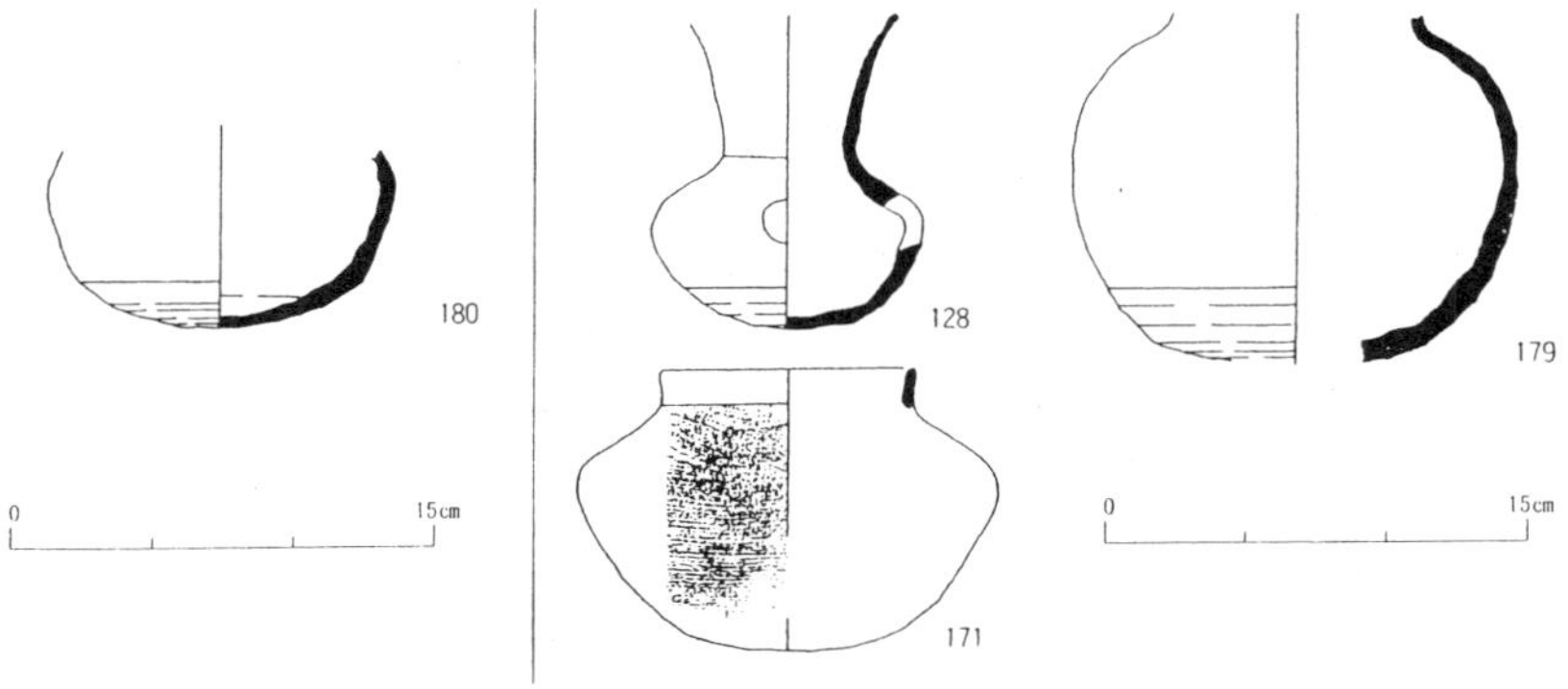

図11　出土遺物実測図（6）

げていっている。第一主体の石室で見た石材に比較して、やや大きいという印象を与える。とくに用石法では玄室と羨道では異なっている。

一方、第一主体で見たような火熱による亀裂などは全く見られず、敷石や棺台はとくに確認されていない。しかし床面には側面や奥壁、あるいは天井石とは異なるやや扁平な石材が床面に雑然とした配置ではあるが確認できた。これらは棺台とされていた石材が、旧位置を移動したものと理解することも可能である。

石室の構築は墳丘造成後の段階が考えられ、第一主体が墳丘の構築と平行して版築によって作られているのとは大いに異なる。すなわち当該石室は墳丘の完成が前提となっており、明らかに第一主体の埋葬後に構築されたものであり、その埋葬主体を意識して構築されたものでもある。

ところで石室内床面上の残存遺物は、撹乱を受けたにしては比較的多くのものが残存していたといえる状況であった。なお遺物の出土面が上下に明確に区分され、その間が一〇cm前後見られた。これは一次面の遺物が玄室奥と袖部分、および羨道部に集中して認められた。

しかし須恵器蓋杯の如くセット関係を基本とするような器種がバラバラに検出されるなど撹乱状態が容易に観察できる状況であった。また羨道部分などでは多くの遺物が持ち出された可能性が考えられる。第二次面は比較的整然とした状況で遺物配置が確認されており、旧位置を大きく移動したものは少ないと考えられる。

二次面では、玄室奥部および袖で須恵器、さらに中央部右壁側で馬具が一括で出土した。しかしこの他の部分では当該面からは、遺物の確認は見られなかった。なお当該石室内部からは人骨などの残存、あるいはその痕跡の確認はできなかった。

３　出土遺物（図6・7・8・9・10・11）

今回の調査で出土した遺物は、以下に示すとおりである。（数字は個数）

第一主体　石室内部

須恵器（蓋杯）蓋―四〇、杯―三五
（有蓋高杯）蓋―　八、杯―八
（無蓋高杯）―二
（提瓶）――四
（脚付碗）――三
（碗）――七
（𤭯）――一
（鉢）――一
（短頸壺）蓋―二、壺―一
土師器（壺）――一
（碗）――一
鉄製品　鉄　鏃――二三

鉄刀子――――三
鉄　刀――――一
装飾品　銀　環――――二
銅　環――――一
玉　類　勾　玉――――一
管　玉――――三
小　玉（石製）――――一
小　玉（ガラス製）――八二（溶着したものが多くこの数値は最低数）
丸　玉――――四
臼　玉――――六

前庭部　須恵器（蓋杯）杯――六
（有蓋高杯）蓋――一、杯――二
（無蓋高杯）――一
（広口壺）――一
（壺）――一
（子持ち器台）――一
（𤭯）――一
墳丘上　須恵器（壺）――一

第二主体　石室内部　須恵器（蓋杯）蓋―１七、杯―一三
（有蓋高杯）蓋―二、杯―三

（無蓋高杯）―二
（提瓶）―――一
（碗）―――二
（𤭯）――一
（短頸壺）壺―一
（壺）―――四
鉄製品　（鉄鏃）―――一
（刀子）―――一
（馬具）――一括
墳丘内　須恵器　（短頸壺）―――一

以上である。

これらのうち須恵器について陶邑窯で行ってきた型式編年[3]を準用して考えることにする。

第一主体は、Ⅱ型式3段階から4段階相当と考えられ、第二主体はⅡ型式4～5段階相当と考えられる。即ちこの状況からも明らかなように両者の時期的な差は、きわめて少ないということになり、第二主体の初期埋葬と、第一主体の最終埋葬段階とは極端に言えばほとんど時期差がないともいえる。しかし既述の如く明らかに墳丘の構築の状態から見れば、第二主体の方が新しくなることが明白であり、この点矛盾は存在しない。とりわけ第一主体の最終埋葬段階で内部に火化現象が見られることは、引き続いての同石室への埋葬を不可能にしたことになり、新たに第二主体が用意されたとも考えられる。また残存人骨が熟年あるいは壮年の女性であった可能性が濃いことや、埋葬人骨が5体以上を数えること、さらに石室内部に見られた火化の意味するところなど問題の多い古墳であるといえる。

既に調査で得られた情報についてはすべて記述してきた。以下に当該古墳から提起された問題を整理し、検討を加えてみることにする。

4　小丸山古墳をめぐる問題

（1）火化の問題について

当該古墳の先ず問題の第一点は、石室内部が高温によって焼かれた状態になっていた所謂火化状態であったことである。火葬の習慣は『続日本紀』によると文武天皇二年僧道照が遺言によって大和粟原で火葬されたとあるのが最初であるとされてきた。④

この火葬は、仏教的習俗によって行われるもので、単に骨を焼くというものではなく、荼毘に付すという形状をとり、そこには火化された後の骨を拾う収骨あるいは拾骨を伴っている。しかし当該古墳の場合には、それらは少なくとも人骨の残存状況から行われていないと見てよい。即ちここでの火化は、仏教的な意味のある火葬ではないと考えて大過ないだろう。

このように石室内部で火化が行われた例は、兵庫県竜野市揖西町龍子字向イ山に所在した龍子向イ山古墳群中の第一、二号墳が近似例としてあげられる。⑤

1号墳は、丘陵斜面に構築された短軸（南北）一一m、長軸（東西）一三mをはかる楕円形をした古墳である。主体部は全長六・八m、玄室長三・七五m、羨道長三・〇五m、奥壁幅一・六m、玄門幅一・四五m、羨門幅一・四m、主軸方向N－70度－Eをはかる右片袖の横穴式石室である。玄室内床面には人頭大の石が敷き詰められており、この部分が本来の埋葬面である。ここではこの面の上面に二面確認されており、そのうちの第二次面が問題の火化面である。報告書から引用してみよう。

第二次面は、玄室の北東隅で検出した人骨に伴う面である。敷石面直上であるが、焼土を伴っているため第一次面とは別の面と考えている。

人骨は奥壁から約五〇cm、北側側壁より約二五cm離れて、東西一m、南北五〇cmの範囲で検出されており、骨の部位もある程度推測できる状態である。……（略）。

第二次面がはっきり確認できるのは、この人骨が出土した一帯だけである。焼土・炭とともに人骨が玄室内・羨道内を問わず出土しているが、玄室内では第一次面と第3次面の間の土の堆積が厚くないため、遺物が第一～三次のどの面にともなうのかを判断するのがきわめて困難な状態である。また羨道内では、出土遺物の破損が著しく、原位置を保っていると考えられるものはほとんどない。したがって第二次面を確実にとらえられる事ができるのは、玄室北東隅の人骨が出土した部分だけである。……（以下略）

この第二次面の後に第三次面が形成され、追葬遺物などが確認されている。出土遺物のうち須恵器についてみれば、ほぼ陶邑編年のⅡ型式4段階から5段階に相当することがわかる。また出土遺物の種類についても、小丸山一号墳ときわめて近いことがわかる。

このほか第2号墳の第二床面でも同様に火化状況が観察されると報告されている。2号墳は、1号墳と近接して構築されており、径一〇m前後をはかるもので、主体部は全長五・四m、奥壁幅〇・八mをはかる無袖の横穴式石室である。火化部分の記述について報告書を引用しておく。

床面は二面検出している。上層の第二次床面は1号墳とともに石室内で火葬を行っている。第二次床面は、奥壁から一・三mと四・五mの二ヶ所に石が数石据え置かれている。〇・三mの部分は二石がほぼ石室幅に置かれており、最大長〇・四mと〇・二五mをはかる上面の平たい石である。一・五m部分は四石が同じく石室幅に置かれているが、上面は平たくしていない。この間から一・五mの石周辺に火葬骨が広がっている。二石の中央部分の方が火葬骨の量は多い。二ヶ所の石は棺台と思われる。……（略）

第二次面は面的に焼けており、棺台をはじめ側壁も火を受けている。特に北側壁は火を受けた痕跡が著しい。

焼土・炭・灰も広がっていることから、石室内の火葬が考えられる。火葬骨の集中地点は二ヶ所である。石室幅〇・八mを考慮すると棺は二棺並ばず、前後にしか納棺できないはずである。二ヶ所が各々棺の位置と考えて問題ないと思われる。……（以下略）

以上であるが、前者と同様須恵器についてみれば、陶邑編年Ⅱ型式5段階および6段階相当と見ることができる。即ち小丸山古墳の例よりは若干時期的に新しい類例が存在することになる。しかし報告者は、火化については火葬に先行することは記述されているが、その背景については触れられていない。ただ所謂「カマド塚」或いは「木心粘土室構造」の古墳の存在との比較を示唆されている。この点については、筆者もかつて陶邑内の檜尾塚原9号墳の検討を行い、関連して検討したことがあったが、当該火化例とは異なるものと考えている。

即ち「カマド塚」あるいは「木心粘土室構造」の古墳は、埋葬主体の構造が横穴式石室とは異なるもので、本稿で対象としているものは、いずれも石材を用いた石室構造を有しているものである。この問題は長くなるので、詳細は触れないが、少なくとも「カマド塚」あるいは「木心粘土室構造」の古墳については、その分布地域が窯業生産地域に含まれているか隣接する場合が多いことや、副葬品では他の同じ時期の古墳に比較して、質、量ともに何ら遜色はないが、少なくとも石材を用いた石室を構築していない点に、特徴がある点などが指摘されている。従って当該火化古墳と、それらが同一系譜上あるいは共通すると見るには問題が多いと考える。

また既に触れたように仏教的な火葬と同じ系譜でも考えることも、きわめて問題があるだろう。とするとこのような例についてどのように考えればよいのだろうか。既に検討してきた例を振り返ってみよう。まず時期的には共通する部分が多いことがある。

次に龍子向イ山古墳の場合は、前後の埋葬の間に行った形跡がある。さらにいずれも石室を用いている等々の諸点である。これらの諸点から、憶測が許されるならば、いずれの古墳共に火化という行為は通常の埋葬では行わなかった習慣であったが、とくに限定された段階の、あるいは時期の（人物の）場合には、そのまま埋葬せずに放置することが困難、あるいはできなかった可能性があり、やむなくこのような処置をとったと考える。即ちこれらに見られた火化行為は、緊急避難的行為であったと考えられ、その背景には疫病の流行などの問題があったのではないだろうか。

(2) 埋葬人骨をめぐって

小丸山古墳の問題として埋葬人骨の問題がある。既に火化された背景については記述してきたが、それらの所見に「これらすべて焼骨で、おそらくは死亡直後、まだ軟部組織に被われた生骨の段階に、火葬など何らかの方法で周到に焼成されたものであろう。しかし、どういう方法で焼成されたのかは、人骨の観察からは全く推測できない。」と総括されている部分である。先の火化との関連もあるが、筆者が背景には疫病の流行などを考えたのはこの報告が主たる要因になっている。龍子向イ山古墳については、この点の分析が行われていたかどうかは明らかではないが、おそらく同様の結果が将来される可能性が濃いと考えている。その結果が、同じであればより先の背景である疫病の流行説が有利に展開していくだろう。

ところで両者の古墳の状況から、火化の状況が想定される。すなわち死後埋葬された段階で直ちに焼かれたことになるが、その場所がそれぞれの埋葬者の一族が埋葬されていた古墳の主体部である石室内であった。本来は該当の遺体のみを焼くのが目的であったが、小丸山古墳の場合は火が石室全体に廻ってしまったため、本来はその後も使用されるはずであった石室（第一主体）を放棄せざるを得なかったのではないか。さらに当該古墳（墳丘）が彼らの埋葬場所であったことから、やむなく隣接して同じ墳丘内に第二主体とした別の石室を構築した。これによりかれらの埋葬場所は再び確保されたと考える。ちなみに火化の時期は、床面の残留磁気測定法によって六五〇±三〇年という年代が示されている。[6]

さらに人骨の性別では、A体が壮年或いは熟年女性であることや他にも女性が含まれていることが注目された。しかしそこに明らかに男性が含まれていなかったという証拠はなく、分析で性別判断が不可能なほど破損していた人骨には男性が含まれていたとしても問題はないだろう。少なくとも単独石室内から五体以上の人骨が確認され、女性が複数以上をしめているということも当時の群集墳が家族墓という性格であるという一面を物語っているものと考えられる。

結語にかえて

かつて調査を行った小丸山古墳について再検討を行ってみた。調査当時、報告書刊行当時には考えられなかった問題も徐々に思い浮かび、又消えていった。一墳丘に二つの石室の構築という事例の少ない古墳であり、さらに石室内部での火化行為の存在は事例の希少さを追加するものであった。

火葬という問題は、明らかに『続日本紀』に道照が最初であると記載されており、その事実は大きく変わることは、今後もおそらくはないだろう。ただ埋蔵遺体を焼くという行為は、既に古墳時代後半には開始されており、その実例は所謂「カマド塚」「木心粘土室」などの例をはじめ今回のような事例を加えて多く確認されている。しかしそれらは荼毘に付すという純仏教的な火葬行為に伴うものではなく、何らかの背景があっての行為であろう。

少なくとも葬送儀礼は、人生の通過儀礼の中では最も保守的である儀礼であると考えられる。その儀礼が突然大きく変化し、またしばらくして元に戻るというようなことは考えがたい。即ちその背景には、先にも記述したような緊急避難的な要素が濃いものと考えてよいだろう。

本稿では、出土遺物、とくに須恵器の詳細な検討については行わなかった。とくに意味があってのことではないが、まず当該古墳の性格を明らかにしておきたいという願望が先に立ったからである。これらの問題は他日に期すことにしたい。ともあれ果たして所期の目的が果たされたかどうかはわからないが、少なくとも一つの見解は提示しえたと考えている。今後類例の増加があれば、再びこれらの問題を俎上にのせて考えてみたい。

（補注・参考文献）
①中村浩他『社・牧野』大谷女子大学資料館報告書、第25冊、一九九〇年。
②小丸山1号墳出土の人骨についての記載は、以下の文献による。片山一道・五十嵐里子「小丸山古墳主体部で出土した人骨遺残について」『前掲①書』所収。
③中村浩『和泉陶邑窯出土須恵器の型式編年』芙蓉書房出版、二〇〇一年。
④中村浩「僧道照に関する諸問題」『大和文化研究』14巻8号、一九六九年。
⑤渡部昇他『龍子向イ山』兵庫県文化財調査報告　第五一冊、兵庫県教育委員会、一九八七年。
⑥中島正志・谷崎有里・夏原信義「牧野古窯群の考古磁気年代推定」『前掲①書』所収。

付　「河内龍泉寺坪付帳案文」について

はじめに

龍泉寺は、寺伝によると推古天皇四年蘇我馬子が勅命を受けて創建したのが始まりである。その年代の真偽はともあれ、発掘調査の成果からは少なくとも奈良前期には瓦葺きの堂舎伽藍が整備されていたと考えられる*1。

文献史料からの寺史解明についての手掛かりは、奈良春日大社に伝来する龍泉寺関連文書〔『春日大社文書』*2四五二号文書〕がある。すなわち「龍泉寺氏人等解申重河内國前并在廳官人御證判事」（以下四五二ノ（1）と略記する。以下同じ）、「河内國石川東條龍泉寺氏人并司三綱等検注當寺經論佛像堂舎佛具種々寺財寶物所領田薗等之實録、安置流記帳事」（四五二ノ（2））「河内國石川郡龍泉寺氏人等謹申請郡内在地刀祢司證判事」（四五二ノ（3））の各案文あるいは写しと、「寺田坪付帳断簡」（四五二ノ（4））の四通である。これらについては、いずれも『春日大社文書』として公刊されている。さらに四五二ノ（1）については『平安遺文』*3に八五五号文書「龍泉寺氏人等解案」として収録されている。

福島好和氏によってこれら文書についての検討も行なわれてきた*4。しかし、これら一連の文書のうち「寺田坪付帳断簡」（四五二ノ（4）については前半部分を失っていることから十分な検討考察が行なわれているとは言いがたい。

とりわけ当該文書は龍泉寺の寺領地に関する重要な情報を含む資料であり、寺史解明には不可欠な資料であるといえる。従って本稿では、この文書（四五二ノ（4））に注目し、龍泉寺関連文書について若干の検討・考察を加えてみたいと思う。

1　龍泉寺文書の構成と成立

（1）史料の提示

論を進める前に本稿で検討する史料を掲げておきたい。

・『春日大社文書』四五二ノ（1）【『春日神社文書』四七一】[*5]

龍泉寺氏人等解申重河内國前并在廳官人御證判事

請被殊蒙　鴻恩、任道理、加判氏人先祖宗〔蘇〕我大臣建立龍泉寺處處領地參箇處子細愁状

一寺敷地山内參佰町　　在河内國石川郡東条公験面載坪々谷々、

四至　東限檜領、　南限手懸〔嶺カ〕太輪、
　　　西限里田領、　北限坂折小野田

一紺口庄水田等氏人私領家地

在陸田里貳坪陸段　参坪渫段　肆坪伍段　玖坪伍段　拾坪捌段　拾壹坪弐段

拾伍坪坪壹町　拾陸坪伍段　拾漆坪渫段　弐拾壹坪壹町　貳拾貳坪壹町　弐拾玖〔坪、脱〕渫段

木屋戸里伍坪渫段　拾弐坪肆段　拾壹〔マヽ〕坪伍段

下尻社里拾玖坪佰捌拾歩　参拾坪弐段　参拾壹坪伍段大　下来堂太尾南北拾町

一山地壹處
在古市郡　石川両郡　科長郷
四至　東限春毛谷、南限比女御墓、并御廟山西小河下太河于〔ママ〕
　　　西限太口〔大脱カ〕河　北限赤〔木脱カ〕馬谷、　并西尾太河于
　在谷々水田　度々女谷　仁賀谷　宮毛谷
　　　　　　　麻尾谷　　葛根谷　九埋谷　并西四至内田畠共
右謹検安〔案〕内、件處々領地氏人等先祖宗我大臣所領也、仍自往古于今未無他好〔妨〕、而以去承和十一年比、氏長者公重不慮之外為強盗〔被、脱カ〕殺害、住宅燒亡之次、調度文書等同燒失畢、因之當初残氏人等僧等注子細、以去寛平六年三月五日國前ニ訴申喉日、任道理處處田地等可〔為、脱〕寺領國〔為脱カ〕判明白也者、望請早國前并在廳官人任先例理被令加證判給〔者、脱〕、將仰正道貴、且又後代永為令公験也、仍勒在状、謹所請申如件、

　天喜五年四月三日

龍泉寺氏人宗岡公明　在判
　權俗別當宗岡朝臣　在判
俗別当散位宗岡公用　在判

件氏人等之訴申所々領地、自往古今寺領由其有聞、仍在廳官人等加證判之、

惣判官代河内　在判
前介茳〔菅カ〕野　在判
散位源朝臣　在判
散位源朝臣　在判

依有在廳官人等證判、加　國判、可寺領也、
守藤原朝臣在判

・『春日大社文書』四五二ノ（2）【『春日神社文書』四七二】

河内國石川東条龍泉寺氏人并所司三綱等検注當寺經論佛像堂舎佛具種々寺財寶物所領田薗等之實録、安置流記帳事

一合寺一院

一講堂佛像

薬師佛像七躰　但一躰高七尺　鑄物像五躰

觀世音像四躰　鑄物像三躰　昌泰元年三躰被盗取畢

四十手観音像一躰　六尺

地蔵菩薩像一躰

四天王像四躰

一金堂佛像

釋迦佛像一躰

弥勒菩薩像三躰　但、鑄物像

虚空蔵菩薩二躰　鑄物像、昌泰二年三月被盗畢

一塔本佛像

一經論章　在目録、

一雑物章　在目録、

一樂具章

一堂舎章　寛仁四年十二月廿日夜神谷火焼失了、

瓦葺三重塔一基

瓦葺金堂一宇
檜皮葺五間一宇　南面庇六丈八尺　弘六丈　高一丈四尺
檜皮葺九間僧房一宇　長十丈四尺　高一丈二尺
檜皮葺方鐘堂一宇　天暦元年七月三日大風倒之、
檜皮葺三間經藏一宇　天禄元年二月八日大風吹倒之、
草葺七間僧坊一宇　草葺五間東屋一宇
草葺五間政所屋一宇　草葺瓦木倉一宇
草葺大炊屋一宇　草葺板倉一宇
幡〔塔〕二基　高五丈五尺
一山内寺所領地參佰町
一和泉國塩山參佰伍拾町　在日根郡

右件龍泉寺者、宗我大臣之建立也、而調度流記公験等、依　本願施主之起請氏之長者領掌、次第相續謹行寺務、自往古干今所相傳也、而不慮之外、以去十一月廿一日夜、氏之長者宗岡公重為強盗〔被、脱〕殺害私宅焼亡之、件調度文書等皆悉焼失明白也、仍乍驚、殘氏人寺院常住所司三綱等於堂前為集會、開堂舎之門戸口等、寶蔵開封、而見在所有之數躰佛像經論等財寶物等、為代〔後、脱〕一々可令於注安置記如件、

承和十一月年〔衍〕十二月八日

氏人　宗岡　在判
陰〔蔭〕子　宗岡　在判
散位　宗岡　在判
散位　宗岡　在判
散位　宗岡　在判

寺院常住所司三綱
都維那師僧　在判
五師僧　在判
五師僧　在判
小寺主僧　在判
寺主法師　在判
寺主法師　在判
権上座法師　在判
上座大法師　在判

・『春日大社文書』四五二ノ（3）【『春日神社文書』四七二】
河内國石川郡龍泉寺氏人等謹申請郡内在地刀祢司證判事
合　在河内國石川郡、
一寺邊敷地山内三百町
四至　東限檜領、　南限手懸太輪〔嶺カ〕
西限里田山領　北限坂折小野田
一紺口庄水田等氏人稱〔私カ〕領家地
在陸田里貳坪肆段　參坪柒段　肆坪伍段　玖坪伍段　拾坪捌段　拾壹坪貳段　拾伍坪壹段〔町カ〕　拾陸坪伍段
拾柒坪柒段　弐拾壹坪壹町　貳拾貳坪壹町　貳拾玖柒段
木屋戸里伍坪柒段　拾貳坪肆段　拾壹坪伍段

下尻社里拾玖坪百捌拾歩　參拾坪貳段　參拾壹坪五段大　下来堂太尻〔大尾カ〕南北拾町

一山地壹處

在古市郡　石川両郡、科長郷

四至　東限春毛谷、　南限比女御墓、　并御廟山西小河下太河干（ママ）、
西限太口太河　北限赤馬谷、　并西尾太河干、

在谷々水田　度々女谷〔木、脱カ〕　仁賀谷　宮毛谷
麻尾谷　葛根谷　九埋谷　并西四至内田畠共

右謹検〔案〕安内、件所々田畠海浦、氏人等之先祖宗我大臣所領也、而為鎮護國家、小治田宮御宇世丙辰冬十一月被建立龍泉寺也、仍以所々領田、為佛取〔行カ〕聖燈油并堂舎被壊修理料、施入寺家之後、数百余年之間更無他妨、而以去承和十一年之比、氏長者宗岡公重不慮之外、為強盗被殺害、住宅燒失之次、佛件〔件佛〕寺調度文同〔書、脱〕以燒失畢已了、因之、残氏人等注在状、令訴申郡内在地刀祢司之時、仁〔任〕道理有判證〔證判〕、但所々寺領等、其數未入記録之紛失状文之内、寺家之大歎尤莫過於斯、望請、早郡内郷村之刀祢并寺住所司三綱等、任實正之理被令證給者、將知正道旨、且又爲令氏之寺財公験也、仍勤在状、氏人等謹言

寛平件六年三月五日

龍泉寺等〔氏人、脱カ〕宗岡　在判
宗岡　在判
宗岡　在判
俗検校宗岡　在判
權俗別当宗岡　在判
執行俗別当宗岡　在判

氏人等之被訴申事一々明白也、仍寺院所司三綱等加判

件龍泉寺氏人等之解状、於先例彼所々領地等令寺領事顕然也、何〔仍〕在地刀祢司等加暑〔署〕名之、

僧　在判
僧　在判
都維那師法師　在判
寺主法師　在判
上座大法師　在判
俗證刀祢笠　在判
紀　在判
井原　在判
舎人　在判
河内　在判

郡加判
惣行事河内寺〔忌寸〕　在判
少行寺河内已〔忌〕寸　在判
依有刀祢等之證暑〔署〕、國加判、可寺領也、　在判
守藤原朝臣　在判

・『春日大社文書』四五二ノ（4）【『春日神社文書』四七二】

「寺田坪付」

┌　　┘畠壹┌

□　貳段
庄垣内貳段伍拾歩
同垣内佰歩
憐〔隣カ〕内壹段陸拾歩
薦生谷貳段
上池田肆段佰貳拾歩
□谷肆段
菜鳴澤佰拾歩
小口町壹段陸拾歩
北槻本肆段參佰歩
波〔須カ〕頂谷佰捌拾歩
於山田壹段捌拾歩
中山玖段貳佰肆拾歩
石井壹段
中津宮捌段佰陸拾歩
椋姉貳段
下温參段貳拾歩
袴谷佰捌拾歩
小蒲生伍段佰歩
蝗〔蝦カ〕町壹段

大畠參□
向畠田貳段
石並壹段
畠宅東門〔田、脱カ〕佰捌拾歩
墓谷壹段
鍛冶小田參段小
雄上參段佰貳拾歩
小山畠肆段陸拾歩
東大切陸段大
梅本伍段參佰歩
田中谷壹段
坂本肆段
箕原伍段貳佰陸拾歩
東川原参段大
荷生谷佰歩
堅狩参段佰渋拾歩
下梅本壹段小
郡田肆段肆拾歩
小池新開佰歩
土毛利貳段

□肆段參百歩
坂田澤佰捌拾歩
高田溝口捌拾歩
上恵通谷貳段
樋小田壹段參佰歩
門田參段陸拾歩
蚖谷渋拾歩
廁角壹段參段三佰六十歩
西〔切、脱カ〕大肆段貳佰歩
高田澤渋段小
梅本脇佰貳拾歩
坂小田壹段貳拾歩
下桶〔橘カ〕爪壹段佰歩
西川原壹段貳拾歩
薦生伍段貳佰伍拾歩
堪本參段
柏本參段參佰歩
廁所伍段貳拾歩
大椎谷貳段
倉町貳段

堂所貳□
樋爪田佰捌拾歩
坂屋柄參佰歩
下恵通谷貳段
上中宅内參佰歩
大山田捌段拾歩
高田口壹町
堪屋田參段肆拾歩
南槻本陸段
佐川貳段小
下塩谷参段貳佰歩
塩本參段參□
窪田陸段佰□拾歩
下池田壹段
上温伍段佰陸拾歩
中温貳段參佰歩
神許佰歩
大蒲生壹町貳段
同谷丸佰捌拾歩
橋爪壹段

久志良谷壹段　塩谷參段　八仁谷貳佰肆拾歩　菜爪漆段
端利壹段佰歩　鳥屋尻壹段　河邊貳佰陸拾歩　傾田壹段
難苅貳段　水谷貳段佰捌拾歩　八仁野田貳段　椋本貳段半
梧和貳段　荒前貳段　秣下參佰歩　桑原壹段半
小吹栗毛壹段半　櫛造貳段　佐賀松谷流　一新開貳段
二切貳段小　三切參段肆拾歩　四切貳段小　長坂北脇二段大
池内壹段大　池尻貳段大　川原田一開貳段　二開玖段
胡麻谷壹段小　葛根谷壹段　梅(梅)過谷壹段　仁勝谷壹段
呪師谷佰歩　西谷池尻壹段　次二新開貳段大　小野新開壹町
限北櫻田

凡寺所領山地參百町

四至　限東檜(里カ)境、　限南手懸嶺、従河西并大椎横峯、
限西黒田嶺白大河、　限北坂折小野田、

一塩山參百伍拾町海浦等在家人

在和泉国、日根郡四至　南限多河、
北限郡境、

一山地壹所

在古市郡石川両郡、科長郷

字壺井山　在寺一院、如意寺

四至　限東春毛谷、　南限比女御墓

限西山口〔大口大カ〕小河、　北限齊〔赤カ〕馬谷

右谷々水田、　度々女木谷　仁賀谷　宮毛谷
麻尾谷　葛根谷　九理谷

一紺口庄水田玖町貳段百捌拾歩

陸田里貳坪參段百捌拾歩　拾壹坪肆段　拾伍坪壹町　參坪陸段百歩

肆坪伍段　玖坪伍段　拾坪捌段佰捌拾歩　拾陸坪伍反

拾柒坪柒段　貳拾壹坪壹町　貳拾貳坪壹町　貳拾玖坪陸段

木屋戸里伍坪陸段　豊〔下来カ〕西太尾堂尾　南北拾町

右氏人等謹検　案内、件龍泉寺者、是諱孝元年天皇四土従胤大臣宗我宿祢小治〔田、脱〕宮御宇世丙辰冬十一月、為天王〔皇〕鎮護國家所建立也、仍以處處領田施入寺家矣、自以来〔爾、脱カ〕、為官省符田敢無他妨、依本願起請、為次々氏人領掌既經二百余歳矣、而宗岡公重任公験相傳之理、田地領掌勤行寺務、加寺家修造并四毎月佛聖燈油之勤无懈怠、而間以去廿一日夜不慮之外、公重私宅強盗数多来入殺害已畢、随住宅焼失日、件龍泉寺調度本公験并次第文書等、皆悉以被焼失已畢、仍為後代、郡内在地司刀祢〔刀禰司〕證判謹所請如件、早任正道被加暑〔署〕判、以解、

承和拾壹年壹月貳拾陸日　　氏人宗岡

従七位上　宗岡朝臣　在判

従七位上　宗岡朝臣　在判

陰〔蔭〕子正六位上　宗岡朝臣　在判

陰子正六位上　宗岡朝臣　在判

散位　宗岡朝臣　在判

件龍泉寺氏人公重、年来之間、爲寺領田地領掌謹修寺務明白也、而間被強盗殺害、住宅焼失顕然也、但残氏人等所觸
訴申調度公験次第文書等、如解状實正也、仍郡内在地刀祢司等加證判、

親父散位　宗岡朝臣　在判
保證刀祢
陰〔蔭〕孫藤原朝臣　在判
无位河内忌寸　在判
従八位下宇治連　在判
従八位下出雲連　在判
大祖出曇〔雲〕連　在判
正六位上河内守忌寸　在判
陰子正六位上笠朝臣　在判
正六位上河内忌寸　在判
正六位上紀朝臣　在判

件氏人等之訴申所々領地、自往古令寺領由有其聞、仍在廳官人等證判加之、

惣判官代河内　在判
前介菅野　在判
散位高屋宿祢　在判
散位源朝臣　在判
散位源朝臣　在判
目代平朝臣　在判

依有在廳官人等證判、加国判、可寺領也
守藤原朝臣　　在判

（2）文書の構成と成立

これら文書の成立事情については、各文書の中に見られる「去承和十一年比、氏長者公重不慮之外為強盗殺害、住宅焼亡之次、調度文書等同焼失畢、因之當初残氏人等僧等注子細」【『春日大社文書』四五二ノ（1）】（以下、同じであるので当該部分は省略に従い、文書番号のみを記し、さらに四五二号文書は『河内國東條龍泉寺重書案』として四通が示されている。それらを掲載順に（1）、（2）……、とし、これらのみを以下に記述する。）

「去廿一日夜不慮之外公重私宅強盗数多来入殺害已畢随住宅焼失日件龍泉寺調度本公験并次第文書等皆悉以被焼失已畢」、【四五二ノ（4）】、而不慮之外、以去十一月廿一日夜、氏之長者宗岡公重為強盗殺害私宅焼亡之、件調度文書等皆悉焼失明白也【四五二ノ（2）】、而以去承和十一年之比、氏長者公重不慮之外、為強盗被殺害、住宅焼失之次、佛件寺調度文同焼失畢了【四五二ノ（3）】とあり、これらから事情が明らかになる。

すなわちそれらを要約すると「氏長者の宗岡公重の私宅が、強盗に襲われて殺害され、さらに居宅も焼失し、家財調度すべてが失われた。」という不幸な事件の発生を記録したもので、それぞれの内容はほぼ一致している。この事件によって龍泉寺の維持経営に当たってきた宗岡氏の氏長者公重が殺害されたばかりでなく、その居宅にあった、すべての文書や什物が失われた。このため、この事件発生した十一月二十一日から、まもなくの二十六日には、【四五二ノ（4）】の文書が作成され、氏人六名の連署、在判や関係官人らの署名、在判の上、国守である藤原朝臣に提出されている。すなわち亡失文書の紛失状を提出することによって寺領安堵をはかったのではないかと考えられる。従ってこの最初に作成された文書には藤原朝臣の在判は認められない。

この他「因之當初残氏人等僧等注子細」【四五二ノ（1）】、あるいは「残氏人寺院常住所司三綱等於堂前為集會、開堂舎之門戸口等、寳蔵開封、而見在可有之数躰佛像經論等財寳物等、為代可令於注安置記如件」【四五二ノ（2）】と、失われた文書の復元・対応を図っていることが分かる。ただしこの文書【四五二ノ（2）】から見る限り、寺の堂舎や宝蔵などの建物自体には被害が及んでいないことを示しており、居宅と寺に一定の距離があったことをしのばせている。

それらの文書について成立年代について、少なからず示唆を与える文書がある。すなわちこれらの文書を一括して記載している文書の河内龍泉寺所司悠状案【三二】の存在である*6。

これによると「興福寺末寺河内國石川東條郡龍泉寺所司等謹解　申請長者宣□」の副進文書として副えられているものである。先の例に従って、煩をいとわず全文を掲げると以下の如くである。

興福寺末寺河内國石川東條郡龍泉寺所司等謹解　申請長者宣□〔事カ〕

請被殊蒙鴻恩、任流記公験并　度度宣旨・院宣等状、甘南備上郷十六町停止造酒司便補、如元被返付龍泉寺、當寺燈油佛聖并本寺〔興福寺〕所役等無懈怠可令謹仕由、裁許子細状

副進

承和十一年十一月廿六日　紛失状案一通
同年十二月八日　流記案一通
寛平六年三月五日　國司免判案一通
天喜五年四月三日　國司免判案一通
嘉保三年五月十二日　官宣旨案一通
永長二年十月三十日　官宣旨案一通
太治四年六月十八日　院宣案一通
同年十月二十二日　院宣案一通

巳上龍泉寺證文案

一　造酒司便補　宣旨案二通内、(康和五年六月廿四日 長寛二年十月廿九日)

右謹検案内　當寺者宗我大臣草創之靈地、興福寺往古末寺也、而經多星霜之間、寺塔破壊、住僧減少、漸及淩遅之剋、證文焼失之間、承和十一年十一月廿六日立紛失状(國司以下在郡司氏人等加判)、至寛平六年國司始天致妨之日、以承和紛失状等觸子細之刻、國司重加證判畢、次天喜五年又有國衙妨之日、重請證判畢、巳上四百餘歳無異論之間、延久年中國司平重通又致妨之間、應徳年中始天被下　官符宣、如元令寺領畢、(白川院御時)又嘉保三年國司致妨之時、重被下　宣旨畢、(堀川院御時)同御時永長二年重被下宣旨畢、而其後七箇年至康和五年、被下造酒便補宣旨、雖経廿七年、依寺家訴訟、大治四年如元可為寺領之由、被下院宣旨畢、(崇徳天皇)(讃岐院御時)國司猶雖致妨、同年重被下　院宣畢、其後経卅五箇年至長寛二年、又依國司訴訟、被下便補　宣旨之後、且為遷替所、且依為寂少事、于今無指嚴酷御沙汰、自然送年月、宗我大臣建立以後至當時六百餘歳之間、寺家領掌前後都合五百餘歳也、所帯證文者(國判三通、宣旨五通、)造酒司所帯證文者便補、宣旨二通許也、計其年序者僅九十餘歳歟、去寛喜元年之比、自故菩提山(大乗院實尊)御寺務之御時、雖致訴訟、于今不蒙御成敗、已及多年畢、以前三代寺家満寺集会會并衆徒令執申給之處、問答数度程是非顯然、而僧綱御烈〔列〕參之時、上仰云、四至内造酒司便補保可進坪付之由被仰出云々、(巳上九條殿云々、御時御沙汰、)雖然云上云御寺御物忩之間、自然送年月、無極之訴訟也者、望請鴻恩、早任度度　宣下状、如元被返付龍泉寺、造営寺塔并可令勤仕本寺課役、於造酒米者、任先規可為國司弁備之由、欲被　仰下、仍粗注進言上如件、

龍泉寺所司等

嘉禎四年十一月　日

この文書によると、承和十一年十一月廿六日付け紛失状案一通、同年十二月八日付け流記案一通、寛平六年三月五日付け國司免判状案一通、天喜五年四月三日付け國司免判状案一通、嘉保三年五月十二日官宣旨案一通、永長二年十月三十日官宣旨案一通、太治四年六月十八日院宣案一通、同年十月二十二日院宣案一通の八通の案文が残されていたことが判る。このうちの前半の四通は、既に見た如くであるが、後半の官宣など四通については、管見を得ないので、検討することは出来ない。

なお当該文書の成立は「嘉禎四年十一月　日」とあり、これをもって全文書の成立年次の下限とすることが出来る。しかし各文書の内容から見て、この時期まで全ての文書に見る記述内容が時期的にこの頃まで下る事はないと考えてよいのではないだろうか。

すなわち、事件発生後まもなく紛失状が作成されたはずであり、さらに続く文書の作成もそれぞれの作成の背景があったと考える。

ただし文中に見られる文言に「任道理」【四五二ノ（1）】、や「仁道理」【四五二ノ（3）】あるいは「任正道」【四五二ノ（4）とあり、前二者の「道理」の文言は、鎌倉時代の法令関係の文書に多く用いられている表現であり、やや不自然さを感じる。

この「道理」の文言の使用は例えば北條泰時が叔父の重時に当てた貞永元年九月十一日付け消息*7に「御成敗候べき条々の事注されし候条を、目録となづくべきにて候を、さすがに政の躰をも注載られ候ゆえに、……（略）、……たゞ道理のおすところを被記候者也。……（以下略）」とある。

さらに「関東御成敗式目」*8第6、31条、およびその起請文にも「道理」の二字が見られる。

それらの表記文言の問題は別としても、文書そのものに見られる内容の多くはこれら文書が一定の事実の内容の記述を元本として作成、あるいは過去の事実を反映していると考えて大過ないだろう。なお「仁道理」【四五二ノ（3）】とある「仁」は「任」の誤記の可能性もある。ともあれそれらの表記された文言の問題は別としても、文書そのものに見られる内容の多くは、既述の如く一定の事実の内容の記述を元本として作成、あるいは反映していると考えて大過ないだろう。

ともあれ現在内容の全容を知る事が可能な四通についてさらに見ていくことにする。

【四五二ノ（1）】に「寛平六年三月五日、國前ニ訴申喉」とあり、その際に提出された文書が【四五二ノ（2）】である。これに続いて「件氏人等之訴申所々領地、自往古今寺領由其有聞、仍在廰官人等加證判之」、さらに「依有在廰官人等證判、加　國判、可寺領也」【四五二ノ（1）】として藤原朝臣の在判が認められる。この文書の作成年次として記名されているのが天喜五年四月三日である。

また四五二ノ（2）文書内に伽藍堂舎について、その倒壊あるいは焼失の原因と年次が記載されている。それらは「薬師佛像七躰鑄物像三躰　昌泰元年三躰被盗取畢」（傍線筆者、以下同じ）」、「虚空蔵菩薩二躰鋳物像、昌泰二年三月被盗畢」、「堂舎章　寛仁四年十二月廿日夜神谷火焼失」、「檜皮葺方鐘堂一宇　天禄元年七月三日大風倒之」、「檜皮葺三間經蔵一宇　天禄元年二月八日大風吹倒之」である。この文書の最後に記名されている作成年次は承和十一月年十二月八日であり、文書内に見られる追記年次は之より明らかに後出年次であり、本来の文書ではこのような事は生じないはずである。しかし書体から見て明らかに後日の追記とは見られないことが観察される。

ちなみに伽藍堂舎に発生した追記された出来事を年代順に示すと、昌泰元年（八九八）、昌泰二年三月（八九九）、寛仁四年十二月廿日（一〇九〇）、天禄元年二月八日（九七〇）、天禄元年七月三日（九七〇）となる。

このうち天禄元年二月八日の日付について、問題がある。すなわち『帝王編年記』[*9]によると、「天禄三年。安和三年三月廿五日改元。依即位也。」とある。この天禄という年号に改元された月日が三月二十五日であり、この元号には天禄元年二月八日は実在しない。すなわちこの年次については後世の作為、あるいは月の部分が四月以降であればまったく問題はない。この場合「二」を「七」あるいは「三」などと誤写された可能性もあろう[*10]。

いずれにしても、当該部分が原本の文書に追記された部分であり、前後関係から偽文書とするより、後世に何らかの事情により誤って筆写された可能性が濃いと考えておきたい。例えばこの記事内容は年次しか知られていなかったか、あるいは先に見たような書写段階で文字を読み違えた可能性もある。

これら追記の筆跡が同じという事から[*11]、追記年次以降に当該文書が作成された事は明らかである。しかしその元となった文書の制作年代はあくまで、後半に記載されている年次であり、それに当該案文が筆写された時点で明らかになっていた事件とその年次を追記したものが当該文書であると見て大過ないだろう。

これらの一連の文書は、副進文書として付されている事から、案文あるいは原文書の写しと見られる。しかしそれらは私的ないわゆる手控えとしての性格を持つ以上のものではないだろうか。すなわち、いわば準公式文書と考えてよいとのではないだろうか。

福島氏は【四五二ノ（２）】について原文書と思われる承和十一年の資材帳の原型をまったく失ったものでないとされ、その理由として「文書の成立を示す承和十一年の日付を本文末に明記し、各所にその変動を付記追加した」ことをあげられている。さらに「流記資材帳は永久保存の性格を持ち、しかも定額寺等の基本台帳となるものであるから、竜泉寺の場合も、より正確に保存されたもの」と考えられている[*12]。

2　河内国における龍泉寺領の検討

『観心寺文書』[*13]によると龍泉寺に関する記録が以下の如く見られる。

観心寺縁起実録帳【１】

寺壹院　在河内國錦部石川両郡南山中

合　山地千伍佰町

錦部郡以山中一千町地名仁深野

四至 東限横峯　南限小月見谷
　　 西限紀伊道川並公田　北限龍泉寺地并石川郡堺

石川郡以南山中伍佰町地名東坂野

四至 東限国見岑　南限上瀧
　　 西限岑　北限石川家井堰

承和三年閏三月十三日　　　　官符

（以下略）

ここでの四至に見る北限に龍泉寺の寺領があり、且つそれが石川・錦部郡を境とある。即ち石川郡と錦部郡の境界が両寺の寺領の境界であることが分かる。また東坂は東阪、国見は国見峠、として現在地名で確認できる地域に比定される。また石川郡東坂領の北限とあるのは地理的な状況からも、その復元が可能である。

さらに「観心寺勘録縁起資材録帳」【3】には次の記載が見られる。

観心寺縁起実録帳

合

寺壹院　在河内國錦部郡南山中

敷地十五町許

四至　東限犬尾瀧　　南限谷
　　　西限小仁深谷　北限龍泉寺山

承和三年潤三月十三日官符

（以下略）

先の例に従って現地名と比較すると、小仁深谷は小仁染（鬼住―現在は河内長野市神ケ丘町）である。とあり、両文書からも観心寺領と龍泉寺領が隣接していた事がわかる。これらはいずれも承和三年潤三月十三日官符の記載によったもので、石川郡、錦部郡の地域を両寺の寺領が複雑に交錯、分布していたことを物語っている。

ところで【四五二ノ（1）】には「河内國石川郡東条龍泉寺」、【四五二ノ（2）】に「河内國石川東条龍泉寺」、【四五二ノ（3）】には「河内國石川郡龍泉寺」、【四五二ノ（4）】には「在古市郡石川両郡」といずれも石川郡についての記述がある。さらに河内龍泉寺所司悠状案【三二】には「興福寺末寺河内郁國石川東條郡龍泉寺」とある。すなわち既述の文書に見られる東條は、石川郡に属する地名として見られるが、ここでは郡名の一部とされている。『観心寺文書』永万元年十一月二十九日下文案[12]に「下　石川東條御稲田供御人等」（傍線筆者）とあり、この頃には東条という呼称が用いられている。しかし保元二年二月十三日後白河天皇綸旨案に「石川郡東坂庄、任承和縁起之旨」[14]とあり、ここには東條の文字は見られない。

ところで元慶七年九月十五日付けの『観心寺勘録縁起資材帳』[13]には「石川郡庄八處」として郡内の地名があげられている。それによると「佐備庄、大友庄、新開庄、田舎庄、仲村庄、杜屋庄、切庄山、東坂庄」である。また『倭名類従抄』[15]では石川郡に「佐備・紺口・新居・雑・大國」の五郷が見られる。このほか先の四五二ノ（1）、四五二ノ（3）四五二ノ（4）によると石川郡に「山代・波多・科長・餘戸」、錦織郡には「錦部」の地名（郷名）の存在が確認される。

さて『春日大社文書』の龍泉寺関係文書には伽藍堂舎や寺領に関する情報が含まれているが、とりわけ寺領に関しての記録は重要である。

ここに記載されている地名と現在残された地名との比較検討によって、その所在の想定も可能である。河内国石川、錦織両郡における寺領地名から見る事にする。

四五二ノ（1）によると「寺敷地山内參百町　在河内國石川郡東條」「紺口庄水田等氏人私領家地」「山地壱處　拾町　在古市郡　石川両郡　科長郷」とある。

同様の記事が四五二ノ（3）に見られる。さらに四五二ノ（4）の文書に記載された地名と面積は、四五二ノ（1）（2）の詳細な内容を示していると考えられる。すなわち四五二ノ（1）「紺口庄水田等氏人私領家地」とある部分の坪付け帳が四五二ノ(4)に見られる地名であるとみてよいだろう。ここで見る「紺口庄」は、石川郡に属し、現在の富田林市、南河内郡河南町、千早赤阪村の地域に該当する。『春日大社文書』四五二ノ（4）「寺田坪付帳」の地名は「紺口庄水田等氏人私領家地」である。これらのうち現在残された地名と対照可能な地名を挙げると、現在の富田林市、河内長野市（一部）、河南町に現在見られる地名と照合可能な例が比較的多いということが分かる[*16]。

一方「薦生谷、薦生」あるいは「荷生谷」は「芹生谷、芹生」の可能性が濃いと考えられる。なお現存する文書は写本（案文）であり、「薦」「荷」と「芹」はともに部首や文字の形状が近似しており、誤写の可能性が十分ある。とくに芹生谷地域に隣接する馬谷はコマタニすなわち胡麻谷であることは注目される[*17]。

ところで「芹生」については『荘園誌料』[*18]の河内国石川郡に所在する荘園の一つとして、次のような指摘がある。「芹生荘　嘉保二年の記文に見えて、勝林院領なり、今郡中に芹生谷村あり、蓋し是なり、」とある。即ち『中右記』[*19]に「嘉保二年七月十二日、午時許参大殿、云々、被仰云、勝林院領芹生荘、在大原中□、近日□事。……（略）」とあることを徴証としてあげられる。しかしそれには「在大原中□とあり、明らかに河内には所在しないことがわかる。

なお「芹生谷」には全国的に見ても希少な双円墳の金山古墳[*20]が所在しており、地域の名称に白木（シラキ）がみられる。この「白木」は新羅に通じる可能性があり、その故地である慶州市には金山古墳に見る双円墳が多く所在する事もまったく無関係とはいえないだろう。

また「墓谷」は文字通り、墳墓のある谷という意味と考えて大過ない。さらに憶測をたくましくすると、その墓谷は龍泉寺を支えた氏族に関連する墳墓の集中する谷と考えるのが自然である。

すなわち氏寺が祖先供養の施設であるとすれば、その氏族系譜に連なる墳墓と寺院の関連は十分考えられ、その一つとして領野が視界に入っている事も重要と考える。このことは同じ石川郡に所在する新堂廃寺とお亀石古墳の関係[*21]を見るまでもなく、両者が地理的にも大きく離れているものではなく、指呼の距離あるいは眺望が十分に可能であるということが必要であろう。

とくに石川東岸地域で、かつ龍泉寺の位置する嶽山東斜面から望める地域もその条件に入れて考える必要があろう。

以上の条件を考慮してみると、近年、大阪府教育委員会によって本格的な調査が行われた近接地域に位置する平石古墳群は、まさにその条件に合致するものであり、先にみた芹生谷に位置する金山古墳も、その地域の範疇に入るものである（図1）。

3　河内石川郡と蘇我（石川）氏の関係

蘇我氏の本願地あるいは本拠地について三つの候補地がある。佐伯有清氏[22]によると、後の大和国高市郡蘇我の地、で『紀氏家牒』に「蘇我石河宿禰、大倭国高市県蘇我里に家ス。故に名づけて蘇我石河宿禰と云ふ。蘇我臣、川辺臣の祖なり。」とある事に基づいている。後の河内国石川郡、は『日本三代実録』[23]元慶元年十二月廿七日癸巳条に基づくものである。（3）大和葛城郡の地とするのは、『日本書紀』[24]推古天皇三十二年十月条に「葛城県は、元臣が本居なり。故、其の県に因りて姓名を為せり。」とあることに基づくものである。

これらのうち筆者は(2)に注目する。すなわち『日本三代実録』元慶元年十二月廿七日癸巳条に「右京人前長門守従五位下石川朝臣木村、散位正六位上箭口朝臣岑業、改石川箭口、並賜姓宗岳朝臣、木村言、始祖大臣武内宿祢男宗我石川生於河内國石川別業。故以石川爲名。賜宗我大家爲居、因賜姓宗我宿祢。浄御原天皇十三年賜姓。以先祖之名爲子孫之姓。不避諱。□詔許之。」とある。

この記事は蘇我氏の出自系譜が示されているものとして夙に注目されてきた。すなわち京人前長門守従五位下石川朝臣木村と散位正六位上箭口朝臣岑業は、その姓を石川箭口と改め、さらに宗岳朝臣を賜ったとするもので、それらの賜姓記事に続いて、木村が蘇我石川氏の本貫について言上した事が見える。

それは『日本三代実録』元慶元年十二月廿七日癸巳条に「始祖大臣武内宿祢男宗我石川生於河内國石川別業。故以石川爲名。賜宗我大家爲居、因賜姓宗我宿祢。」とある記事による。始祖の大臣武内宿祢の子孫である宗我石川は河内國石川別業で出生した、ゆえに石川を名乗ったが、後に宗我大家を住まいとした事から、姓宗我宿祢を賜った。やがて天武天皇十三年十一月石川朝臣を賜姓されたというものである。すなわちこの記事から蘇我氏の本来の本貫地が河内石川に求められる根拠とされるものである[*25]。

ところで『新撰姓氏録』[*26]によると「石川朝臣．孝元天皇の皇子、彦太忍信命の後なり。日本紀に合へり。」とある。佐伯有清氏は「石川の氏名は、後の河内国石川郡の地名にもとづく。」とされる。また石川朝臣と同一系譜に連なる氏族としては、左京皇別に山口朝臣、桜井朝臣、紀朝臣、林朝臣、生江朝臣、箭口朝臣、右京皇別に八多朝臣、巨勢朝臣、紀朝臣、平群朝臣、高向朝臣、田中朝臣、小治田朝臣、川辺朝臣、岸田朝臣、久米朝臣、御炊朝臣、玉手朝臣、掃守朝臣などが見られる。これら氏族はいずれも石川宿祢と祖先伝承が連なる氏族で、武内宿祢との系譜関係をも見ることが出来る。

上林史郎氏[*27]は平石古墳群の被葬者について検討を加える中で、現在残されている地名と『日本書紀』『万葉集』に手がかりを求め、欽明朝から孝徳朝にかけてのおおよそ百年間を中心として、この地に関連する氏族を抽出された。その氏族として、蘇我、波多、川辺、大伴の四氏があげられた。さらに蘇我氏は同腹関係、系譜に連なる天皇や氏族が多く見られることから、磯長谷に一族の墳墓所在地を求められている。

これより前に塚口義信氏[*28]は、終末期古墳の被葬者の検討の中で、シシヨ塚古墳、アカハゲ古墳、ツカマリ古墳などから構成される平石古墳群については、大伴氏を考えられた。また上林氏も同じく近接する地名の存在から平石古墳群については、大伴氏を考えられその事跡について記述されている。両氏の説には傾聴すべき点も多いが、筆者は必ずしも大伴氏にはこだわらない。

なお上林氏は金山古墳の南側地域にあたる南河内郡千早赤阪村川野邊の地名の残存する事を根拠として金山古墳の被葬者として川辺氏の可能性を示された。川辺氏は、蘇我石川氏と祖先伝承を同じくする氏族であり、その可能性は十分考えられるが、川辺氏そのものの性格や蘇我石川氏との関係、さらに当該地域から指呼の距離に望める龍泉寺と

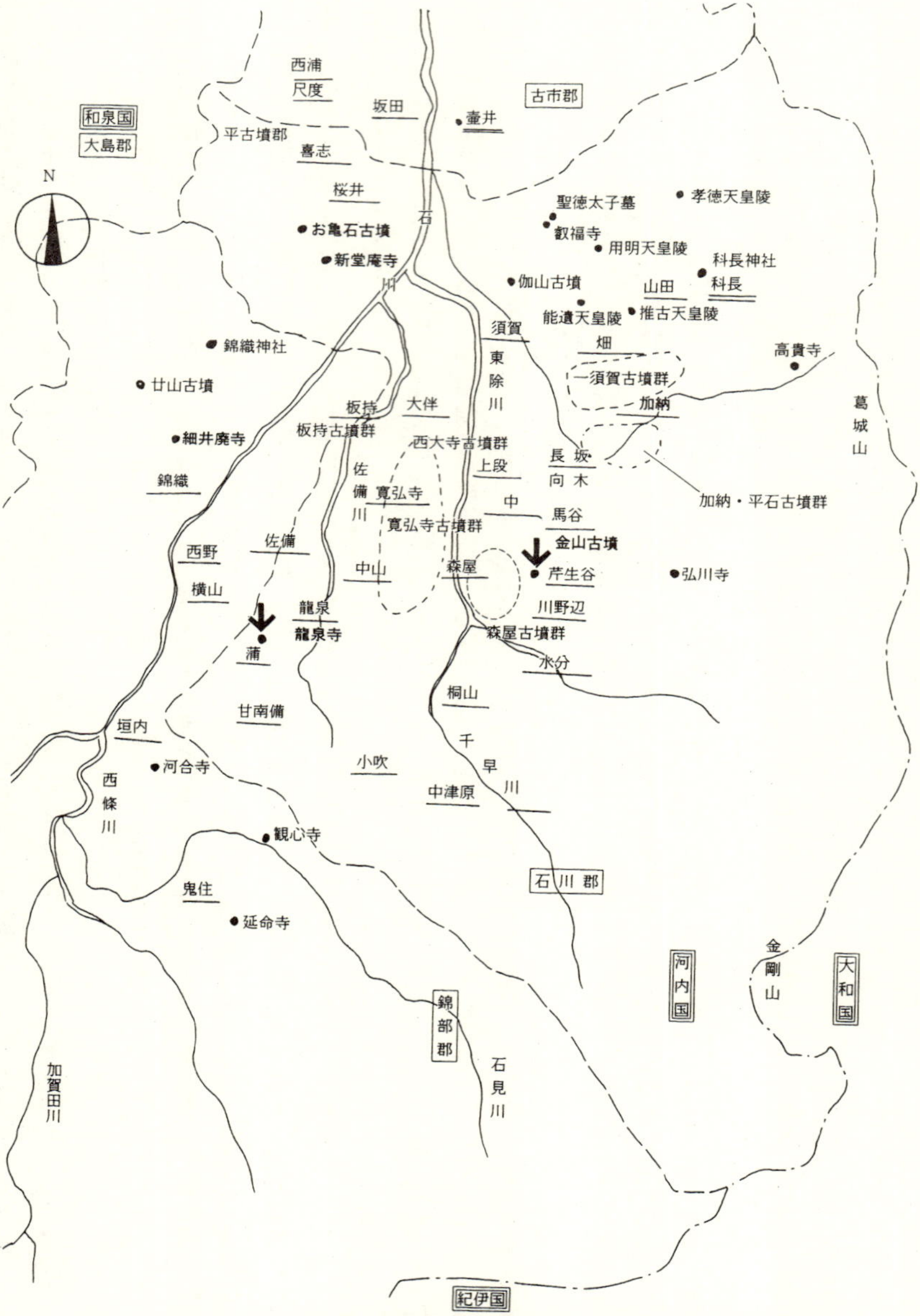

図１　河内国石川郡、錦部郡の河川と歴史的地名および主要遺跡

の関係なども別稿で検討したい[*30]。

むすびにかえて

奈良春日大社に残された龍泉寺に関連する文書について、先学の論に導かれながら種々検討を加えてきた。創建以来の状況は、考古学的調査を通じて明らかになってきたが、その状況は平安時代に入って大きく変貌をきたした。やがて鎌倉時代には大和興福寺の末寺となり、この時期に春日大社に当該文書が入ったと考えられ、かろうじて法灯を維持していた状況がわかる。

いずれにしても、これらの文書の検討によって当該寺院が蘇我石川氏と祖先伝承を同じくする氏族によって維持運営されてきた事実を明らかにする事ができた。

創建当初はその寺領が河内国石川郡内を中心として広く分布していた事は当該文書からも十分に想像できる。しかしこの間、不幸な事件によって寺領関係の文書が失われ、結果として、それらの地が律令制社会の崩壊と前後して、他の有力家によって複雑に分割され領有されていった状況が理解される[*29]。今後は河内における蘇我氏あるいは蘇我石川氏の系譜に連なる氏族の動向や寺の維持管理およびその歴史などを明らかにしたいと考えている。

〈補註・参考文献〉

＊1 中村浩「河内龍泉寺について」『帝塚山考古学』六、帝塚山考古学研究所、一九八六年。中村浩『龍泉寺発掘調査報告―坊院跡および瓦窯跡群の発掘調査報告書―』、大谷女子大学資料館報告書第五冊、大谷女子大学資料館、一九八一年。中村浩『龍泉寺発掘調査報告―坊院跡および修法跡の発掘調査―』、大谷女子大学資料館報告書第七冊、大谷女子大学資料館、一九八二年。中村浩『龍泉寺』、大谷女子大学資料館報告書、第二十八冊、大谷女子大学資料館、一九九三年。

＊2　永島福太郎ほか『春日大社文書』、第二巻、吉川弘文館、一九八一年。
＊3　竹内理三『平安遺文』第三巻、東京堂出版、一九六八年。
＊4　福島好和「河内龍泉寺について」『関西学院史学』一一、関西学院大学史学会、一九六七年。
＊5『春日大社文書』が公刊される以前に文書の一部が出版されている。すなわち中村直勝『春日神社文書』春日神社社務所、一九二八年、であり、福島氏及び中村『前掲載1・4書』はこれからの引用である。両者では文書番号が異なっており、少なからず混乱をきたす恐れがある。本稿はすべて『春日大社文書』からの引用である。ともあれ混乱を回避する意味でここでは両者の文書番号を併せて記述しておくことにした。
＊6　永島福太郎ほか『春日大社文書』、第六巻、吉川弘文館、一九八六年。
＊7「北条泰時消息」『中世政治社会思想、上』、日本思想史体系21、岩波書店、一九七二年。
＊8「関東御成敗式目」『中世政治社会思想、上』、日本思想史体系21、岩波書店、一九七二年。
＊9　黒板勝美編『帝王編年記』、国史大系12、吉川弘文館、一九六五年。
＊10　菅保ほか『龍泉寺仁王門修理工事報告書』龍泉寺仁王門修理委員会、一九六五年。
＊11　当該文書が同じ筆跡で書かれていることを勘案すれば、誤写の可能性もあると考えられる。とくにくずし字で書かれていることからもその可能性が濃いと見られる。
＊12　福島「前掲4書」所収。
＊13　東京大学史料編纂所『大日本古文書』家わけ第六、観心寺文書、東京大学出版会、一九七〇年。
＊14「前掲12書」所収
＊15　池辺彌『倭名類聚抄郷里駅驛名考証』、吉川弘文館、一九八一年。
＊16　関連地名についてみると、「胡麻谷」は「馬谷」、「庄垣内・同垣内」は「垣内」、「高田溝口」「高田口」「高田」は「高田」、「小山畠」は「神山」、「長坂」は「長坂」で、いずれも河南町、「河邊」は「川辺」、「中津宮」は「中津原」、「小吹栗毛」は「小吹」で、いずれも現在千早赤阪村、「中山」は「中山」、「窪田」は「クボタ」で、いずれも現在富田林市にそれぞれ現在同一ないしは近似する地名が見られる。

＊17 いずれの文字も両者が近似していることもあって誤写される可能性が濃い文字である。
＊18 清水正健編『荘園誌料』角川書店、一九六五年。
＊19『中右記』(二)、大日本古記録、一九九六には「十二日、午時許参大殿、……(中略)、勝林院領芹生庄在大原中、□近日□□事所依召炭蒙其責之由申也、……(以下略)」とあり、芹生の部分に傍注として「(山城)」とある。従って先の『荘園誌料』に記述された指摘は誤りとするほうが妥当である。
＊20 小林行雄『金山古墳、大藪古墳の調査』、大阪府文化財調査報告第二輯、大阪府教育委員会、一九五三年。
＊21 富田林市教育委員会編『新堂廃寺跡オガンジ池窯跡、お亀石古墳』富田林市埋蔵文化財調査報告15、二〇〇三年。
＊22 佐伯有清『新撰姓氏録の研究』考証編第一、吉川弘文館、一九八一年。
＊23 黒板勝美編『日本三代実録』、国史大系第四巻、吉川弘文館、一九六五年。
＊24 黒板勝美編『日本書紀』、新訂増補国史大系第一巻下、吉川弘文館、一九六八年。
＊25 佐伯有清『前掲(21)書』
＊26 佐伯有清『新撰姓氏録の研究』本文編、吉川弘文館、一九七二年。
＊27 上林史郎「平石古墳群の被葬者像」『加納古墳群・平石古墳群』、大阪府教育委員会、二〇〇九年。
＊28 塚口義信「横口式石槨墳の被葬者像」、『季刊考古学』六八、一九九九年。
＊29 丹生谷哲一氏による「河内国」『講座日本荘園史』七、近畿地方の荘園Ⅱ、吉川弘文館、一九九五年、の記述などによってもこのことが十分伺える。
＊30 中村浩「金山古墳の年代とその被葬者像」『立命館考古学論集』V、二〇一〇年。本書所収。

第二部　陶邑の須恵器について

第一章
古窯の操業期間に関する一考察

はじめに

我が国では古墳時代後期に入り、朝鮮半島から伝えられた陶質土器の登場によって、焼き物の世界は大きく様変わりを遂げた。その生産技術の伝播によってわが国で作られ始めた陶質土器は、須恵器と呼ばれる焼き物であり、その登場した古墳時代後半以降中世にいたる各時代の主たる容器の座を占めた。とくに土器製作に比較して製作手法などが専門的であることから、確実に専門工人の関与が当初から見られた焼き物でもある。これらのことから生産遺跡そのものの遺存があり、その実態が明らかにされつつある。さらに須恵器は生産地から消費地への流通問題についても考究が可能なものとして注目される。

一方、須恵器は時期的な形状変化が特徴的であり、それらから細かな時期的な形態変化を示す型式編年が行なわれている。ただしその細かな型式編年を可能にした背景には、窯と呼ぶ生産工房での層序的な資料採取と分類、検討によって可能となったことは銘記されねばならない。

すなわち窯の床の重複で形成される層序は明らかに、当該窯での操業期間とリンクしているからである。すなわち須恵器の型式編年の基礎にある重要な問題として、窯自体の操業期間の問題があり、この問題がいまだ漠然とした理解の下に考察が行なわれているといえる状況がある。この点は、長年当該遺跡の調査、研究に関わってきた者としては看過しえない問題である。

本稿では、窯そのものの操業に、供された期間（時間）を考えるための基礎となっている層序、すなわち窯における床面の重複状況とその意味するところについて考える。さらにそこから窯自体の操業期間について何を根拠に、いかなるように考えればよいのか、あるいは、いかに理解する事ができるのかについて、陶邑窯跡群の調査資料によって考えてみたい。

1　操業期間に関する先学の研究

窯の操業期間に関する研究は、すでに森浩一、三渡俊一郎、坂詰秀一氏らによって行なわれてきた。これらの研究は相当旧聞に属するものではあるが、窯という遺跡、遺構を考える上での基本的な発想そのものは、現在にあっても大きな変化は見られない。従って本稿では、以下に諸先学の研究を提示し検討していきたい。

森浩一氏は、須恵器の編年を進めるに当たって、その形状変化の検討、すなわち型式から研究を進め、長期操業した窯では数型式の重複があったとされ、一型式の期間をおよそ半世紀とされた。現在では当然のことのように考えられている長期操業の窯での型式の重複という問題を最初に指摘されたのである。①

この研究に触発されて三渡俊一郎氏は、尾張地域の窯跡での観察から窯の操業期間についての私見を開陳された。「古窯の操業期間の考察②」において次のように記述されている。

……（略）。

古窯には以上の発掘例でみられるように、幾回かの修理の跡がみられるのであるが、毎回の焼成の度に修理したと考えるのは適切ではなく、焼成回数は修理回数をずっと上まわるものであろう。

古窯下方の斜面には焼成毎に捨てた不良製品・窯宰・燃宰等の集成物よりなる灰原・物原があるが、この灰原等の全掘によって焼成不良品の全量を知る事ができ、全焼成回数を検討することができるのではないだろうか。すなわち灰原の堆積は操業期間の長短を示すものと考え、次に一例を示す。

名古屋大学考古学研究室発掘の「黒笹90号窯」は平安朝様式の陶器を焼成した窯で、その灰原からリンゴ箱に一三〇箱（破片約五万個）・土器片が採集され、窯内からは約六〇個分の土器が出土した。窯内出土の土器量は一回の焼成で発生した不良品をしめすものではないが、この量をリンゴ箱一個と推定してみると、灰原からの出土量は一三〇倍であって、およその焼成回数が推計される。なお灰原の出土量がほかの古窯のものを含むことのありうることを考慮に入れても、焼成回数は数十回を下まわることはないであろう。

古窯にはこれをおおう屋根等の施設の発掘例も報告されていないので露天に築かれているとみられ、当然晴天のつづく季節をえらんで操業されたであろうし、冬期の結氷による乾燥中のキレツもさける必要があろうから、操業に適切な期間は一年を通じてもきわめて短く、したがって一年数回の焼成であったとみられる。これらの推定から、この古窯の操業期間は十年前後と推計される。

……（略）

とされ、さらに愛知県刈谷市井ヶ谷古窯群などの例を示しながら、次のように記述されて結ばれている。

須恵器生産の時代より行基焼生産の時代にさがるにつれ古窯一基あたりの操業期間が短くなる傾向があるとすれば、時代の下がるにつれ、聖尾品の焼成温度が上昇し、窯の規模も大きくなったので、窯の損傷が早められ、短寿命となる結果を招来したのが原因と考えられる。

これは窯の群集基数が象かした現象の説明にもなるのであるが、一方燃焼効率の向上は燃料消費量の切り下げを可能にし、その結果として燃料源を求めて築窯場所を移動する回数も減少した事情も反映していると考えられるのである。

この三渡氏の論に啓発されて「古窯の焼成回数とその操業期間の設定が果たされたとすれば、その意義はきわめて大なるものがある。」とし「私自身が直接に発掘調査を試みた資料をもって、その問題について瞥見したいから」ということで、坂詰秀一氏は「古窯操業期間の問題」[3]を発表された。以下にその内容を紹介することにするが、事実報告が長くなるので抄出することにする。

> 山形県町沢田古窯群は、現在畑地中に存在し、かつ地主の理解もあってステ場もほぼ完掘することをえた。窯跡は三基存在していたものであり、それに付属するステ場もそれぞれ認められた。……（略）
>
> 以上の三基より検出された各器形の須恵器はすべて同一であり、そこに時間差を認めることはまったく不可能である。この町沢田古窯群は苗床であったため畑地でありながら、その保存状態はきわめて良好であった。開墾は約二十年前と云い直接ことにあたった人の談話よりしても遺物の搬出はほとんどない様であった。したがって、表面採集資料を加えてもその総量は、ほぼ廃窯時の状態を今に伝えていると云えよう。
>
> かかる意味においてこの窯跡は大きな意義をもってくるであろう。
>
> さて、窯中およびステ場より検出された資料をもって実際の焼成をめぐる問題について考えてみよう。三基の窯はそれぞれ焼成器種の違いがあったようである。第一号—椀、第二号—壺、第三号—杯という明らかな相違がみられる。このことは、これら三基が同時に活動していたことと考えることができる。焼成回数は第一号跡が三回以上、第二・第三号跡が二回以上であり、多くてもそれぞれに二〜三回を加えるに止まるであろう。第一号跡は、壁面補修みとめられ、ステ場に二層序あり、かつ木炭量多くして、第二・第三号跡よりは焼成回数が多かったことは確実である。それに対し、第二・三号跡は、補修の痕跡はまったくなく、ステ場は一層それもきわめて薄く小範囲であり、木炭量も極端に少ない。
>
> この様に見てくるならば、この町沢田古窯跡の操業期間は永く見積もっても三年であろう。あえて推断するとすれば一〜二年としたいと思う。

とされ、他にも埼玉県新沼古窯跡、長野県御牧ノ上古窯跡の例を引いて検討され以下のように結ばれている。

以上、資料として摘出した古窯跡の場合よりみるならば、操業期間は大略数年間以内と考えられるのである。それはあくまで、三古窯跡の場合についてのみであるが、それらの古窯跡には必ず付近に三群以上の古窯跡が存在し、それらの間に有機的関連の存することが明らかである。したがって、厳密には、それら隣接せる古窯跡をすべて発掘調査したうえで比較検討さるべきであるが、ここでは便宜的に単一古窯跡グループの操業期間とその焼成回数に限定して述べてきたのである。

さて三渡氏は、かつて名古屋地方の例をあげて、その操業期間が九年間と想定されたのであるが、氏も考えて居られる様に多くの場合は、それ以下であるらしく、私の知見よりは長くて数年間位である様に考えられる。……（略）。…小論では古窯跡ブロックの操業期間が東日本においては数年間であるらしいと云う点を試験的に述べるに止めたい。……（略）

とされている。これら両氏の論の骨子は、窯の操業年代の推定には灰原（ステ場）の状態で判断すべきであり、さらに補修痕跡も考慮に加えてみることを坂詰氏は提唱されている。この意見は、以後の窯跡調査でも操業期間を考える重要な判断材料として考えられてきた。

筆者もこの見解に賛意を表するものであるが、灰原との関係では若干意見を異にする。すなわち窯本体の補修状況に基づいて、灰原遺物について検討すべきであり、窯本体を十分に調査検討した段階で操業期間の問題解明を行うべきであると考える。さらに窯の補修状況についても単一状況ではなく、いくつかのケースに区分することができ、ケースバイケースでの判断も重要である。

近年、操業期間に関する見解の新しい論述が見られた。それは陶邑内に含まれる堺市大庭寺地区で検出された初期須恵器の窯の年代および操業期間を巡ってのものである。最初にこの問題を提起された酒井清治氏の論[4]から見ていきたい。

……（略）。

大庭寺ＴＧ２３２号窯では、大甕が四〇〇個体以上出土しているといわれるが、窯の規模は不明である。初現期の窯の規模は、全長が判る一須賀2号窯が九ｍ、ＴＫ73号窯が一一・四ｍ、ＴＫ85号窯が一〇・五ｍである。幅は一須賀2号窯が二ｍ、ＴＫ73号窯が二・四ｍ、ＴＫ85号窯が二・六ｍ、吹田32号窯が一・四ｍ、三谷三郎池西窯岸窯が一・一五ｍ、山隈窯跡が一・七ｍ、半島では余草里窯が一・六ｍであることから、全長一〇ｍ、幅一・五ｍ〜二ｍの窯を想定したならば、大甕だけならば二列に並べばほぼ一四個は焼成できるであろう。四〇〇個を焼くとすれば約二六回の窯焚きが必要であり、別の機種や３９３ＯＬ土器溜りの出土品、あるいは完成品も考慮するならば三〇回を超えるであろうから、仮に年一回とすれば三〇年以上、一年三回窯入れしたとしても一〇年以上操業したことが想定できる。中村氏の想定するように、初期段階には間断なく生産が続けられていたとするならば、もっと短い期間となるだろう。大庭寺窯跡には器種に多様さは見られるが、これは時期差ではなく揺籃期に半島各地の工人が集められたためと考えられ、大庭寺窯の器台を見ると、文様のパターンは二五以上確認でき、細分も可能であるが大きな時期差はないようで、Ⅰ型式の中に納まるであろう。

これらから大庭寺窯跡の存続年代を推測するならば、大庭寺窯跡に新羅の影響が少ないことから、釜山・金海を中心とした地域において新羅勢力伸長が想定される時期で、まだこの地域に加耶系の機種の存続していた四二〇〜四三〇年頃であろう。……（以下略）

とある。この酒井氏の論を受けて『報告書』において藤田憲司氏は次のように記述されている。⑤

……（略）ＴＧ２３２号窯灰原に伴う大型甕については、整理途上の中間的な予測で四〇〇点を超えるとしたことがあり、これをもとに酒井清治氏によってＴＧ２３２号窯の焼成回数と継続年数が計算された。窯の大きさを全長一〇ｍ、幅二ｍ前後とし、大型甕を一度に一四個程度焼けたとして焼成回数三〇回程度、継続年数を約一〇年としたものである。全体数がほぼ確認できたので、基本的にこの算出方法にしたがって補正をしておきたい。

として、整理後確定した数値をもとに酒井氏の論による計算結果を次のように記述される。

大型甕の毀損は少なく見積もって六〇〇個体、先述のように実態はさらに多かったものと考えられ、完成品を含めて七〇〇個体が焼かれたとしておく。想定される窯では大型甕だけならば一度に一四個体程度を据えることができるが、ここでいう大型甕は口径三〇㎝以上のものに限っている。口径三〇㎝未満の壺として扱っているものでも、胴部径が五〇㎝を超えるいわゆる「中・小型の甕」と壺がかなりある。さらに高さ四〇㎝を超える器台も相当数あり、これらは大型甕体部下半の隙間に簡単に据えられるものではない。そのことを含みおくと、一度に窯の中に据えられた大型甕は一〇個体を超えていないと考えた方が自然であろう。これでも実態より多いと思うが、仮に一回の窯入れで大型甕一〇個体分、焼いたとしてＴＧ２３２号窯灰原には七〇回分の遺物量があることになる。年間の焼成回数は算定の根拠を持っていないが、四回焼いたとして一八年弱、六回たいたとしても一二年間の継続年数があることになる。ＴＧ２３２号窯灰原出土の小型器種にみられず形態変化を時間差として考えれる裏付けとなるものがあるが、この算定地をＴＧ２３２号窯の焼成回数と継続年数としてそのまま受け入れてもよいのであろうか。ＴＧ２３２号窯の百数十年後の時期にも窯として再利用されているため、当初の窯の改造痕跡はもとより窯体の実態さえ確認できなかった。古墳時代の痕跡では窯体の改修痕跡として確認できるものは一般的に数回である。それがそのまま焼成回数を反映しているとは限らず、一度の改修で何回焼成できたのかは容易に検証できない。

以下、ＴＧ２３２号窯の灰原出土遺物が当該窯のみに限定されない可能性やほかに廃棄品の捨て場を確保していた可能性などについて言及されるが、いずれも推定の域にとどまっている印象を与える。なお、当該窯跡の調査では窯本体は検出されておらず、かつ残存した灰原についても全体のどの程度の部分を占めているのかが、必ずしも明らかでないことなど、資料的に限界があるようにも感じる。

いずれにしても窯の操業期間に関しての論述ではあるが、先に記載した三渡、坂詰両氏の論と後者の二氏の論とは、その検討手法、方法に若干の開きがあり、うまく齟齬しない様にも思われる。しかしいずれも少なくとも灰原の遺物の問題を対象に進められており、その共通点から検討を進めていきたいと思う。

2　陶邑での窯の補修状況と灰原の遺物

大阪府堺市南部の泉北丘陵に分布していた須恵器窯跡群を総称して陶邑窯跡群と呼称している。そこに展開した生産の痕跡たる窯跡の量は優に五〇〇基を超えている。その大半は泉北ニュータウンの宅地開発に先行して発掘調査が行われ、成果の概要の大半は報告書にまとめられすでに公刊されている。[6]それら報告によって各時期の窯跡を観察してみると、すべてが一様でないことが明らかになっている。それは遺構そのものの性格上当然のことであるかもしれない。

窯の操業について、それらを担った工人達は専門の技術者集団である。その作業のかなめとなる窯の構築にはかなりの精力を割いているはずであり、容易に壊れるものや軟弱で操業に耐えないものは構築しないと考えられる。

筆者は、操業期間の問題を考える場合には、それらの前提を踏まえて考えねばならないこと、併せて長期間使用（操業）の窯と短期間の場合のものが存在することが明らかであり、その事実の背景をも考慮する必要もあることを指摘した。[7]

ともあれ、このような各前提要件を考慮した上で、陶邑窯での成果から、各時期の窯の構築状況について見ておきたいと思う。

いわゆる初期段階あるいはI型式の須恵器を焼成していた窯のうち補修状況が確認できたものについての側壁と床面の補修状況を見ておきたい（表1）。この表によって初期段階の窯の補修状況が明らかになる。たとえば比較的良好な保存状態を確認できたＴＫ73号窯の場合、側壁、床面の補修状況は五度しか確認されていないが、天井部の重複

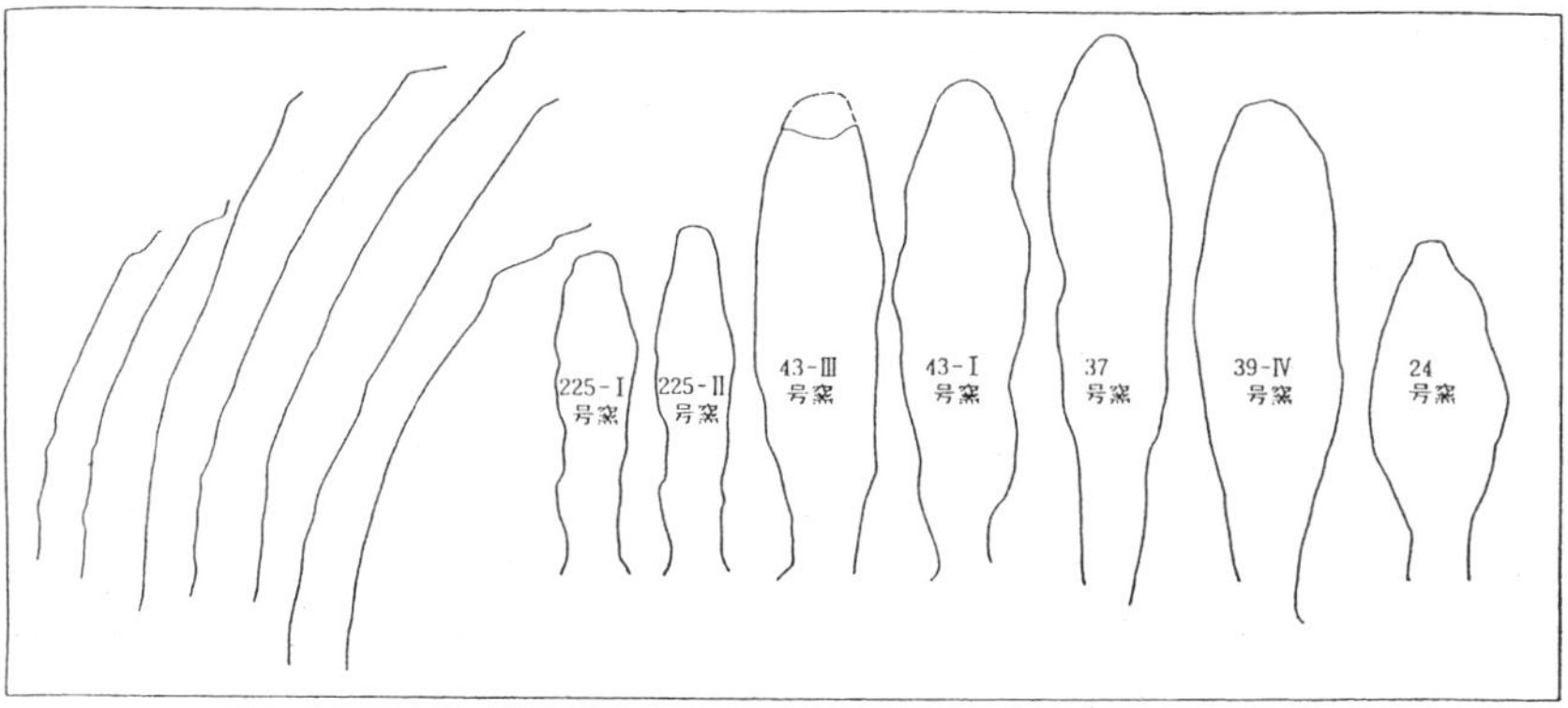

Ⅰ型式の窯跡

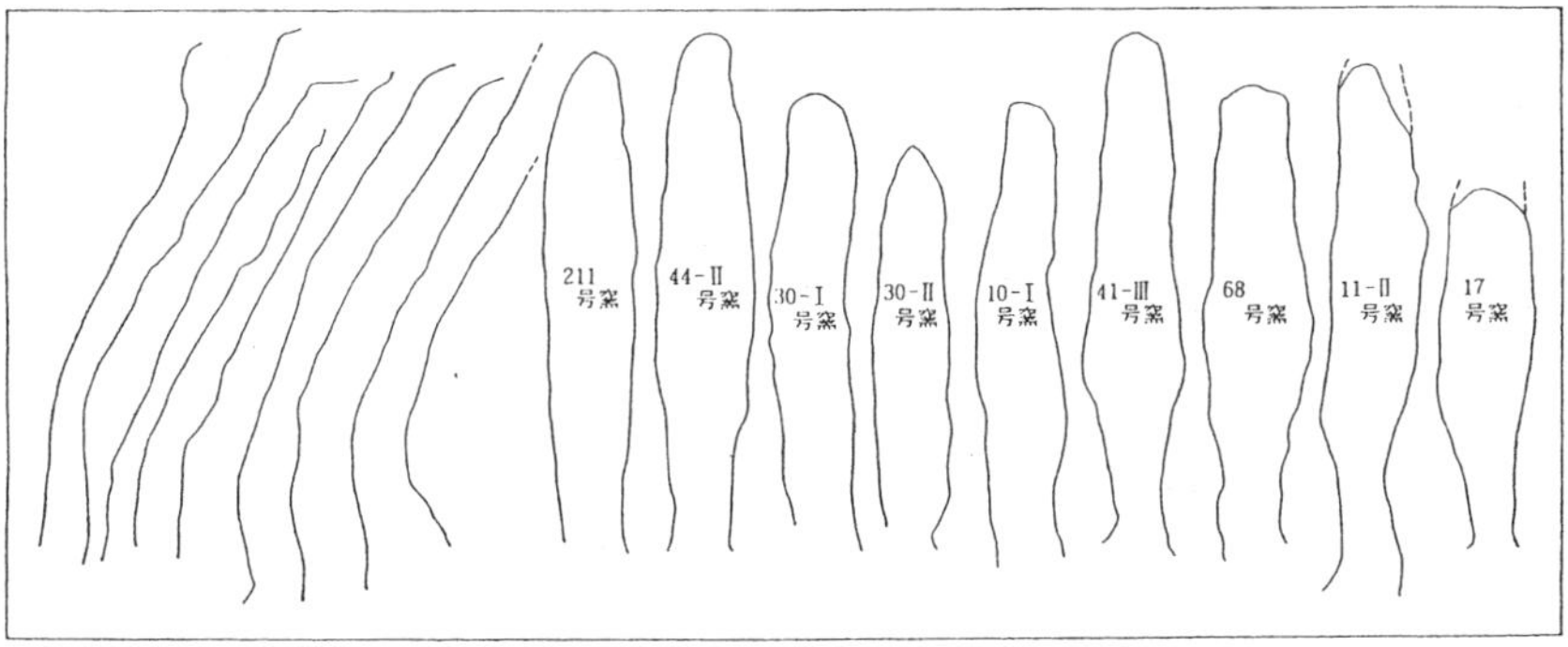

Ⅱ型式の窯跡

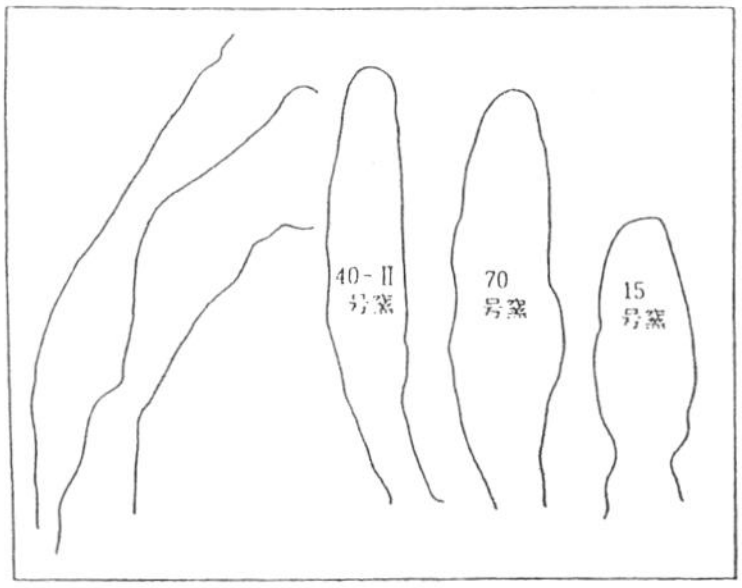

Ⅲ、Ⅳ型式の窯跡

図１　各型式の平面プランと断面図

表１　陶邑におけるⅡ型式からⅤ型式にいたる須恵器窯跡の補修状況

窯跡名称	時　期	各部分の補修状況と回数				廃業・放棄の別
		側壁重複数	補修方法	床面重複数	補修方法	
TG211	Ⅱ型式１段階	２	貼り壁	２	砂敷き	
TG38-Ⅱ	Ⅱ型式１段階	５	貼り壁	４	砂敷き	
TG38-Ⅰ	Ⅱ型式１段階	１以上	貼り壁	６	砂敷き	
TG33-Ⅰ	Ⅱ型式２段階	３	貼り壁	数枚	砂敷き	
TG44-Ⅰ	Ⅱ型式２段階	２	貼り壁	１以上	砂敷き	
TG33-Ⅱ	Ⅱ型式２段階	８	貼り壁	１以上	砂敷き	
TG30-Ⅰ	Ⅱ型式３段階	１次－	貼り壁	１	砂敷き	
		２次－		４		
		３次－		７		
		４次－		５		
		５次－１		１		
TG51	Ⅱ型式４段階	１次－２	貼り壁	１次－３	砂敷き	
		２次－２	貼り壁	２次－６	砂敷き	
TG63	Ⅱ型式５段階	Ⅱ－３		Ⅱ－２		＊１
		Ⅰ－２		Ⅰ－１		
TG30-Ⅱ	Ⅱ型式６段階	１次－４	貼り壁	１次－３	砂敷き	廃棄
		２次－４	貼り壁	２次－４	砂敷き	
TG64	Ⅱ型式６段階	１次－８	貼り壁	２	砂敷き	廃棄
		２次－２	貼り壁		地山利用	＊２
		３次－４	貼り壁			
		４次－４	貼り壁			
		５次－２	貼り壁			
TG17	Ⅱ型式６段階	１次－６	貼り壁	２以上	地山利用	
		２次－４	貼り壁			
TG61	Ⅱ型式６段階	３	貼り壁	１	地山利用	
TG68	Ⅱ型式６段階	４	貼り壁	４	砂敷き	
TG223	Ⅲ型式１段階	２	貼り壁	１	地山利用	
TG11-Ⅱ	Ⅲ型式１段階	４	貼り壁	３	砂敷き	
TG11-Ⅰ	Ⅲ型式１段階	８	貼り壁	２	砂敷き	
KM125	Ⅳ型式１段階	１	貼り壁	４	貼り床	
KM226	Ⅳ型式２段階	３	貼り壁	４	貼り床	
MT5-Ⅰ	Ⅴ型式１段階	１次－１	貼り壁	２	砂敷き	
		２次－９	貼り壁	２	砂敷き	
		３次－２	貼り壁	６	砂敷き	

＊１　上層の窯をⅠとし、下層の窯をⅡ号窯として調査しており、操業の順では逆となる。

＊２　貼り壁の枚数と天井の重複状況は近似しているが、天井の貼り壁補修の方が若干多い。なお調査段階では実測した後、脱落する可能性が濃いため崩して調査を行った。

状態の検討では一七枚（回）度を数え、少なくとも一七回の焼成作業が繰り返されたことになる。この時期に近いＴＫ３０５－Ⅰ号窯では、大きく三度の窯のつくり替えが行われていたことから、合計九枚の床面の補修痕跡が確認されている。この状況はＴＫ１０３号窯での八回、ＴＫ94号窯の九回などが各々確認されている例に比較しても妥当な数と見られる。これら操業の連続関係、すなわち床などの重複状況は、相互の重なりの状態を見る限り、前後の間に大きな時間的経過の見られない、いわば連続しての焼成作業が行われた可能性が濃い状態である。

ちなみに窯の焼成ごとにかなり側壁なりの補修が行われたのか、という問題については、異論があるかもしれないが、筆者は焼成ごとに何らかの補修が行われたと考えている。

すなわち窯に火入れをするということは窯内部に燃料の燃焼に伴う灰の飛散がある。この窯内に飛散した灰が高熱によって溶解することになり、前の段階で内部の清掃などが行われていない場合には、その灰が溶解して床と製品の間をそれらの飛沫が飛散し、製品どうし、あるいは製品と床、あるいは壁とを接着する役割を果たすことになる。床が熔着した須恵器は、このようにして生じた結果であり、窯内部の清掃が行われなければ、より一層その生じるリスクは増加するのである。

すなわち補修作業を行わなければ製品が製品としての機能を果たさなくなり、生産効率の悪化を招くことになる。また高温の作業によって窯の壁や天井に亀裂を生じることも多いが、それを放置しての操業継続は、本体の窯そのものの損壊崩落を引き起こすことにもつながる。

このように考えると床や側壁の補修は、その操業期間と密接な関係を持つことが明らかである。無論補修作業の手間から逃れる方法もないわけではない。窯本体の傷みが少ない場合や焼成段階で製品を保護する容器、すなわちサヤを使用しての焼成作業であればその必要はないだろう。

しかし須恵器の窯でのサヤの使用確認は少なくとも陶邑窯跡群では確認されていない。とすると、既述のごとくのあえて失敗の危険を避けるとすれば焼成ごとに窯（床面、側壁）の補修は不可欠なものであるといえる。このように一部を除いては、先に例示した窯ではかなりの数の操業回数が確認される。とくに初期須恵器を焼成した窯の多くは、同じ場所で多数回の操業を繰り返していたということになり、おそらくＴＧ２３２号窯の場合もその例外ではなかったと考えるが、自然であろう。

このことはⅡ型式以降の各段階の窯体の補修状況と比較すれば、より鮮明な状況が顕われてくるであろう。

表２はⅡ型式以降の窯体の補修状況を抄出したものである。とくにⅡ型式３段階になると、ＴＧ30－Ⅰ、51、63号窯のように窯本体の主軸を同じくして上層に窯を作り加えるという方法を採るものがみられる。

またＴＧ64号窯のように天井部、側壁部の重複状態が二〇枚を超えるという例が登場する。64号窯、17号窯では天井や側壁の重複伏が多いのに対し、床面は地山を利用したというものがある。これは床面の補修段階に地山を掘り下げていく方法を採っているからである。

Ⅲ型式２段階に入るとそれらの重複状況が確認される例が少なくなり、ＭＴ５－Ⅰ号窯のように例外もあるが、たいていの窯では重複状況は確認されていない。すなわちこれらの窯での操業期間は極端に短いといえるものであり、床面の重複は必要なかったのである。これらは窯構造の時期変化とも深い関連をもっている。窯体構造の時期的変化については、かつてまとめたことがある[⑧]ので繰り返さないが、その主要な部分のみを採録すると以下のごとくである。

Ⅰ型式の窯—焚口から燃焼部にかけて徐々に逆八の字形に広がり、さらに燃焼部から急に床幅を拡大し、傾斜変換店前後から情報部分で最大幅をはかるという形態が一般的である。床面傾斜角は二五度前後で、全長に対する最大床幅の比は、〇・二〇～〇・二六である。

Ⅱ型式の窯—焚口でやや床幅が狭くなっているが、総じて床幅に大きな変化が見られない。わずかに燃焼部で床幅が増す程度である。床面傾斜角は時期の加工とともに急となる。全長に対する最大床幅の比は、〇・一九～〇・一七と時期の加工に伴い少なくなる傾向を示す。

Ⅲ型式の窯—床面の傾斜角がきわめて級で、側壁、天井の補修によって窯体内部が狭くなり、その空間確保のために床を掘り下げるという状況が認められる。全長に対する最大床幅の比は〇・二七〜〇・二八と大きい数値となっている。

以上であるが、その床面の平面プランおよび断面図は図1に示しているので参照されたい。

窯の構造と共に保守状況も変化を遂げており、従来I型式段階で行われた側壁にみる貼り壁あるいは床のかさ上げは、II型式段階でも継続して行われたが、床と床のあいだにみられる被熱層すなわち使用床面と非熱層が見られるようになる。これは一定の時間焼成が行われなかったことによって生じた自然堆積層あるいは意識的に作られた堆積層とかんがえられる。この状況は初期段階では全く見られなかったことである。この非被熱堆積層を間層と呼称する。この間層の評価については、その期間須恵器工人が何らかの事情のため焼成作業が行えない状況にあったからと考えることができよう。すなわちその事情とは工人達の食糧確保のため、すなわち農耕生産に従事することであったと考えられる。すなわちこの時期前後から須恵器工人達は食糧の自給が求められるようになったのではないだろうか。従来初期段階からしばらくは一定の支配者のもとで組織された陶部とでも呼ばれる組織の存在があり、そこで彼らの食糧が確保され庇護されていたと考えられる。この問題はかつて陶邑の経営について論じたことがあり、詳細はそれらを参照されたい。

III型式の段階では、床面を掘り下げて床面の傾斜を変更しつつ窯内空間を確保するという方法がとられている。この典型的な例はTG64号窯で見ることができる。これらの補修状況の変化は多分に窯の構築技術の問題があると考えられる。とくに堅い地山掘り下げや掘削の作業は相当な道具の入手が求められる。しかし初期段階ではその入手、確保が十分でなかった可能性があり、明らかに窯構築の状況がそれを証明している。

さらにこれらすべての窯が等しく長期間にわたっての焼成操業を行ったのではないということも明らかである。窯という遺構の状態から、いかにそれらが変遷を遂げてきたのかを見てきたが、それらの詳細な観察から改めて操業期間という問題を考えてみたいと思う。

3　窯での焼成可能な製品の量

操業期間と灰原での出土遺物の関係を見ると、既述の各先学諸氏の論で指摘されているような数値がはたして適切なものか否かということが問題になろう。

それではいったい一基の窯でどのくらいの数量の製品が焼けるのかという問題は、推定の域を出ないものであったとしても、少なくともその基礎には明確な出土例の認識がなければならないだろう。その例示するのに適切と考えるのは、少なくとも床面に残存した遺物が確認され、かつそこから全体の配置が推測しうるものでなくてはならない。その条件に合致するのは以下の各窯出土例である。

Ⅰ型式段階ではＭＴ２０６‐Ⅰ号窯、ＭＴ２０３‐Ⅱ号窯、Ⅱ型式ではＴＫ２３０‐Ⅱ号窯、Ⅳ型式段階ではＴＫ３２１号窯、ＴＫ１１６号窯などがあげられる。いずれも先にあげた条件にかなうものであり、かつ大型小型の器種の配置関係も把握可能なものである。

まずはⅠ型式段階に相当する例の状況から見ることにする。

・ＭＴ２０６‐Ⅱ号窯[9]（図２）

陶器山地区のほぼ中央部に位置する標高一〇七ｍ前後をはかる丘陵鞍部北側斜面に構築された窯で、窯の先端部分は上部に構築された窯と自然流出によって失われた状態で検出された。

主軸上の残存長九ｍ、最大床幅三・二ｍ、床面傾斜角は一八～一九度をはかる。焼成部情報で焼成作業中に天井が崩落したと見られ、製品の大半は十分な焼成状態ではなくいわゆる生焼け状態であった。このため製品の配置状態がそのままの状態で残されており、本件の問題についての格好の情報を提供することとなった。

出土遺物の形態的な特徴から当該遺物の時期はⅠ型式３～４段階相当である。当該上方部分の上層にⅢ型式段階の全く別のやや小規模な窯が構築されている。この窯ではＭＴ２０６－Ⅰ号窯の天井部が残されていたため、ＭＴ２０６－Ⅱ号窯の時期にそれを再利用している点は注目される。この段階での床面から天井までの高さは約一ｍで、Ⅰ号窯の検出床面からの高さは一・三ｍをはかる。窯の上半部分で確認された製品の配置は大型甕四個、小型甕（中型壺）二～三個、高杯二点以上に復元できる破片、および蓋杯約二〇〇個（セット）となる。窯の全長に充ててみると、大甕一二個、小型甕（中型壺）九個、高杯六点以上、蓋杯約六〇〇個（セット）が一回の窯詰め総数となる。ただしこれはかなり窯の部分的な箇所での観察であることから、その総量に変化（誤差）が生じる可能性は十分にある。とくに重ね焼きを前提に計数していないこともあり、当該提示数は焼成可能な数量の最小の数値であると云えよう。

・ＭＹ２０３－Ⅱ号窯[10]（図３）

陶器山地区の西北部の丘陵、標高九六ｍ前後をはかる丘陵東側斜面に構築された窯で、ほぼ全体が残存していた。窯の主軸上の全長六ｍ、最大床幅三・一ｍ、床面傾斜角二四度をそれぞれはかる。燃焼部から焼成部にかけての側壁側で若干の須恵器が当初の配置のままといえる状態で検出された。その部分の天井部と床面の高さは一・二ｍをはかる。床面に残されていた須恵器は胴径四〇～五〇㎝をはかる中型甕（壺）で、それぞれの間隙には高杯や𤭯などの小型器種が配置されていた。この状況から全体の配置状況を推定すると、中型甕（壺）では七〇～八〇個が十分焼成可能な状態であると考えられる。なおこの数値には前者と同様上部への重ね焼きを計算に入れていないことから最小数であると見てよい。

・ＴＫ２３０－Ⅱ号窯[11]（図４）

高蔵寺（ＴＫ）地区の北西部丘陵、標高九六ｍ前後をはかる東側斜面中腹に構築された窯で、ほぼ全体が検出された。出土須恵器からⅡ型式４段階相当の時期と考えられる。

窯の主軸上の全長は一〇・三ｍ、最大床幅二・三ｍ、床面傾斜角は二六度である。窯は主軸を同じくして、大きく二度作り変えられており、最終焼成の窯は最初の窯と比較して一・五ｍ床面が長くなっている。

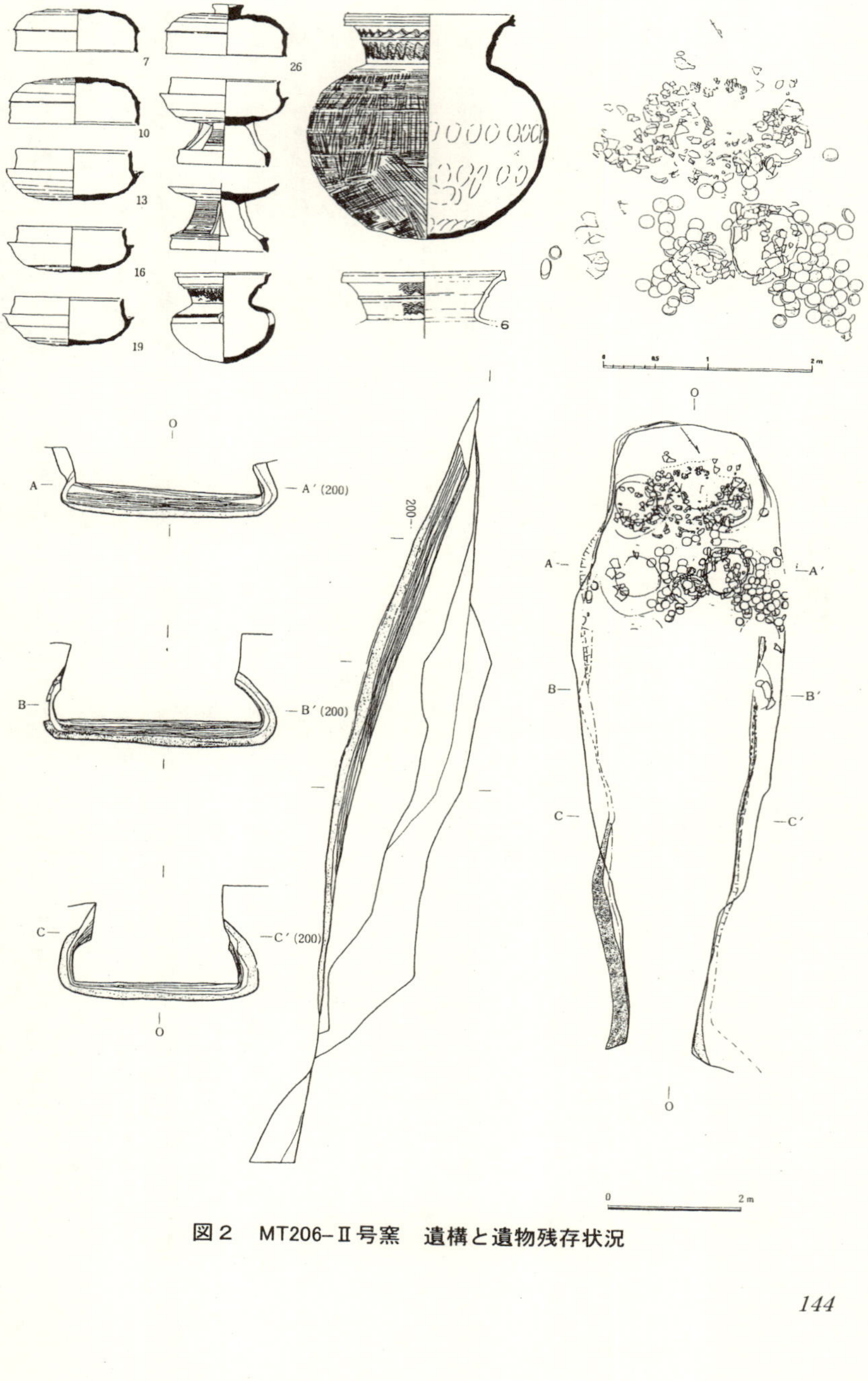

図２　MT206−Ⅱ号窯　遺構と遺物残存状況

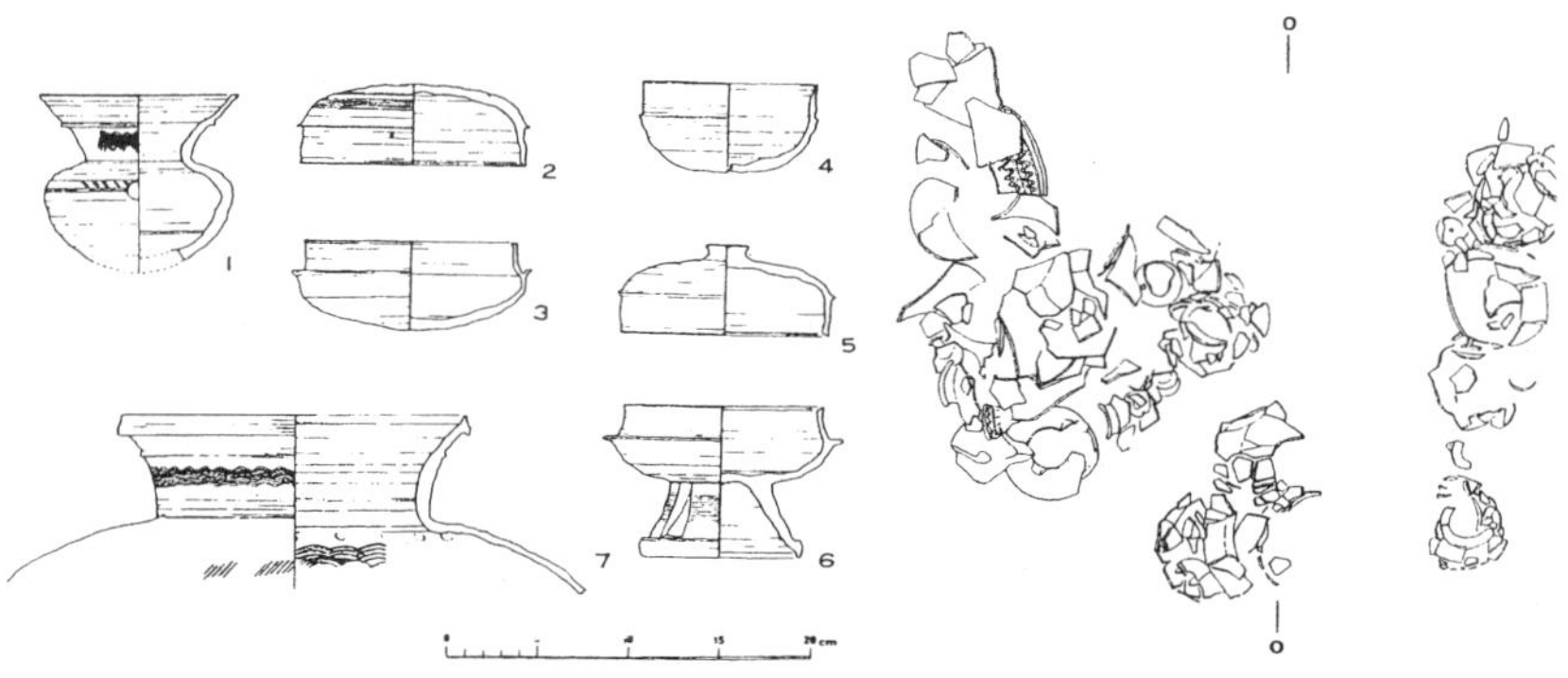

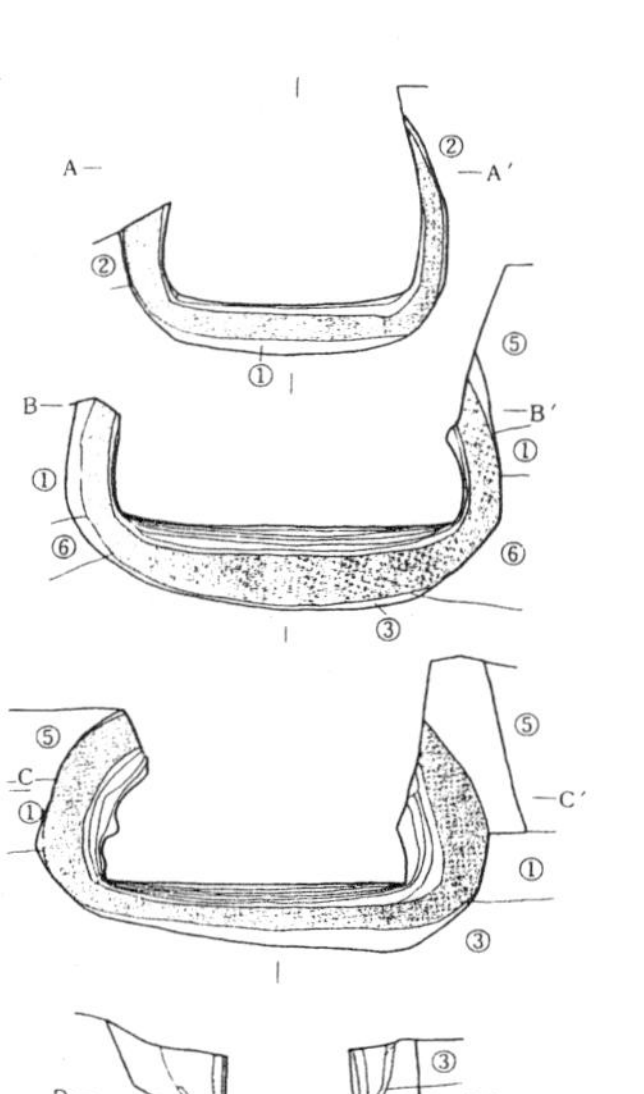

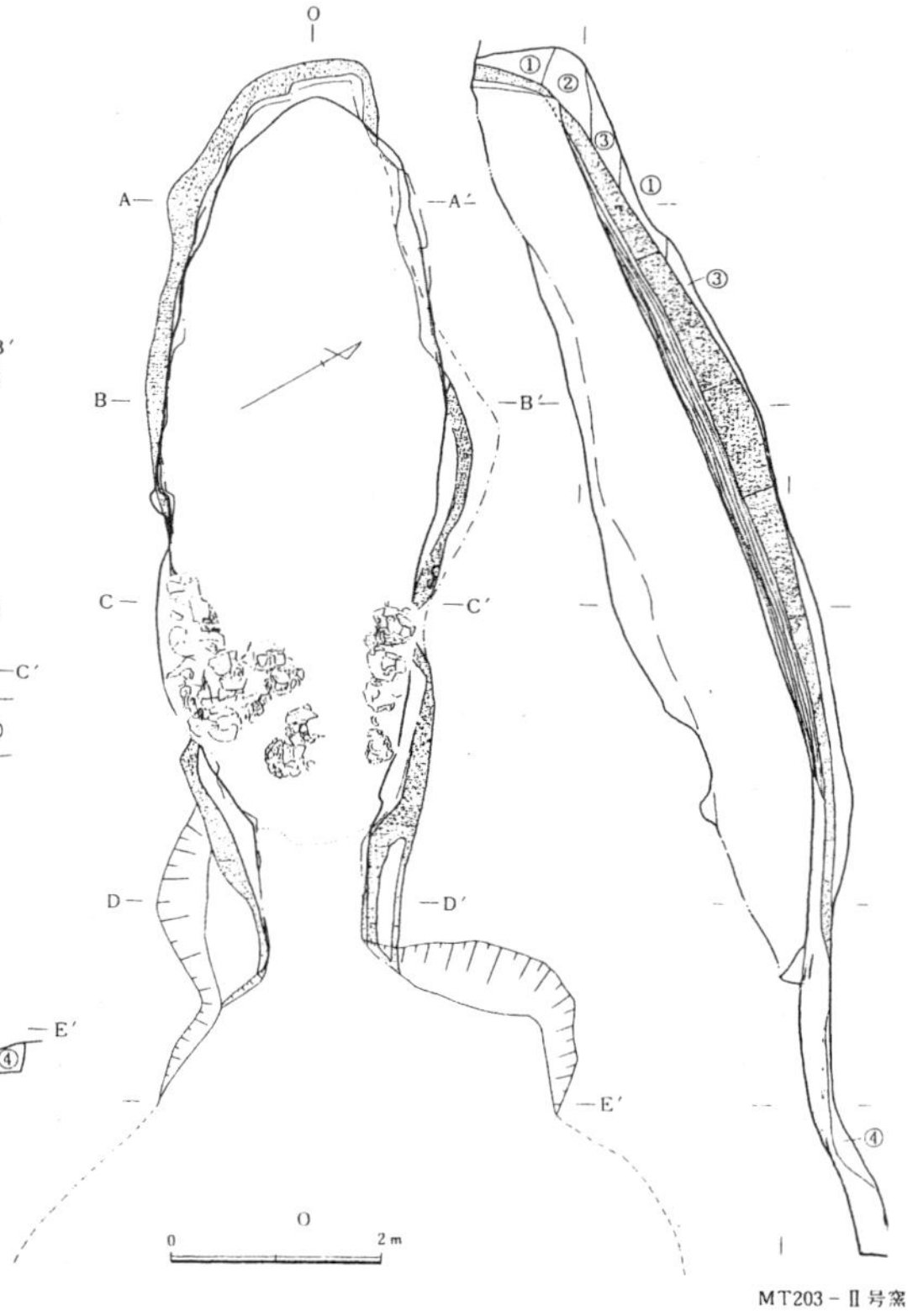

①黄褐色砂質粘土層
②茶褐色砂礫層
③茶褐色砂層
④黄褐色砂礫層（鉄分多含）
⑤黄褐色砂礫層
⑥茶褐色砂粒層
⑦黄褐色砂層

図３　MT203－Ⅱ号窯　遺構と遺物残存状況

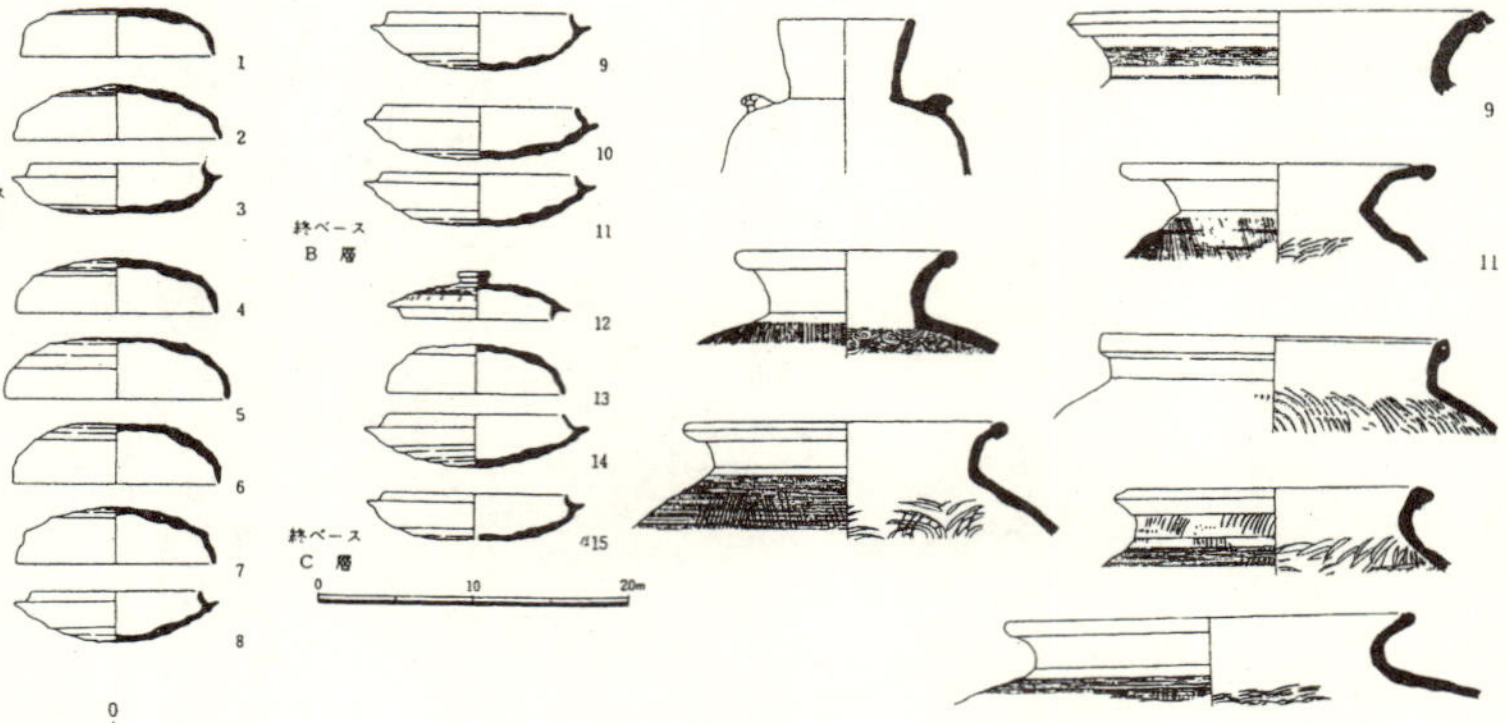

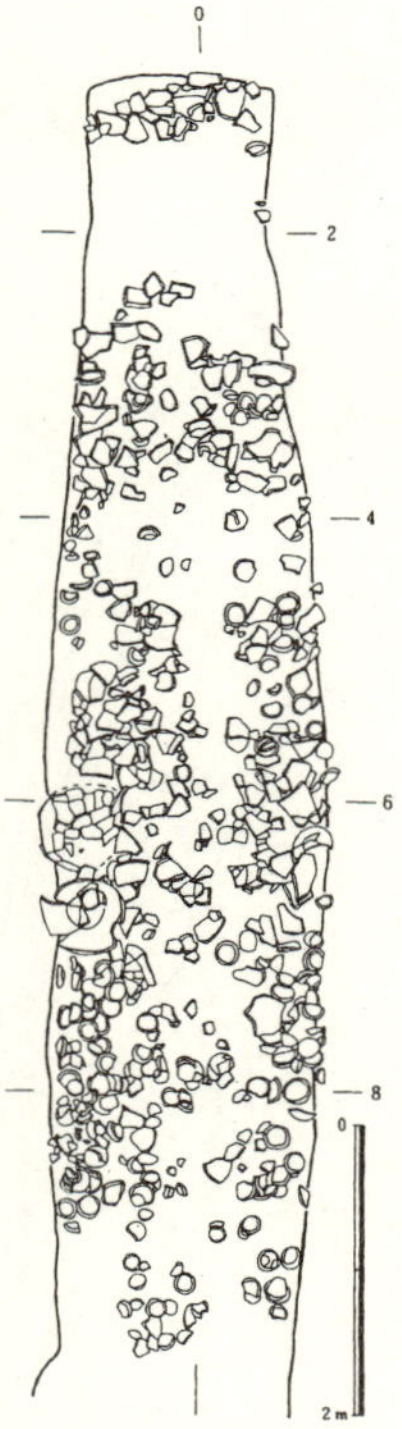

TK230−Ⅱ号窯窯体内土器出土状況

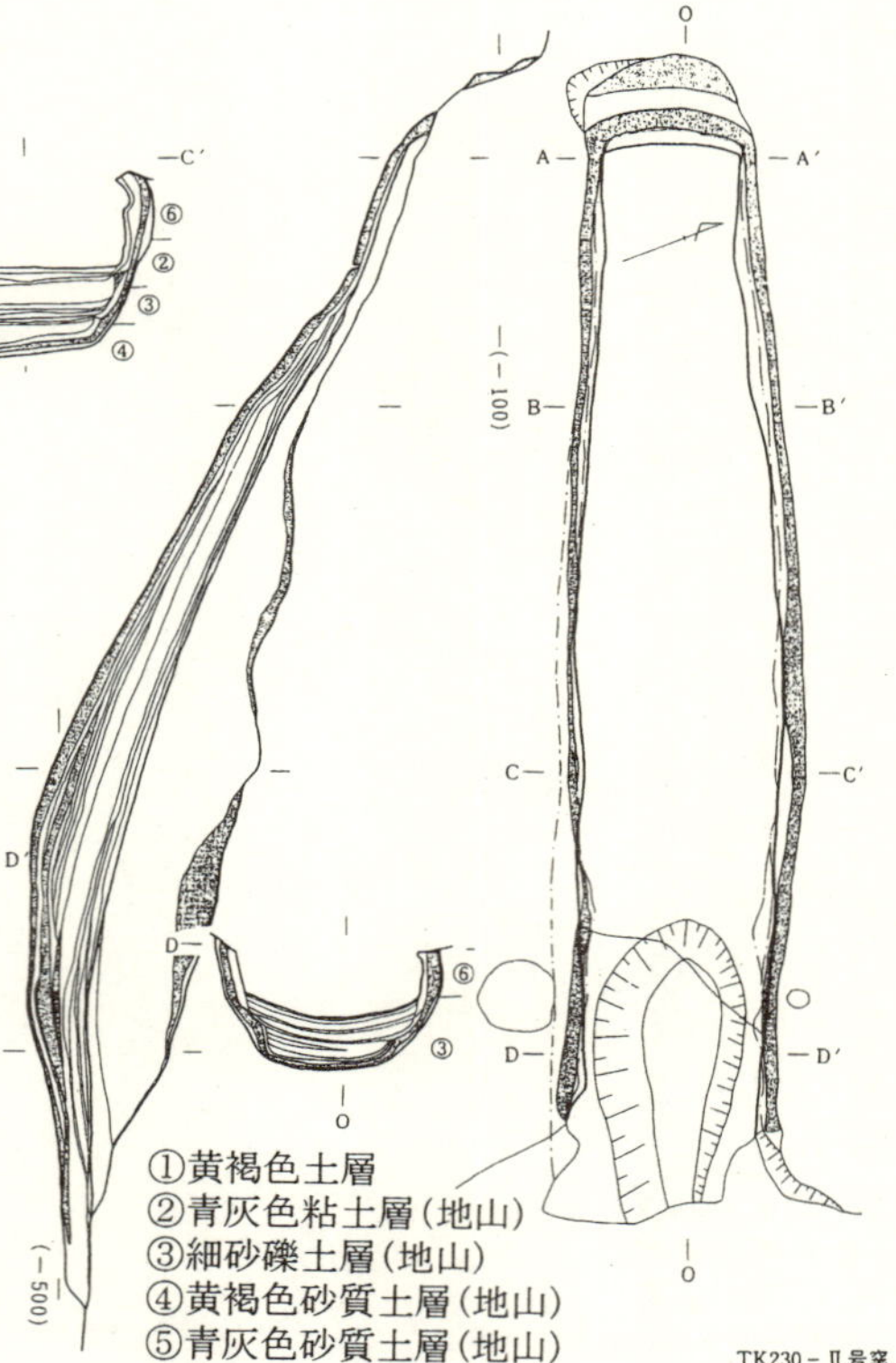

図４　TK230−Ⅱ号窯　遺構と遺物残存状況

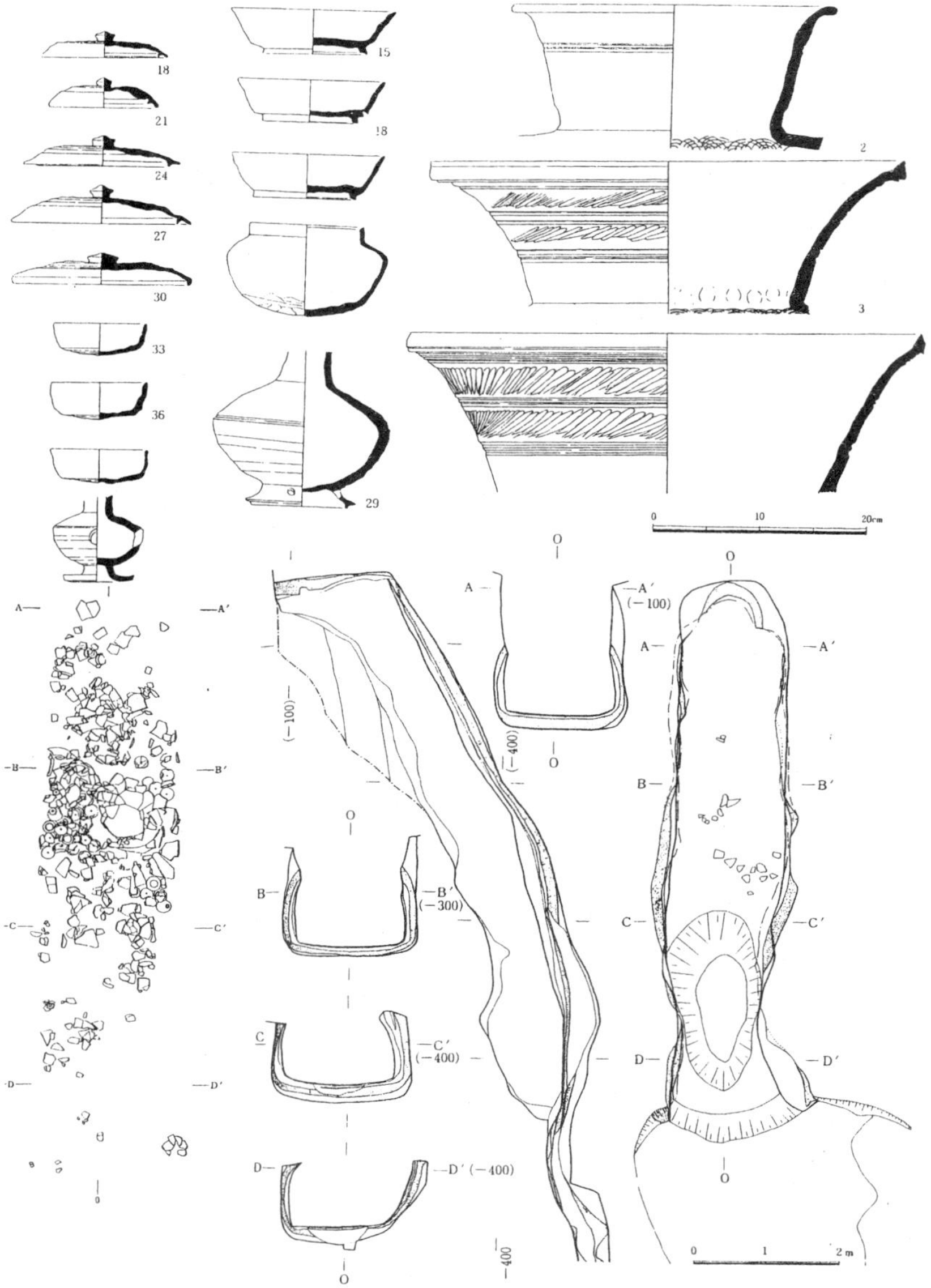

図５　TK116号窯　遺構と遺物残存状況

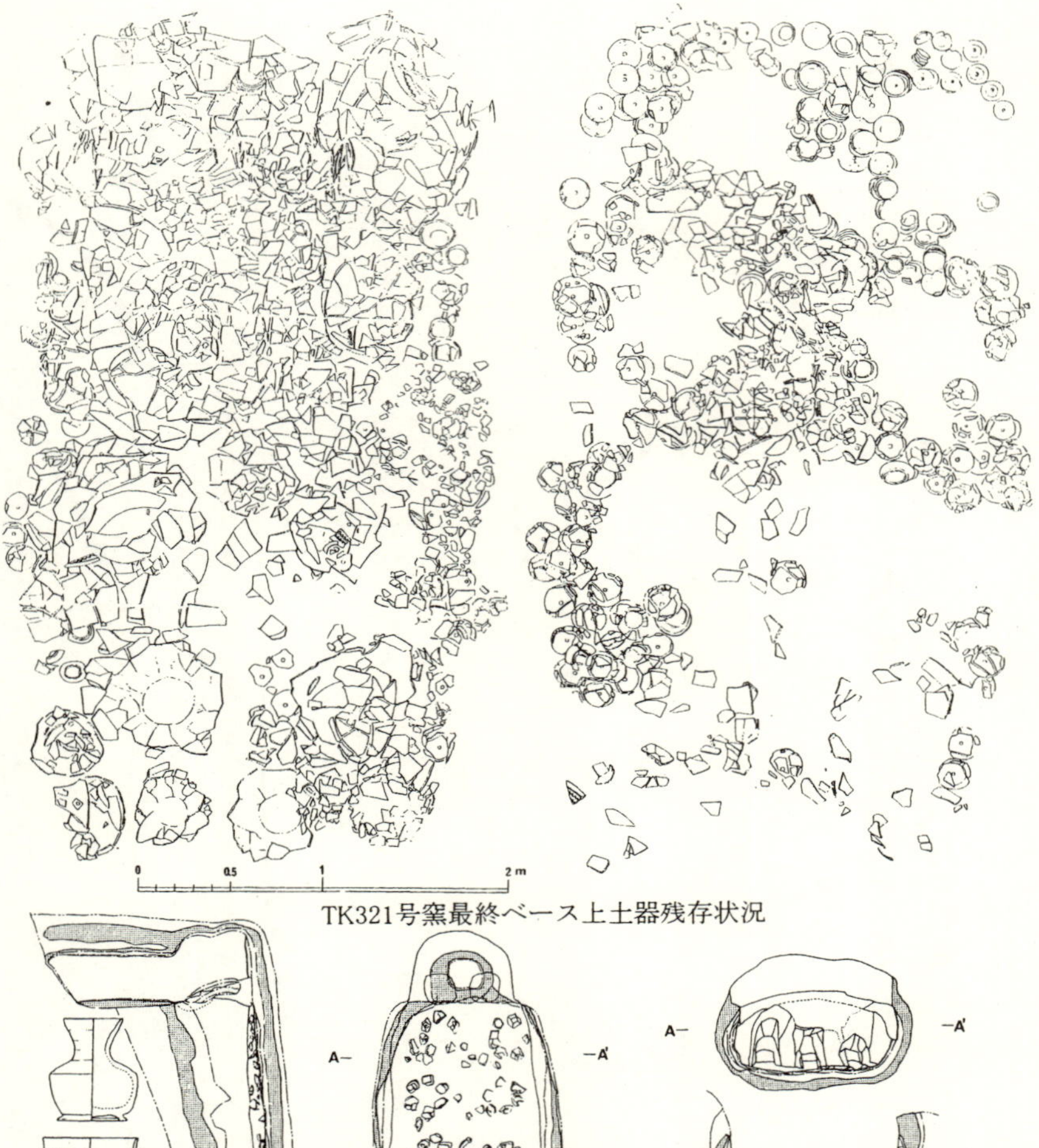

TK321号窯最終ベース上土器残存状況

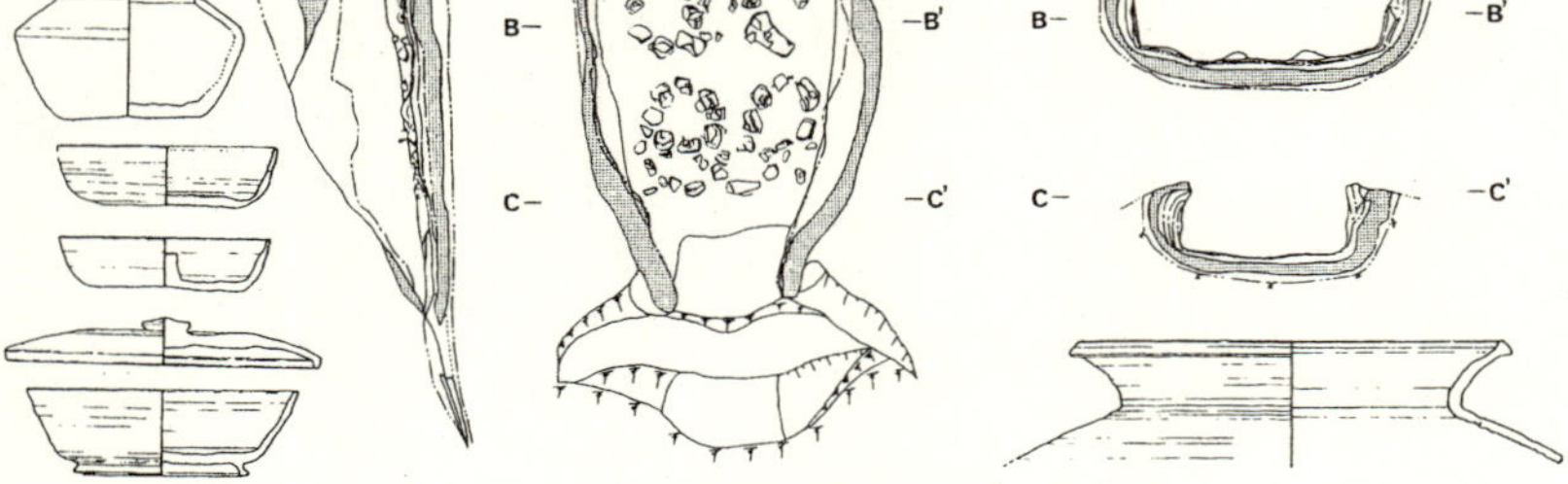

図６　TK321号窯　遺構と遺物残存状況

遺物は二次窯の床面から大量に検出された。この検出状況から製品の配置について復元が行えると考えた。すなわち大甕を左右に比較的間隔を置かないで配置しており、その間隙に小型の器種を置いている。さらに焚口側に小型製品を多く置き、大型品は焼成部中位から上方（奥側）に配されているという状況が観察された。なおこの配置では大型製品二〇個以上と小型品二〇〇個以上が配置可能である。なおこの数値は既述の例と同じく重ね焼きを考慮していない。

・ＴＫ１１６号窯⑫（図５）

高蔵寺（ＴＫ）地区の中央西部丘陵、標高八八・五ｍ前後をはかる西側斜面中腹に構築された窯で、ほぼ全体が検出された。出土須恵器からⅢ型式２段階からⅣ型式１段階相当の期間操業していたと見られる。

窯は主軸上の全長八・四ｍ、最大床幅二・〇ｍで、床面傾斜角は二五度をはかる。当該窯では最終焼成床面上に大量の須恵器が残された状態で検出された。これらの状態から製品の配置儒教が想定できる。それによると左右に大甕を比較的雑に詰めてはいしており、その間に小型の器種を詰めている。この配置で大型機種二個以上、小型器種三〇〇個以上が焼成可能である。なおこの数値は既述の例と同じく重ね焼きを考慮していない。

ちなみに当該最終焼成段階はⅣ型式１段階である。

・ＴＫ３２１号窯⑬（図６）

高蔵寺（ＴＫ）地区の中央部からわずかに南部丘陵、南側斜面裾部に構築された平窯で、ほぼ全体が検出された。出土須恵器からⅣ型式１段階相当と見られる。

窯の主軸上の全長六・八ｍ、最大床幅二・七ｍで、床面傾斜角は四度で、ほぼ平らである。床面から大量の須恵器が検出されたが、これらは焼成途上で天井が崩落し、まったく製品が取り出せない状態の確認である。この状態から当該例は製品の配置状況を確実に知ることができる重要な資料となった。それによると左右に大甕を窯全体で八個置き、その間に小型器種を配している。この状況を『報告書』では次のように記述している。⑭

大型甕が窯体主軸線を挟んで、ほぼ同一間隔で四個ずつ計八個体が粘土と甕の破片によって作り出された焼台にささえられて配置されており、これら大甕の間および暗に焼成部と燃焼部の境界を示す位置に中型甕が小規模な焼台を伴って配置されていて、その総数は一三個体を数えた。そしてその甕の間に蓋杯、小型杯、スリ鉢、甕蓋、短頸壺、小型壺、直口壺などがある程度器種別にまとめられ、かつ積朝寝られて配置されていた。遺物の内訳は、先述の甕のほかに蓋杯セット二〇七ケ、高台付杯身七六ケ、灰蓋八ケ、大型蓋杯セット四ヶ、灯明皿三七ヶ、小型杯一二六ヶ、短頸壺一ヶ、スリ鉢二ヶ、甕蓋二ヶであった。これらも配置に関しては甕の位置が大きくウエイトを占めていると考えられ、計画性が認められるのは甕のみであって小型のものは窯詰めの過程で任意にまとめられ、重ねられたものと思われる。

以上のような状態から当時の窯詰めを復元するなら、大型甕を置く位置は焼台によってあらかじめ設定されていたと考えられ、それらの間に小型のものを奥から順に詰めていったものと思われる。……(略)

とある。合計四六一個の製品をおって窯への配置された状況を考えてきたが、明らかに当初から計画的に配置されるようになっていたのは大甕のみであったといえる。すなわち当該窯では大甕のような大型器種の場所を固定しており、それを置いたのち順次小型製品を配置していくという手法がとられていたことがわかる。

ともあれⅠ型式からⅣ型式段階での各窯の例を紹介してきたが、それらから製品配置について復元し、そこでの焼成可能な最小値をみると次のようになろう。

Ⅰ型式の段階ではＭＴ２０６‐ⅠⅡ号窯にみる配置状況から両者を折衷して復元を行うと図７に示したような状態となる。すなわち焚口近くには中型、小型の製品、焼成部中位から上位では大型の製品を中心として、小型製品は、大・中型製品の間に配置するという方法を採っていた可能性が濃い。この様に見ると全長一〇m、幅二m前後の規模の窯では、少なくとも大型製品（甕など）八から一〇個、中型製品（壺など）三〇個前後、小型製品は三〇〜六〇〇個、それらの総計五三八個〜六三八個が一度の焼成で焼くことができたと考えられる。

Ⅱ型式段階ではＭＴ２３０‐Ⅱ号窯の状況から、少なくとも大型製品二〇個以上と小型製品二〇〇個以上が同時に焼成可能であることがわかる。しかしこの数値には重ね焼きを考慮していないので、実数は蓋杯などの小型製品について見れば、三倍程度以上の量が焼成可能となるだろう（図８）。

Ⅲ型式段階の窯体内残存遺物の好資料が見られないことから判断できないが、窯の規模は小さくかつ床面傾斜が急となる傾向にある。すなわち当該時期の窯では、Ⅱ型式段階ほど多くの量は焼成できなかったと考えられる。

Ⅳ型式段階ではＴＫ１１６号窯およびＴＫ３２１号窯の状況からの想定である。後者は床が平らな平窯構造を有し

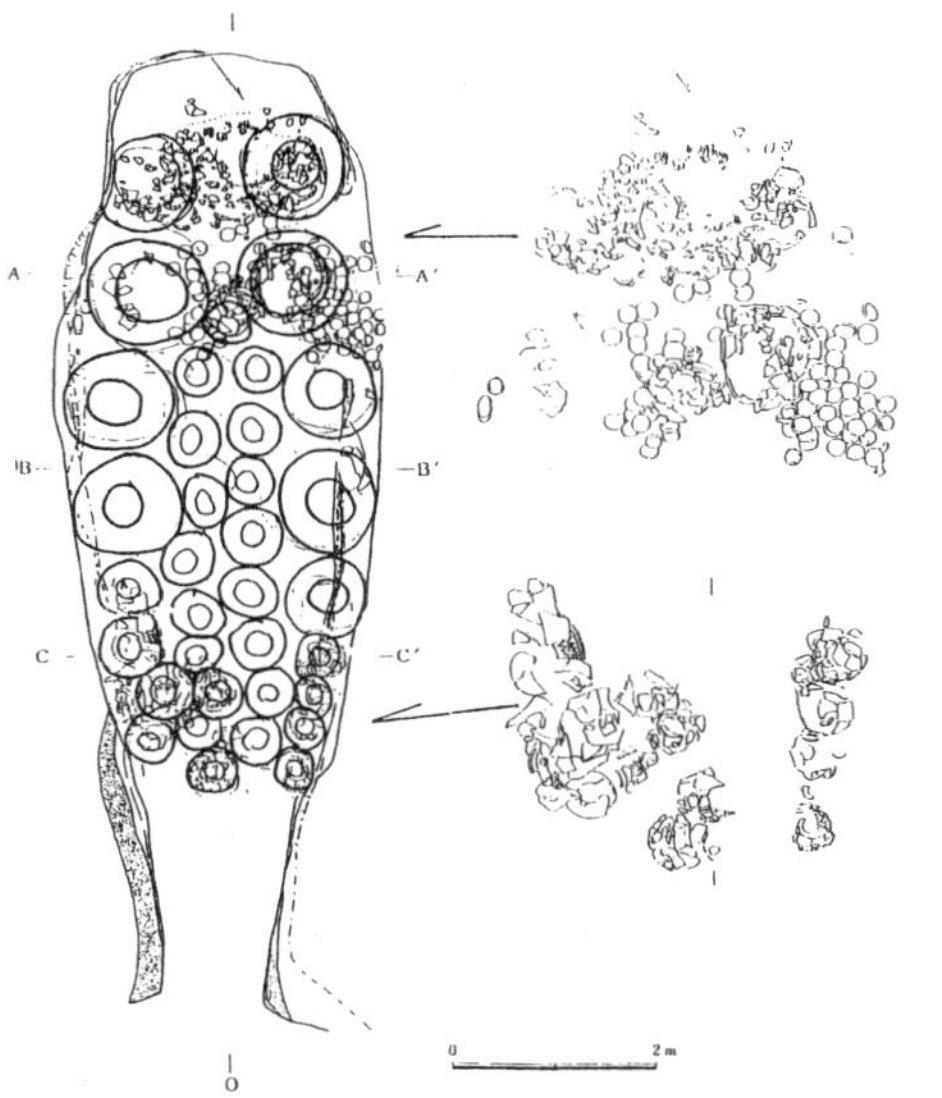

図７　MT203‐Ⅱ号窯の状況から復元した製品配置

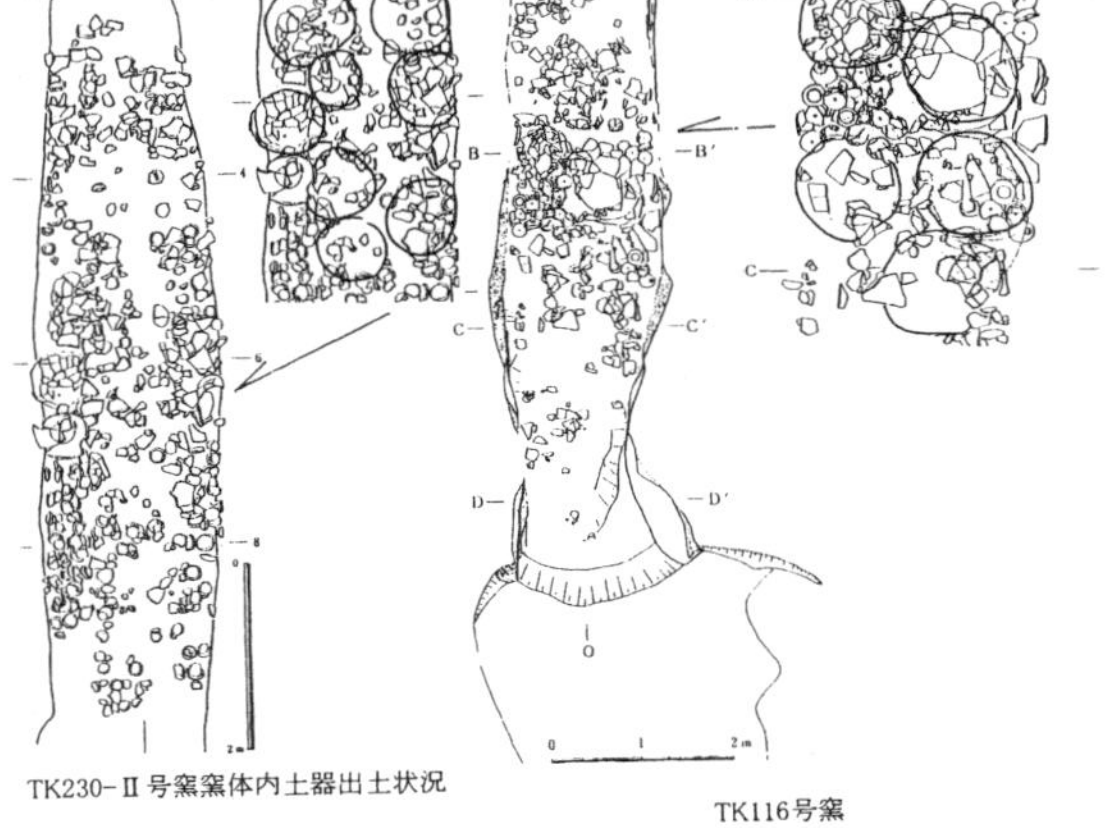

図８　TK230‐Ⅱ、TK116号窯の状況から復元した製品配置

ていたものである。前者は床面傾斜を伴う登窯であり、陶邑地区では最もよく見る構造である。前者では大型製品（大甕）一二個と小型製品三〇〇個以上が配置されている。ここでは、大小の器種を合わせて総数合計四六一個が配置されている。[14]

とくに後者が床面が平らなため安定して製品を配置できるが、前者では床の傾斜を考慮して四〇〇点余りの窯内配置ができたと推定している。

むすびにかえて―工人の作りえる製品の物量

以上、各時期段階の一基の窯で焼成可能な製品の量はいかなる推定が可能だろうか。

先に示したように大庭寺ＴＧ２３２号窯では、約七〇〇個体もの甕製品が出土しており、その生産には一〇年以上が必要であるとされた。はたしてその想定が正しいのかどうかを判断することはできない。しかし少なくとも既述のように初期段階の須恵器窯では、床面や側壁の補修重複状況が著しく、間層とよばれるような作業休止期間に見られる層の存在が確認されず、むしろ連続あるいは間断ない焼成作業が続いていた可能性の濃いことを確認した。

さらに小型製品を同時に焼成しない場合には大型器種の重ね焼きによって、その生産量を増やすことも可能であろう。

とすると先に想定されているＴＧ２３２号窯の操業期間についても、到底一〇年を超えるものではなかったと考えられる。

さらに工人が一日に作成できる物量も問題として残されている。この点については焼き物の種類が土師器と須恵器では異なるので、単純比較はできないとは考えるが、「浄清所解」『正倉院文書』が参考になるだろう。そこには当該官庁で消費される土器の供給のために男女二名の工人が関与したこと、さらに彼らの役割分担などが記述されている。

その文書は以下のごとくである。

浄清所解　　申作土器事
合弐人　　単功壹佰染拾捌人
讃岐石前相作掘土運打薪採藁備並進京単功八拾九人
借馬秋庭女作手　　単功八拾九人
田杯二千四百口　　功廾四人人別日百口充銭三文
碗形三百六十口　　功卅人人別日卅口充銭八文
片碗三百六十口　　功九人人別日十口充銭八文
片佐良六百六十口　　功廾二人人別日十口充銭八文
小手洗六口　　功廾一人一口充銭六文
物作器肆仟伯拾陸口

（「編年文書」四一二・四一三、『大日本古文書』三五〇）

この記載から作り手の借馬秋庭女の製作する土器の数量が明らかになる。また讃岐石前との性別分業の状況も伺える。この文書は天平勝宝二年七月の後半部分に挿入されており、ほぼその年代の文書とみてよいだろう。[15]

ともあれこれらから土器の製作料と器種をまとめたのが表2である。

これを見ると土師器とはいえ、その成形段階では、少なくとも須恵器と同程度の作業量であろうと考えられる。さらに作り手については須恵器の方が専門工人化しており、かつ複数の人数の参加が考えられる。とすると、その工人数を乗じた物量が製作可能となり、一見、数百という物量が膨大なようにも思えるが、実際に製作

表2　土師器の製作個数と日数、報酬など

器種名称	要製作日数	総　数	一日あたりの製作数	一個体あたりの単価
田　杯	24	2,400	100	0.03文
碗　形	33	990	30	8/30文
片　碗	9	360	10	0.5文
片佐良	22	660	30	0.8文
小手洗	1	6	1	6文
総　数	89	4,505	171	
平　均	17.8	901		

するには、工人にとってそれほど大きな負担とならない数であったと考えられる。

近年筆者はＴＧ２３２号窯出土遺物などの一群の型式編年について、Ｉ型式１段階前期あるいは前半という位置付けを行った。[16] そこでは本稿で記述した初期須恵器の操業期間などについては触れていないが、少なくとも本稿で示した知見がそれらの発想の基礎となっていることは明らかである。またこれらの記述によって、かつて酒井清治氏が提示されたＴＧ２３２号窯の推定年代などの内容が大きく変更されねばならないものではないことをも付記しておきたいと思う。

〈補注・参考文献〉

①森浩一・石部正志「後期古墳の討論を回顧して」『古代学研究』三〇、一九六二年。
②三渡俊一郎「古窯の操業期間の考察」『考古学研究』三五、一九六九年。
③坂詰秀一「古窯操業期間の考察」『考古学研究』三九、一九六三年。
④酒井清治「わが国における須恵器生産の開始について」『国立歴史民俗博物館研究報告』第五七集、一九九四年。
⑤藤田憲司『大型甕に関する二・三の問題』『陶邑・大庭寺遺跡Ⅳ』、(財)大阪府埋蔵文化財協会調査報告書、第三〇冊、一九九五年。
⑥中村編著『陶邑』Ⅰ、Ⅱ、Ⅲほか、井藤徹編著『陶邑』Ⅳ、野上丈助編著『陶邑』Ⅴ、Ⅵ、など『陶邑』の報告書はⅧまで公刊されている。
⑦中村「須恵器の型式編年における大別と細別」『志学台考古』１、大谷女子大学文化財学科、二〇〇九年。
⑧中村「須恵器窯跡の構造と変遷」『須恵器窯跡の分布と変遷』、雄山閣出版、一九九二年。
⑨中村「ＭＴ２０６－Ｉ号窯」『陶邑』Ⅳ、一九七九年。
⑩中西靖人「ＭＴ２０３－Ⅱ号窯」（前掲９書所収）。
⑪菅原正明「ＴＫ２３０－Ⅱ号窯」（前掲９書所収）。

⑫菅原「TK116号窯」(前掲9書所収)。
⑬中西「TK321号窯」(前掲9書所収)。
⑭中西(前掲13書所収)。
⑮『大日本古文書』3-413では、天平勝宝二年七月二十二日付け「浄清所解生菜送進文」の後ろに「コノ切レハ、年月ヲ欠ケリト雖モ、原本ニ前ノ送進文と7連綴セルヲ以テ、姑クコヽニ収ム」とあり、また『大日本古文書』11-350では、天平勝宝二年六月二十五日付け「清衣進送文」の後、七月二十六日付け、「浄清所解新米進送文」の前に収められている。両者の関係についての記録が残されていないので云々することは避けねばならないが、後者は紙背文書とされている。いずれにしても当該文書の年代についての変化は見られない。
⑯中村『和泉陶邑窯出土須恵器の型式編年』、芙蓉書房出版、二〇〇一年。

第二章
初期須恵器移動の背景とその系譜
――岩手県中半入遺蹟出土初期須恵器について――

はじめに

須恵器は古墳時代の半ば頃に朝鮮半島を経由して伝えられた新しい製陶技術によって生産が開始された焼き物である。その最古最大の生産地として大阪府堺市南部の泉北丘陵状に位置する陶邑窯跡群が夙に知られている。それらの窯跡については昭和四〇年代から五〇年代にかけて大阪府教育委員会を中心として発掘調査が行われ、その調査報告書の刊行によって概要報告は、ほぼ完了している。①

その後、陶邑地域では大庭寺窯跡（ＴＧ２３１、２３２号窯跡）の検出、調査によって、従来最古段階とされていたＴＫ73号窯より先行する須恵器生産が確認された。特にそれらの出土遺物は、いずれも灰原からのもので、陶質土器と従来呼称されてきた種類のものと外見上区別がつきにくいものが多く見られた。これらの状況から、あらためて初期須恵器と陶質土器に対する再検討の実施が求められるようになってきた。これらと並行して産地推定手法の研究も大いに進展し、陶邑製品とそうではない産地の製品の区別が比較的容易に行われるようになってきた。その手法とは蛍光Ｘ線分析法で、三辻利一氏による精力的な分析活動によって、深化を遂げてきたのである。

本稿ではその分析成果の検討を通じて初期須恵器の井戸の背景を考えようとするのが目的である。とりわけ、その

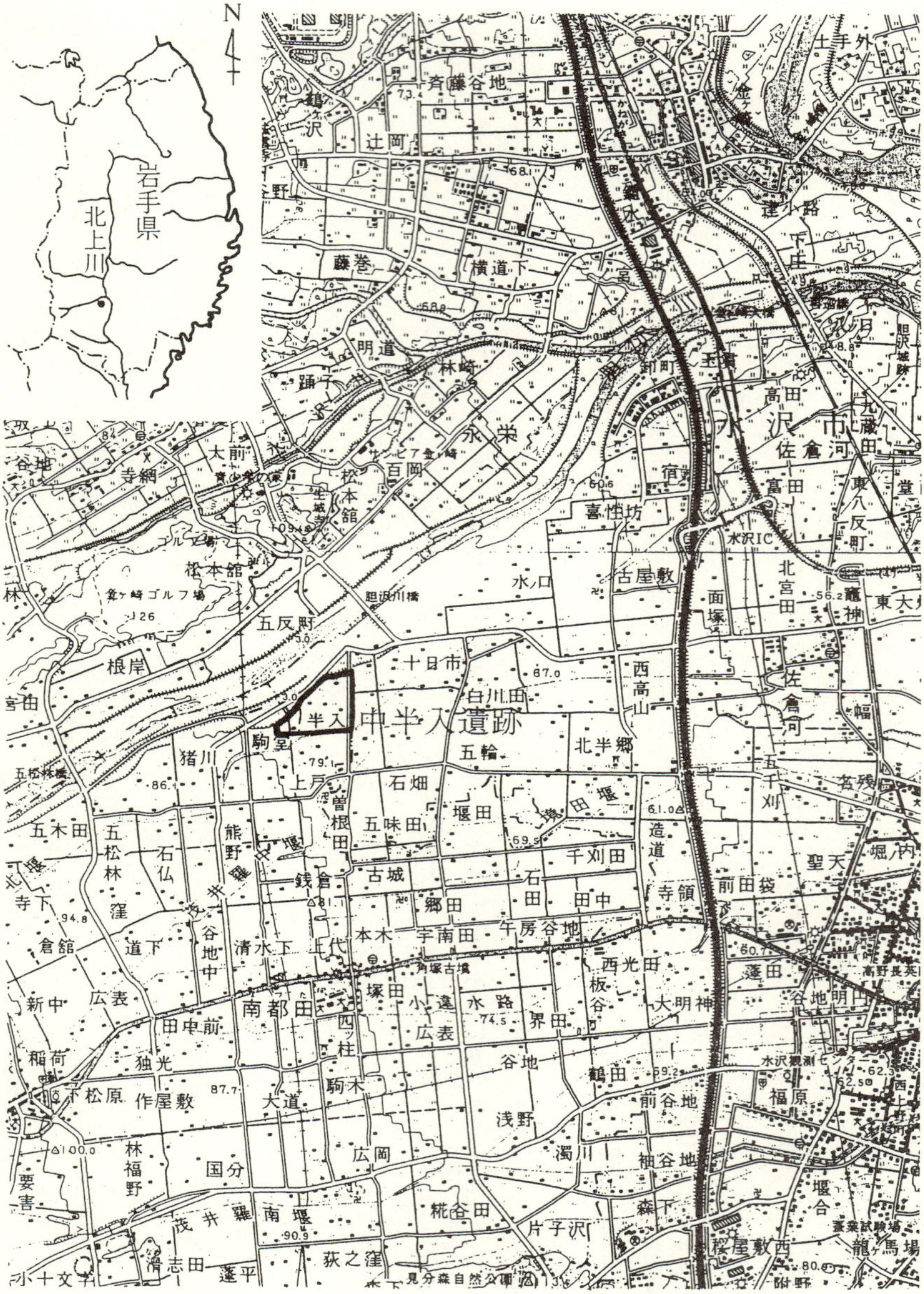

図１　位置図（『報告書』2002を引用、一部改変）

資料として用いたのは岩手県水沢市（現奥州市）ほかに所在する中半入遺跡出土初期須恵器をとり上げた[②]（図1）。

1　中半入遺跡と出土須恵器について

中半入遺跡は、岩手県水沢市佐倉河字中半入ほかに所在する旧石器時代から平安時代にわたる複合遺跡である。平成一〇・一一年度に（財）岩手県文化財団埋蔵文化財センターによって発掘調査が行われ、平成一四年三月に『報告書』が刊行された。まずは『報告書』を引用しながら遺跡の概要を記述していきたい。

遺跡の立地は、水沢段丘低位面と胆沢川に挟まれた水沢段丘高位面の西端に構築されている。調査範囲はおおむね南西から北東に向かって緩やかな勾配で傾斜しており、標高は七四・〇〜七八・四mをはかる。傾斜は一様ではなく、中央部分に、わずかにくぼみができる地形が二か所見られる。

この部分を中心に古代の水田遺構、微高地部分に古墳時代の竪穴住居跡などが集中する状況を示す。さらに詳細に見ると、竪穴住居跡は四〇、竪穴状遺構四、土坑六、溝二三、水路一、柵列二、円形周溝二、遺物集中遺構一、水田跡一二か所他である。竪穴住居跡の大半が古墳時代前期から中期のもので、一部に七〜八世紀代のものも少数見られる。

これらは、1・3・4区に集中して検出されており、5・6区では確認されていない（図2、遺跡全体図参照）。

次に須恵器の出土状況については、以下の記述がある。『報告書』から引用する。

今回の調査で出土した須恵器のうち、いわゆる「古式須恵器」に相当するものは、三一一点に達する。[③]又これに継続するMT15型式からTK10型式に該当するものが若干ある。これ以降はTK217型式まで空白となる。器種別の内訳は、杯身三三点、杯蓋一四点、高杯一二点、高杯蓋一点、碗一点、𤭯二四点、壺二点、甕口縁部〜頸部二五点である。この他、該期の可能性が高い甕体部片で内面の当て具痕を磨り消すものは二〇二点の出土を

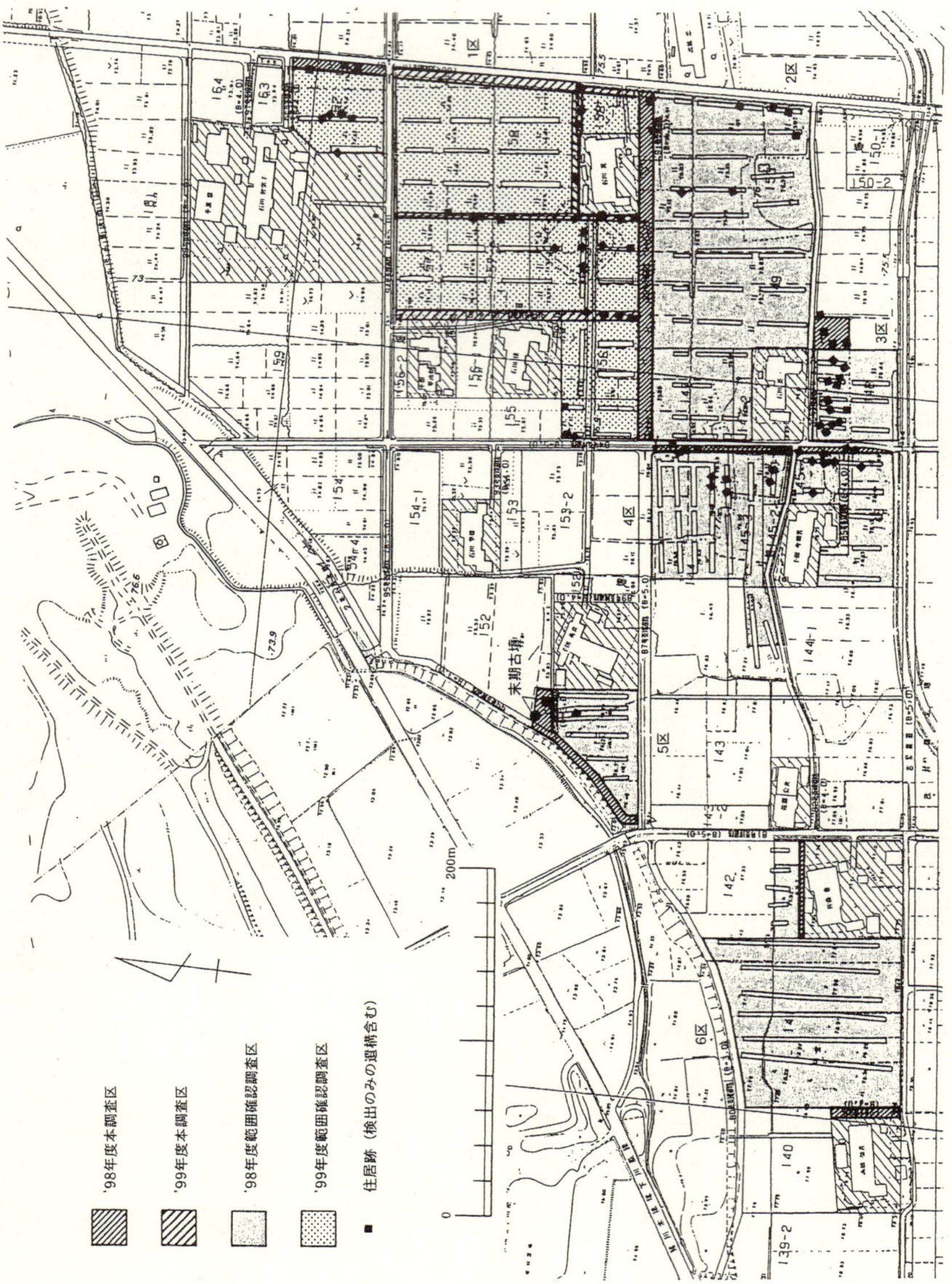

図２　遺跡全図（『報告書』2002を引用、一部改変）

見る。いずれも東北地方ではこれまでにない出土点数であり、器台や樽型𤭯といった特殊なものをのぞいては破片資料ではあるが、器種がそろっている点が大きな特色である。……(略)

とある。さらに記述は続いて、ＴＫ73型式、ＴＫ２１６型式、ＴＫ２０８型式、ＴＫ23型式、ＴＫ47型式、ＴＫ10型式と型式を追って出土須恵器を分類されている。これらの分類や記述の内容に全く異論はなく、指摘しえる問題点も認められない。ただし須恵器分析の部分で、対照的に引用される陶邑での根本的な資料が提示されていないためか、ＴＫ２１６型式とＴＫ２０８型式の分類のいずれに近いのかが判断できないものもある。

これらの須恵器の陶邑製品であるかどうかの比較検討は後述するとして、ここでは検出された竪穴住居跡のうち須恵器を伴っていたもののうち、とくに陶邑編年Ｉ型式段階に含まれると考えられるものを出土した遺構について見ることにする。なお『報告書』で、古墳時代遺物の検討の部分で、土師器を中期後半第一群から第三群まで三つの群に区分されており、それらとの組み合わせで、次のように時期的経過とともにまとめられている。

しかし筆者は、当該地域の土師器の形態及びその手法の変遷や形式観についての知識を十分に持ち合わせていない。従って本稿では『報告書』の記述に従うことにする。土師器の群から見た須恵器と、その時期的判断は以下の如くとなる。

第一群　１０４号住居跡　𤭯１３２――ＴＫ73〜２１６
　　　　　　　　　　　　杯身１３３――ＴＫ２０８
　　　　　　　　　　　　𤭯１３４――ＴＫ23〜47
第二群　１１９号住居跡　高杯５５０――ＴＫ２１６〜２０８
　　　　２０１号住居跡　高杯１１９７――ＴＫ２１６〜２０８
　　　　　　　　　　　　甕１１６５――ＴＫ23
　　　　２０２号住居跡　杯身１２９７――ＴＫ２０８

甕1283——TK208?

403号住居跡　杯蓋1948——TK47

杯蓋1944——TK208〜TK47

碗1948——TK208

高杯1946、1947—TK23

濠A地点　杯身917——TK47

濠B地点　𤭯959——TK23

甕960——TK208〜23

濠C地点　杯蓋1012——TK208

𤭯1013——TK23〜47

第三群　106号住居跡　壺462——TK208

甕460——TK23

114号住居跡　甕280——TK23

120号住居跡　甕709——TK47

このほか、時期的に新しい7世紀以降の須恵器出土の住居跡についても若干触れられているが、本稿の対象とする時期ではないので省略に従う。これらによって合計八棟の住居跡から須恵器、とくに古式須恵器と分類される陶邑編年I型式各段階の須恵器が出土している。

ところで、これらの須恵器について、蛍光X線分析法により、三辻利一氏によって分析検討が行なわれ、産地推定の成果が出されている。ここではその手法の詳細な説明や検討は省略し、そこで示された結論に可能な限り従って、以下の論を進めたいと思う。

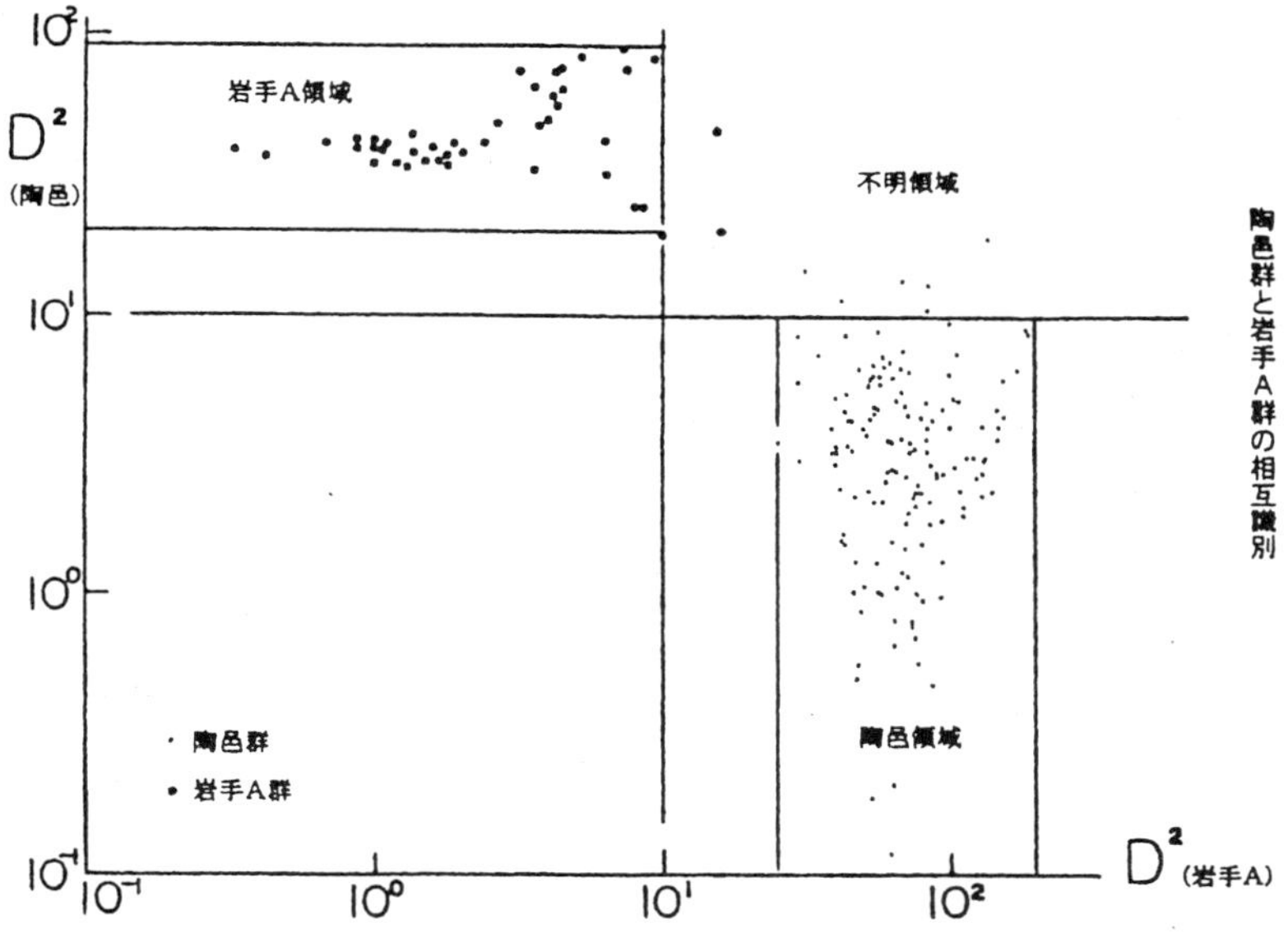

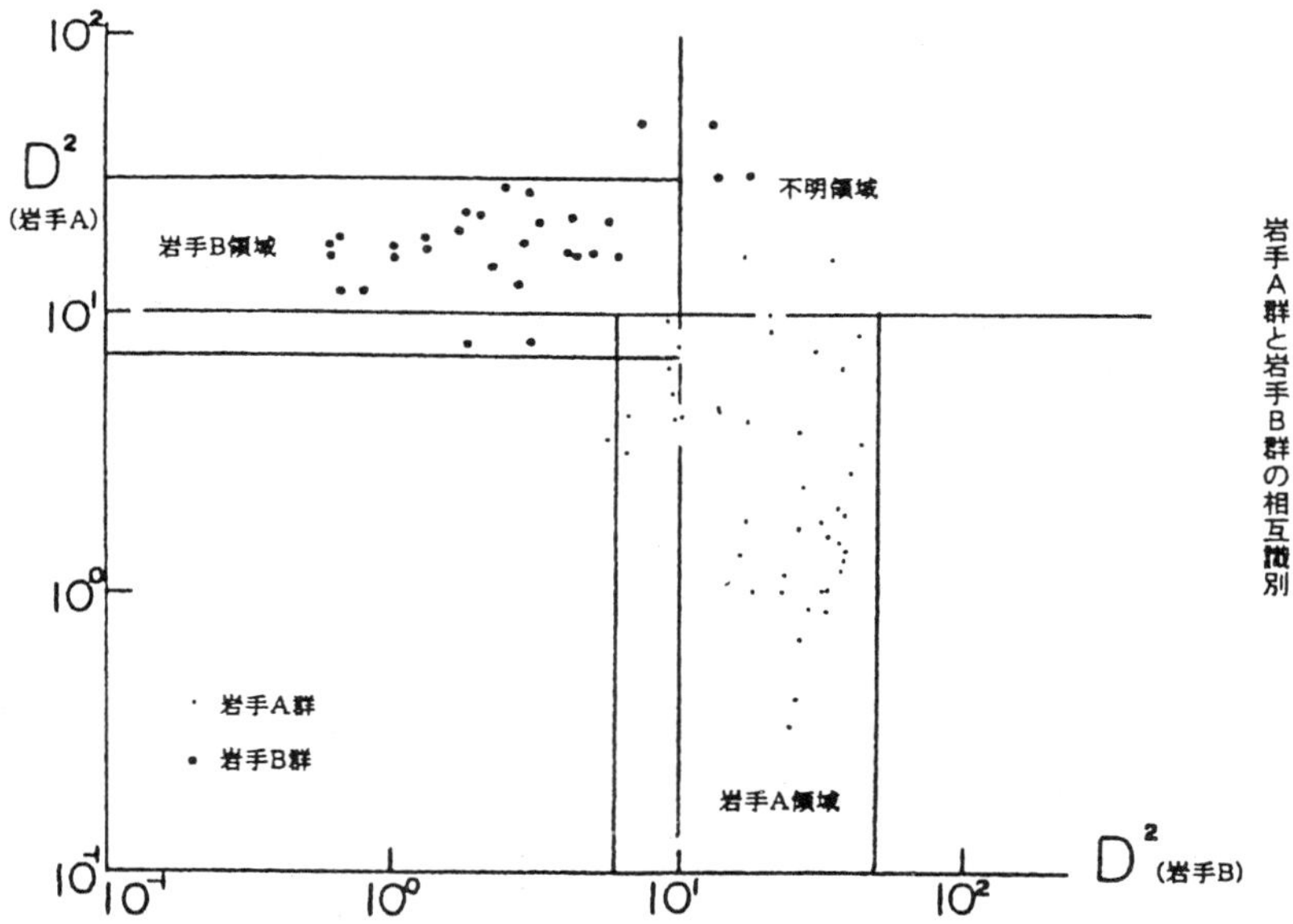

図３　蛍光Ｘ線分析結果の相互比較（『報告書』2002を引用、一部改変）

なお蛍光X線分析法による産地推定については、すでに三辻氏によって詳細に説かれており、その成果についても多くの発表がなされ、筆者もその驥尾に付して紹介、記述してきた[4]。

三辻氏は、その分析検討に際し、いくつかの推定に有効な元素を特定し、それらの比較検討により、須恵器の元素構成の差異を明らかにし、さらに統計的手法により分類されている。その特定された元素とは、K、Ca、Rb、Srである。これらの元素について、K／Ca、Rb／Srの分布によって、A群、B-1群、B-2群とする三群の元素構成の差異を見ることができた。さらにすでに分布された資料との比較から、A群は陶邑製品の元素構成に近似し、他の二群については陶邑以外の産地と特定された。さらにこれら二群について三辻氏は東北地域の産地の可能性を示唆し、うち１群を岩手A群、岩手B群と仮称された。なお岩手A群とされた資料については、宮城県仙台市所在の大蓮寺窯[5]の資料の元素構成に近似することも指摘されている（図３）。

以上の蛍光X線分析法による検討結果および型式分類による時期的判断とともに、先に示された一括遺物のうち、須恵器についてみていきたいと思う。

２　各遺構と須恵器の時期と産地について

第一群の土師器と供伴している１０４号住居跡では、𤭯１３２、杯身１３９、𤭯１３４の三点がしめされており、遺物図版では、甕ないし壺の体部片が見られる。これらのうち𤭯１３２は陶邑編年によるとI型式２～３段階に相当するもので[6]、杯１３３、甕１３５についても、ほぼ並行関係にあるとみてよいだろう。ただし甕１３６は、やや時期が下がりI型式４段階以降相当とみてよいだろう。

第２群の土師器に供伴している１１０号住居跡では、高杯６５０のみが出土している。時期的には古く扱われているが、やや確証に欠ける。しかしI型式４段階以前に分類して大過ないと考える。

２０１号住居跡では、高杯１１９７、甕１１９８、杯身１１９５、𤭯１９６、甕１１９９・１２００がある。このうち甕１１９８・１１９９・１２００は遺構外出土であり、これらを除外してみると、ほぼ各須恵器の時期はⅠ型式２～３段階相当とみてよいだろう。

２０２号住居跡では、杯身１２８２、甕１２８３が出土している。いずれも若干古くみられているようであるが、ほぼⅠ型式２～４段階相当と見てよいだろう。

４０３号住居跡では、杯蓋１９４３、杯蓋１９４４、碗１９４８、高杯１９４６・１９４７がある。これらについてみれば、時期的に大きな開きは見られず、ほぼⅠ型式３～４段階相当と見られる。

濠Ａ地点からは、杯身９１７、濠Ｂ地点からは𤭯９５９、甕９６０がそれぞれ出土している。前者はⅠ型式５段階、後者はⅠ型式４～５段階相当と見ることができよう。最後に濠Ｃ地点では、杯蓋１０１２、𤭯１０１３が出土している。前者はⅠ型式３段階、後者はⅠ型式４～５段階相当と見ることができる。

第３群では、１０８号住居跡から壺４６２、甕４６０が出土している。いずれもⅠ型式４段階相当とみることができるが、後者例がわずかに古くなるようにも見える。なおほかにも多数の甕破片が出土しているが、おそらくは一部を除いてはほぼ同じ時期と見てよいだろう。

１１４号住居跡からは甕２８０が出土しており、ほかの出土甕とともにⅠ型式４段階相当と見てよいだろう。

１２０号住居跡からは甕７０９が出土している。ほかの甕の破片には時期の新しいものも含まれており、すべてが同じ時期とはいえない。当該甕は、Ⅰ型式４段階相当と見てよいだろう（図４）。

なお竪穴住居跡の床面部分からの出土遺物のみを対象として考えてきたが、周辺や土葬部分での出土遺物は相当量に上る。また溝からの出土遺物についても、その遺構を形成した主体がいったい何であったのかを考慮する必要があろう。少なくとも出土遺物については、周辺からの当該遺構への流入品と見ることができ、住居跡などの場合は若干様相を異にしている可能性もある。

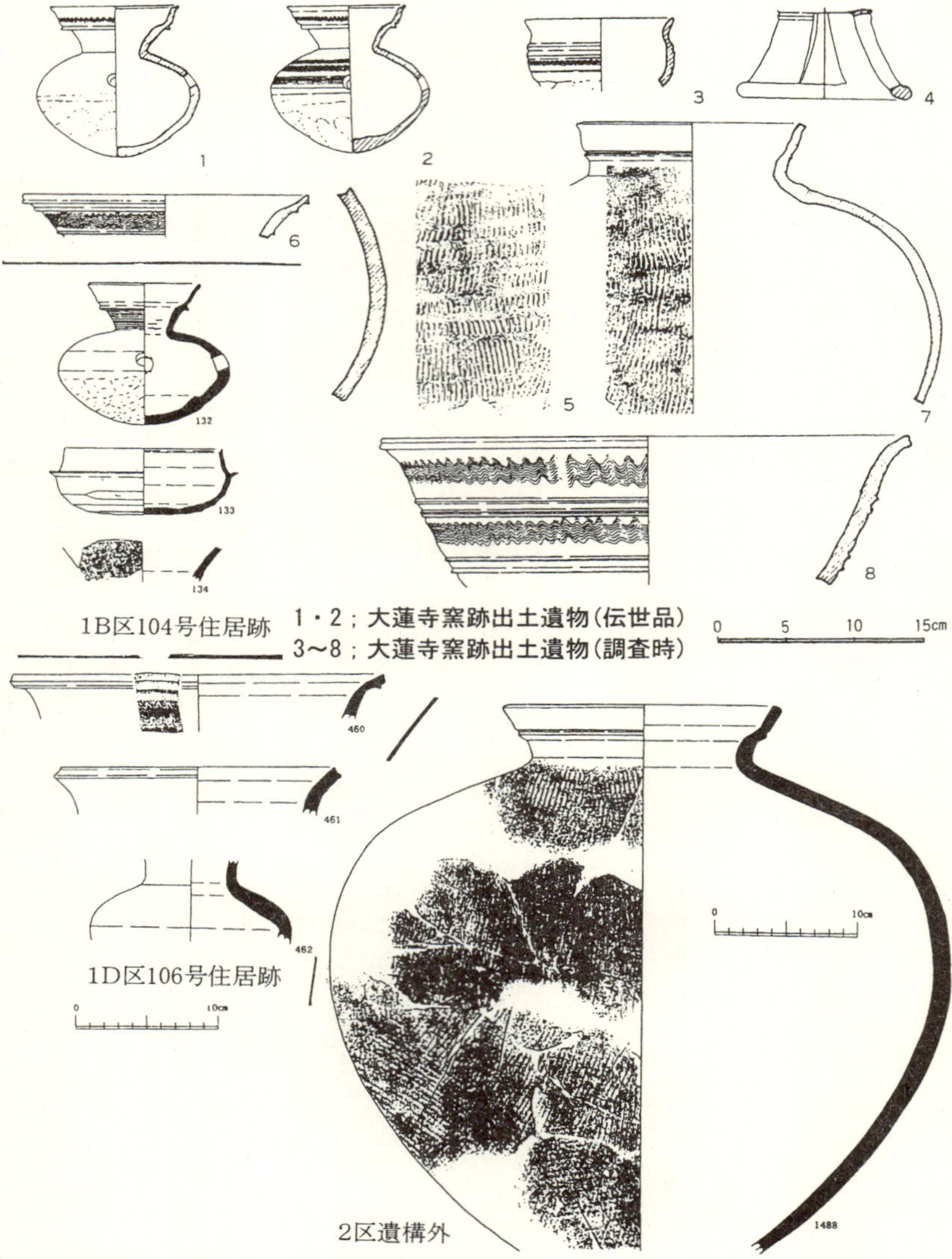

図４　大蓮寺窯跡、中半入遺跡1B区104号住居跡、1D区106号住居跡出土須恵器
(『報告書』2002を引用、一部改変)

次に産地の問題に入りたいと思うが、あくまでも三辻氏の示された結論に従ってみると、以下のようになろう。

まず全体出土須恵器に見る産地の分布状況は、表1の如くである。この表からは、陶邑製品とされている杯、高杯、𤭯が圧倒的多い事がある。初期段階の須恵器生産における器種構成では貯蔵用器種の甕、壺が圧倒的に多くを占めることは既に指摘している。ここではその状況に近い状況が見られる。すなわち甕六八・二%、杯、高杯は二一・二%、𤭯一〇・六%となっている。この器種構成の比率は陶邑での状況でみるとI型式3〜4段階前後の生産状態と一致する。数的な問題ではあるが、そこにみる器種構成が一致する、ないしは近似することは、当該遺跡においても須恵器生産の時期的な状況を反映しているという事になり、興味深い。ともあれ構成比的には近似するとはいえ、当該時期で陶邑でみられた樽型𤭯やコップ型碗の出土がきわめて少ないといえる。なお杯、𤭯という供膳器種が多く目立っている。

一方、陶邑産とされていない岩手A群、岩手B群での器種構成は、大半が貯蔵用容器であり、供膳器種とされる杯、𤭯はきわめて少ない。

これらの状況から見て陶邑から供給された須恵器と、地元産とされる二群の須恵器について、器種構成から見る限り基本的に各時代(時期)の様相を反映したものであることが明らかである。しかし陶邑産とされる須恵器に関しては、供膳用である杯、𤭯が突出している事がわかる。これは生産地にあっての状況とは大いに異なる事から、その状況が当該須恵器を遠路当地方の遺跡までもたらされた何らかの背景が存在するものと考えられる。すなわち一つの考え方として貯蔵用器種はいずれの産地でも十分に確保できるが、当該器種についてては必ずしも、その入手確保の保証がなかったのではないか、すなわちこれらは希少品ではなかったかと考えている。

表1　須恵器器種別の産地点数・比率

産地	杯・高坏	𤭯	甕・壺	7〜9世紀代
陶　邑	27(96%)	8(57%)	33(37%)	1(5%)
岩手A群	0	4(29%)	33(37%)	8(36%)
岩手B群	0	1(7%)	19(21%)	7(32%)
不　明	1(4%)	1(4%)	5(5%)	6(27%)
合　計	28(21.2%)	14(10.6%)	90(68.2%)	22

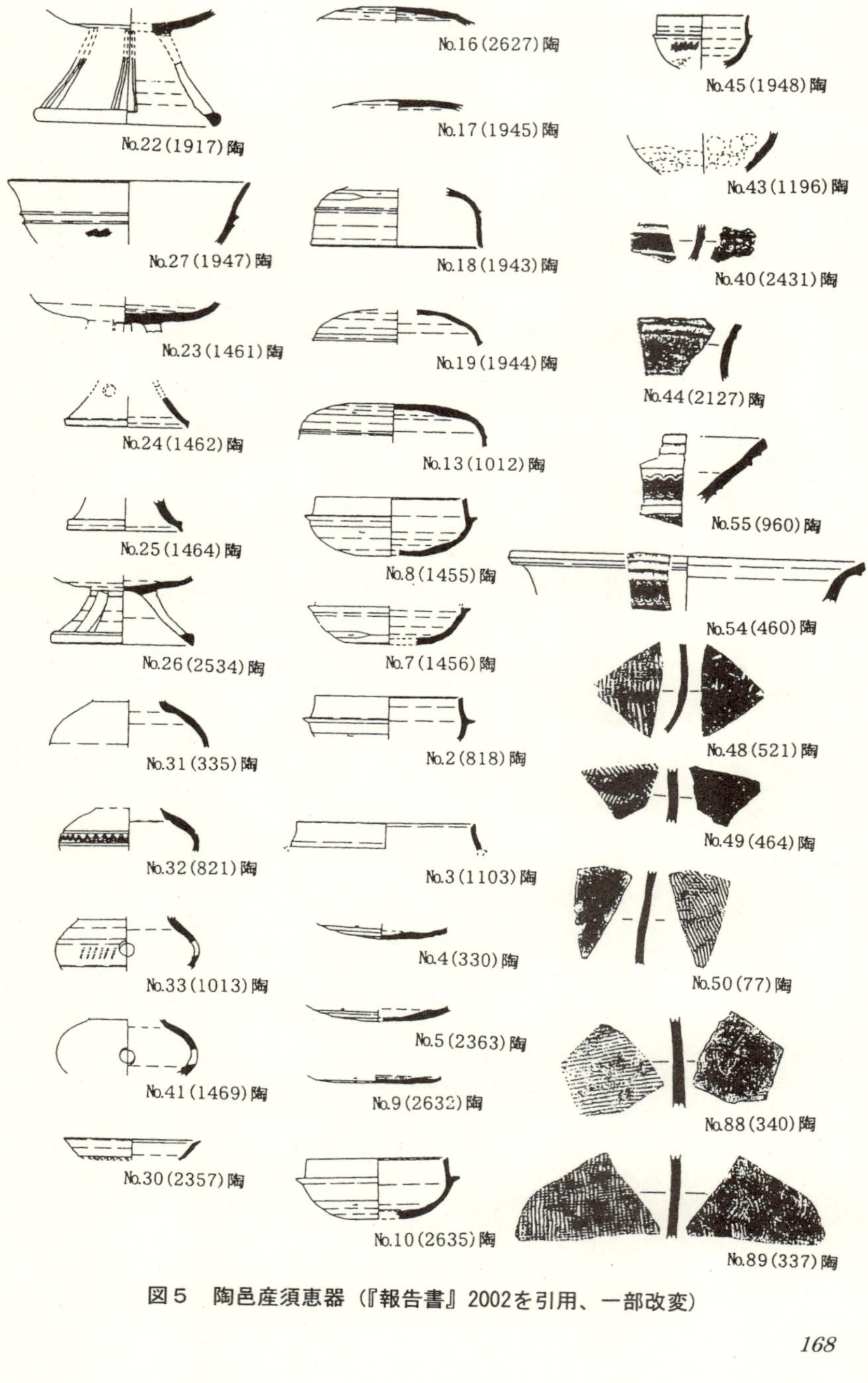

図５　陶邑産須恵器（『報告書』2002を引用、一部改変）

以上の点を整理すると、出土須恵器の産地から見た分類で、器種構成を見た場合、陶邑産須恵器についてのみ、その時代の通常の状態、すなわち貯蔵器種が多く、供膳器種が少ないという傾向を示さず供膳用容器が、異常に多いということがわかる。このことは地元産と陶邑産須恵器の入手の難易度に関わるのか、あるいは別の理由があるのかは明らかではないが、少なくとも産地によって入手器種が異なるという問題には何らかの背景があると考えられる。

次に産地別に須恵器そのものの検討を行ないたいと思う。

陶邑産とされるものについてである（図5）。比較資料として陶邑出土須恵器の一例を図6に示した。先ず高杯については、1947、1464、1462、1464、2534について類例を容易に示しうるが、1917については2~3段階に相当する無蓋高杯と見られるが、近似例は少ない。蓋杯1946、1944、1012、1455、1456、818、1103、2635については復元された法量（口径、器高）に問題が見られるが、ほぼ例示することができる。しかし2627、1945、330、2363、2632などのついては細片のため判断材料が少なく、例示できない。碗1948は近似例を示しうる。甕については口縁部の見られる2527、960については近似例を示しうるが、体部破片の521、464、77、340、337については類例が多く、そのいずれに近似するのかの判断が出来ない。いずれにしても内面

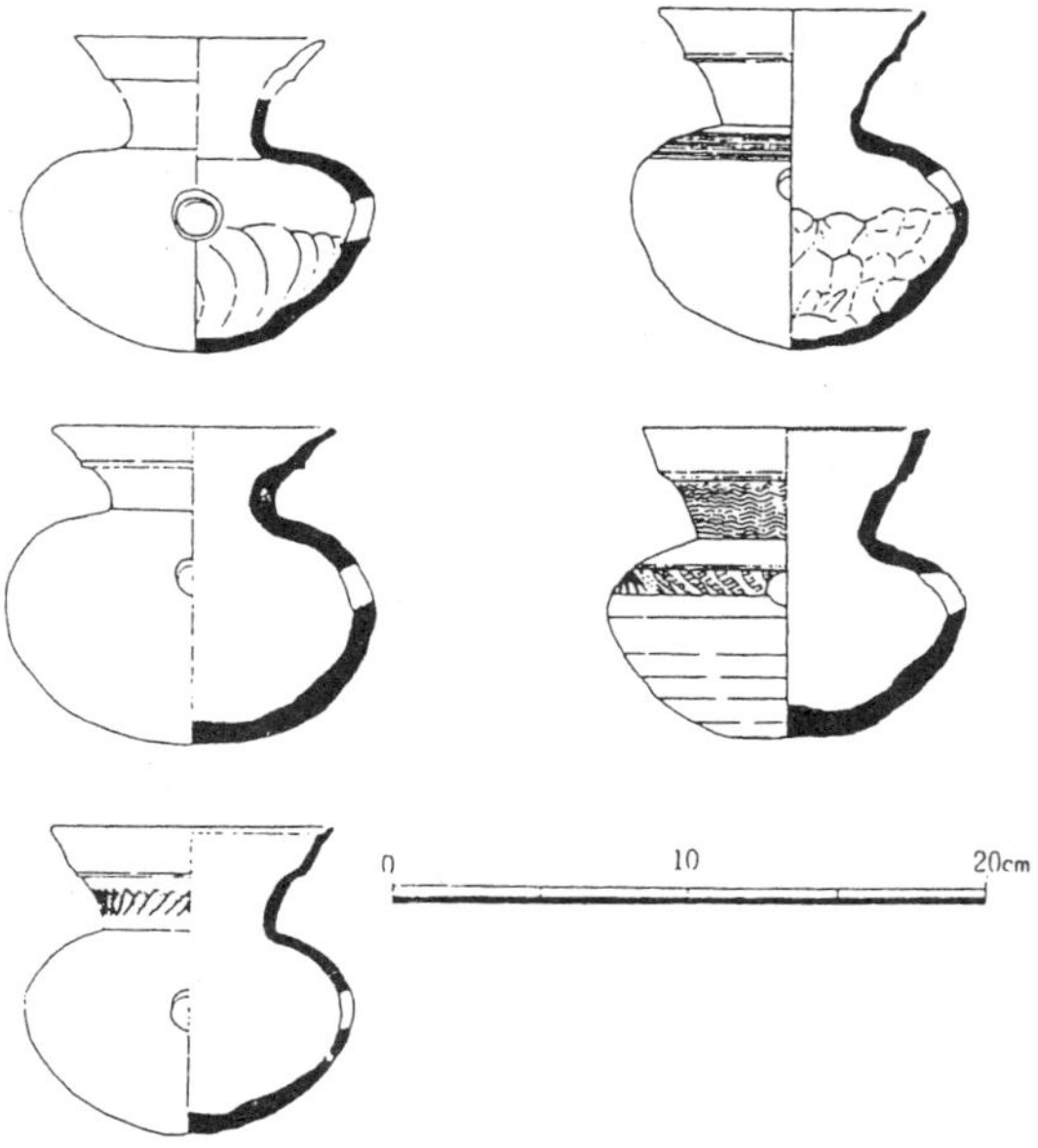

図6　𤭯の変遷(陶邑産須恵器)

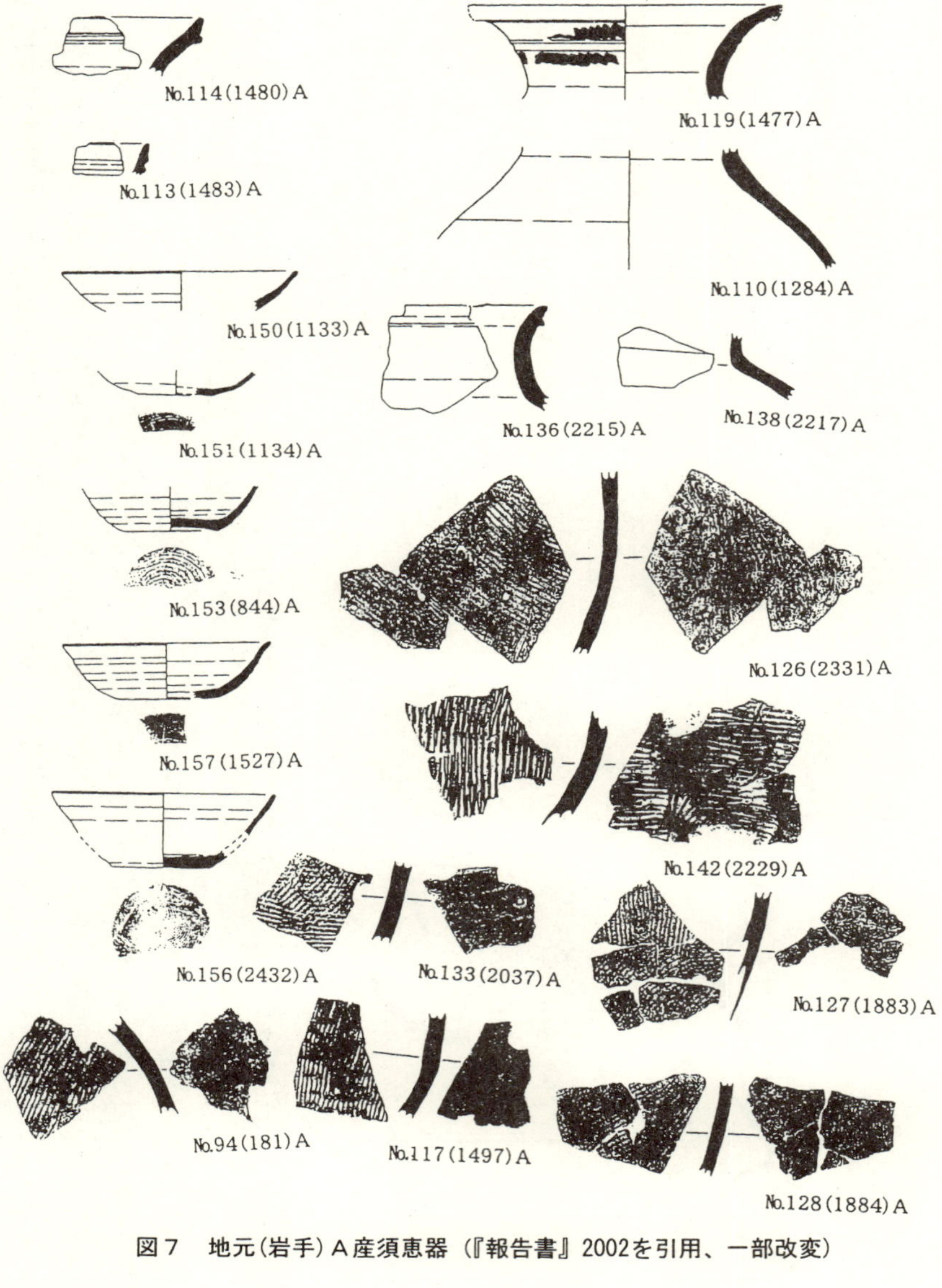

図７　地元(岩手)Ａ産須恵器（『報告書』2002を引用、一部改変）

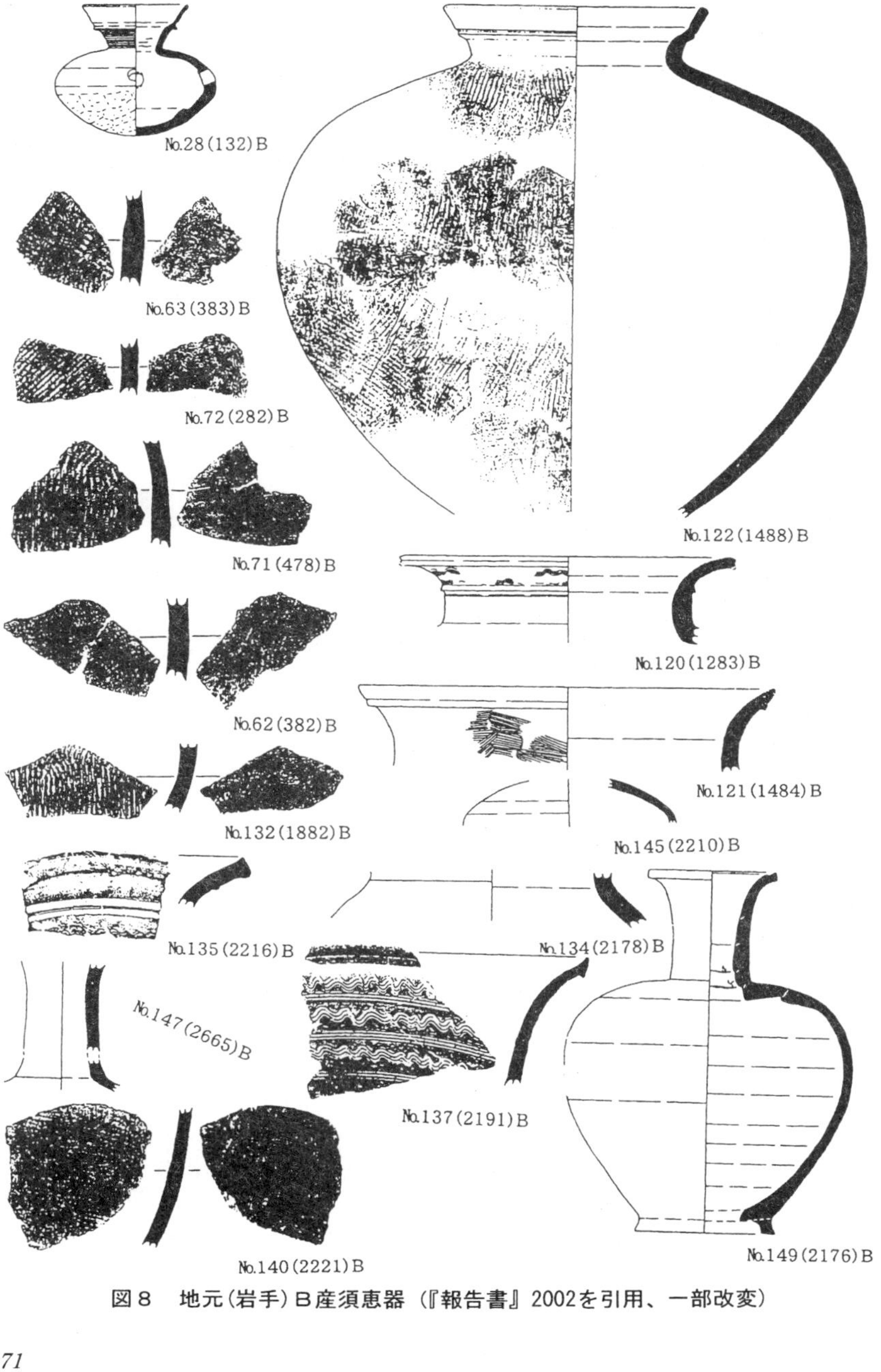

図８　地元(岩手)Ｂ産須恵器（『報告書』2002を引用、一部改変）

スリケシ作法がとられており、I型式の範疇には分類可能と考える。

次に岩手A群産とされているものについて見ることにする（図7）。甕1480、2215、1477については口縁部の形状から比較的古い段階のものであることが推定されるが、詳細まではわからない。なお体部231については内面スリケシ手法が用いられており、これらと同じ時期とすれば、I型式の古い段階に相当することになろう。この他に示されている資料は大半が平安時代のものであり、甕内面の手法には播磨札馬窯跡出土資料に類似するものも見られる。ちなみに当該時期には岩手県江刺市に瀬谷窯跡群が形成されており、そこからの供給品の可能性も高いと考える。

なお当該岩手A群と分類された一群が、宮城県仙台市所在の大蓮寺窯跡出土資料の分析結果と近似しているという指摘が見られたが、『報告書』によって見る限り、そこに示された資料等は、かつて筆者が検討を許された大蓮寺窯跡出土須恵器には類似例は全く見られないようである。

最後に岩手B群産とされた資料について見ることにする（図8）。ここで注目される遺物には、𤭯132と壺1488がある。前者は明らかに古式の様相を備えた𤭯であり、I型式2・3段階相当として大過ないものである。蛍光X線分析からは岩手産ないし東北地域の産品の可能性が説かれているが、現状ではこの時期に該当する遺物を生産した窯は、先の大蓮寺窯のほかには関東・東北地域では確認されていない。また𤭯のみの比較であるが、各部位の比較を行ったところ、陶邑出

表2　各部位計測値

	岩手B	大蓮寺A	大蓮寺B	陶邑I－2	陶邑I－3	尾張
A　口径	7.8	8.9	9.4	9.8	9.9	7.8
B　頸径	3.8	4.7	4.7	5.6	5.2	3.8
C　頸高	3.4	3.5	3.6	3.0	3.5	3.5
D　器高	10.2	11.8	11.3	11.0	9.9	12.0
E　胴径	11.8	11.3	11.9	12.8	10.6	12.5

表3　各計測値の比

	岩手B	大蓮寺A	大蓮寺B	陶邑I－2	陶邑I－3	尾 張
A／B	2.05	1.89	2.00	1.903	1.903	2.052
D／A	1.307	1.325	1.325	1.122	1.000	1.538
D／C	3.000	3.37	3.1388	3.666	2.828	3.428
E／A	1.521	1.269	1.2659	1.306	1.07	1.602

土例、大蓮寺窯出土例、さらに尾張地域出土例の比較を行なったのが表2である。

これら計測値のうちA／B、D／A、D／C、E／Aの各々の値を求めた。その結果は表3に示した如くとなる。なお陶邑Ｉ-２の資料としてはTK305出土𤭯を用い陶邑Ｉ-３の資料としては、MT203-Ⅱ出土𤭯を用いた。さらに尾張地域出土資料としては、窯跡出土ではないが、地元産の濃い名古屋市正木町貝塚出土𤭯を用いた。

これらによって見る限り、口径と頸部径の比では岩手Bが尾張例と近似する事がわかる。また同地生産地での例では計測数値は異なるが、この計測値では近似することが大蓮寺窯出土例で理解できるだろう。すなわち、ここで示された数値の比は、焼成段階で大きく変化する法量を超越した形で残されていることが判る。なおこの場合には、同じ生産地ないしは同じ時期の産品であることが示された比の数値の近似性を示すことになろう。

ここでは岩手Bとされた須恵器群が尾張東海地域の影響の濃い製品の可能性を指摘するにとどめておきたい。

同様に注目される遺物として、壺1488がある。二重口縁をもつ独特の形状をなすもので・陶邑窯では初期段階から見られ、いわゆる古式段階で姿を消す特異な形状の製品である。東北地域では大蓮寺出土例に同様な形状のものが見られるが、そのA、口径一六・五㎝、B、頸部径一四・五㎝、C、頸高四・〇㎝を各々はかる。その例に従ってA／Bを計算すると、前者は一・一三、後者は一・二二八となり大きく異なる。また製作手法から見ると頸部の裏面の処理が若干異なってみえるが、この点は今後に委ねたい。

また全体の形状についても体部最大径の位置、肩部の形状に若干の差異が見られるようであるが、いずれ両者の実物比較によって、これらの点が明らかになるだろう。いずれにしても現状では生産場所は明らかに異なっていることがわかった。

以上、中半入遺跡出土須恵器の報告された三群の分類にしたがって若干の考察を行ってきた。詳細な研究内容の進捗状況について十分な理解を怠っている危惧を感じつつ記述を進めてきた。いずれにしても東北地域にその地域の製品が供給されていたと見るのはごく自然であり、地元という地理的条件からも当然である。もちろん地元で生産されたにもかかわらずその供給範囲が著しく狭小である場合もあろう。そこには多分に政治的な関係とかかわっている問題であり、歴史的にも地域的にも解明されなければならないだろう。一方本稿で紹介してきたように陶邑製品など遠隔地からの供給が確認されたことは、当時の政治情勢と不可分な関係として考察されねばならないだろう。

以下、結びに変えて当該地域に供給された須恵器の系譜について考えておきたい。

むすびにかえて

岩手県水沢市所在の中半入遺蹟出土の須恵器について『報告書』の記述に原則的に従って、私見を加えながら整理検討してみた。

遺跡の位置する地域は少なくとも古代にあっては蝦夷勢力の支配地域であり、当該地域およびその周辺地域で平安時代には、改めて説くまでもなく大小の武力衝突が中央勢力との間で生じている。

ここで対象とした須恵器のうち陶邑産の可能性のあると説かれる供給地の陶邑は、古墳時代にあって百舌鳥古墳群の形成に伴って成立したと考えられる須恵器生産地である。とくにその製品は初期段階以来強い規制のもとに流通をしていたと考えられている。すなわちその背景には中央政権を抜きにして、その生産、供給は考えられない。

いわばこの段階で中央政権と対立していたと見られる当該地域での陶邑製品の大量出土は意外であった。逆にこの事実を真摯にとらえたうえで須恵器の初期段階での流通を考える良い機会でもあった。

すでに蛍光X線分析法による産地推定が確立しつつあり、その示された成果について、あるいはその意義についての十分な理解による解答が出せずにいたのも事実であった。ともあれ当該遺跡の調査によって、東北地域からの二つの供給源たる産地の特定はともかくとして、明らかに陶邑製品と指摘された須恵器については考古学的な検討からもそのように判断して全く矛盾がない。とすると古墳時代後半の、いわゆる古式須恵器と分類されている時期に、当該地域に中央政権支配地域の製品が供給されていたことになる。

このような場合にはいくつかの発想がある。まず第一にその須恵器を供給した人物あるいは豪族と、需給する側が同じ一族であるということがある。すなわち彼らは中峰政権の支配地域から当該地域に入植した人々であったのではないかという点である。

第二に須恵器を交易によって入手した場合である。第三には陶邑窯の工人が当該地域で生産指導を行った場合である。この第三については蛍光X線分析によって明らかに地元と明確に異なる構成元素が確認されていることからも荒唐無稽な発想として除外されるだろう。第一、第二の可能性についてはいずれも十分にあると考えられる。とすればほかの東北地域の遺跡からも同様な須恵器出土例があってもしかるべきである。しかし現状では極めて少なく、かつ大量出土の報には接していない。とすると第一の移住ということに落ち着かざるを得ない。すでに『報告書』でも触れられているように、胆沢町所在の最北端の前方後円墳角塚古墳との関係が注目される。女鹿氏[7]の説かれた以下の記述が、それを物語る端的な傍証となるだろう。

角塚の造営主体は、古墳時代中期後葉以前、既に倭国勢力の政治的影響下にあった仙台・大崎平野方面の勢力を後ろ盾として、当時、倭国勢力がいまだ進出していなかった「えみし」居住地域の直中、北上川中流域胆沢扇状地に橋頭堡的集落を構えるべく、一族（伴）と部を率いて入植した上毛野氏族の系譜に連なる豪族層と推測するものである。

とされる。果たして上毛野氏族との関連が妥当かどうかは、今後の研究の課題ではあるが、少なくとも須恵器の供給地は陶邑窯と仙台大蓮寺窯の二つの産地からのものであることは疑えない。とすると先の移住によってそれら須恵器がこの地域にもたらされたとする考えが妥当性が濃いことを物語るであろう。

なお彼らの移住元の地域すなわち彼らの故郷とする地域は、先にも記述したように陶邑窯地域の生産品が容易に入手できる環境、すなわち中央政権と強いかかわりを有していた勢力の居住地域からであるということが推定される。

なお具体的な部分については今後に委ねたいと思う。

〈補注・参考文献〉

①中村編著『陶邑』Ⅰ～Ⅲ、井藤徹編著『陶邑』Ⅳ、野上丈助編著『陶邑』Ⅴ・Ⅵ、宮野純一郎編著『陶邑』Ⅶ・Ⅷ、いずれも大阪府文化財調査報告、大阪府教育委員会。

②高木晃ほか『中半入遺蹟・蝦夷塚古墳発掘調査報告書』(財)岩手県文化振興事業団埋蔵文化財センター、平成一四年。

③ここでは『報告書』の型式編年の記述のままとして示した。

④中村「年代と産地推定」『季刊考古学─年代と産地の考古学─』雄山閣出版、平成一八年一一月。

⑤大蓮寺窯跡出土須恵器については、かつて観察検討したことがある。中村「初期須恵器の系譜─宮城県仙台市大蓮寺窯について─」『大谷女子大学紀要』一四─一、一九八五年。

⑥以下用いる型式段階の名称は、中村『前掲（1）書』を参照されたい。

⑦女鹿潤也「仁徳紀『田道』伝承と角塚古墳」『弘前大学国史研究』第一〇七号、平成一一年、弘前大学。なお引用にあたっては前後の記述を紙幅の関係から割愛したので十分な理解を得られないことや誤解を恐れる。興味のある方は原著にあたられることを希望する。

第三部　陶邑の古墳——須恵器工人の墳墓

第一章
須恵器生産者の墳墓
——野々井南遺跡の墳墓遺構について——

はじめに

堺市南郊の泉北丘陵に位置した我国最古最大の須恵器窯跡群は、陶邑窯跡群と呼ばれている。この地域では古墳時代後半の五世紀から平安時代の十世紀頃まで連綿と生産が続けられていた。[①] これらの生産に従事した人々の生活も当然同じ地域にあったと考えられる。

即ち彼らの日常生活の場である住居や生産に伴う工房、あるいは集荷出荷に関する流通に伴う施設等々の遺跡群が位置していた。既に当該地域の墳墓遺構については、原山古墳群、牛石古墳群、さらには檜尾塚原古墳群について検討してきた。[②] それらはいずれも独特の形態を採った墳墓であったが、それぞれの墳墓の被葬者の特定までは至っていないし、それら相互の関連や階層の問題も明らかではない。この課題の解明の糸口として本稿では野々井南遺跡の墳墓遺構について注目して検討を加えることにする。

栂丘陵北部域の平坦地は、その立地条件から古墳時代後半には集落が営まれ、さらに方形墳を中心とした古墳群も構築されてきた。これらは野々井遺跡、野々井南遺跡としてすでに報告されており、[③] 各遺跡の概略については周知されている。

しかしそこに展開した古墳、墳墓の分析や検討は充分行われたとはいえない。とりわけ須恵器生産が行われた窯跡群とほぼ重複する分布状況を示す。このことは当該古墳・墳墓群は彼ら須恵器生産従事者に関連した遺跡であるとして大過ないものであり、工人集団の実態を明らかにする重要な資料でもある。

本稿では、栂丘陵北部に展開した弥生後期から古墳時代前期を含む野々井地域に展開した遺跡群のうち、とくに前後の時期的な重複がほとんど見られない野々井南遺跡に注目し、そこに位置した古墳・墳墓群について検討を加えたいと思う。

1　野々井南遺跡について

野々井南遺跡は、陶邑窯跡群の中央部に位置する栂丘陵の北部の丘陵尾根部に展開した住居跡、古墳、土坑、窯跡などによって構成された遺構群である。

野々井遺跡との関係は前者の分布域がさらに北部地域、後者が南部地域に位置することであり、前者は弥生時代後期以来の系譜を認めることができるが、後者はそれが確認されず、古墳時代後半以降の成立と考えられる。これらの野々井地域に位置した両遺跡は位置的には近接しており、古墳群としては同一の群として理解することも可能であるが、丘陵の地形や、既述のごとく先行する時期の遺構との関連などから見ると明らかに独立していた可能性が濃い。

野々井南遺跡は、一九七一年度に大阪府教育委員会によって調査された泉北ニュータウン工事に伴う発掘調査の中で新たに確認、調査されたものである。調査前の現状は標高六〇～六三m前後をはかる丘陵尾根部に広がる平坦地であり、その旧状は畑地であった。やがて調査によって封土が失われた古墳群や住居跡、掘立柱建物跡、土坑墓群、土坑等の遺構、須恵器、土師器、埴輪などの遺物が検出された。

その遺構の分布範囲は南北一〇〇〇m、東西三〇〇m以上に及ぶ広大なものであった。分布遺構は図1に示してい

図１　野々井南遺跡の遺構分布（『陶邑』Ⅵより改変）

る。これらのすべての遺構は開墾、耕作によって盛り土などの地上構造物がすべて削平され、全てが平坦地となっていた。このため調査着手段階では、遺物散布が認められるものの表面上では遺構は全く観察できない状況のものであった。[④]

以下、検出遺構について報告書を参照しながら個別に記述しておきたい。

・住居・建物跡

調査範囲の南側中央部分で竪穴住居六基（ＳＢ01‐ＳＢ06）、南西部地域で三基（ＳＢ08‐ＳＢ10）、西部地域一基（ＳＢ07）の合計一〇基が確認されている。これらは中央に炉を伴うものが七基（ＳＢ01・02・06・07・08・09・10）であるが、建物を取り囲む周溝はいずれも確認されていない。また柱穴の状況から円形、方形のいずれの形状をなしていたのかは判断できない。遺物の検出は殆どなく、僅かにＳＢ06炉跡内から須恵器〈Ⅱ型式〉の細片が見られたに過ぎない。[⑤]

しかし周囲での遺物出土状況から見て、時期的に古墳時代前期まで遡る例は確認されていない。

掘立柱建物は南東部地域で二基（ＳＢ11、12）検出されている。これらは五号墳墳丘削平後の構築であり、時期的には奈良時代後期以降と考えられる。

・溝　跡

調査範囲には、縦横に溝が検出されており、その時期についても古墳時代後半から近世まで様々なものである。これらのうち明らかに耕作用道路に伴う側溝とみられるものや、開墾に伴う畝跡などをのぞくと、合計六本（ＳＤ01‐06）の溝遺構が確認されている。このうち中央から南西方向に伸びるＳＤ01溝及び調査地域の西端を区画するように設定されていたＳＤ06溝は、時期的に他の遺構群とほぼ同時期まで遡ると見てよいだろう。なおＳＤ05溝は平安時代まで下降すると考えられる。

・古墳（周溝遺構）（図２）

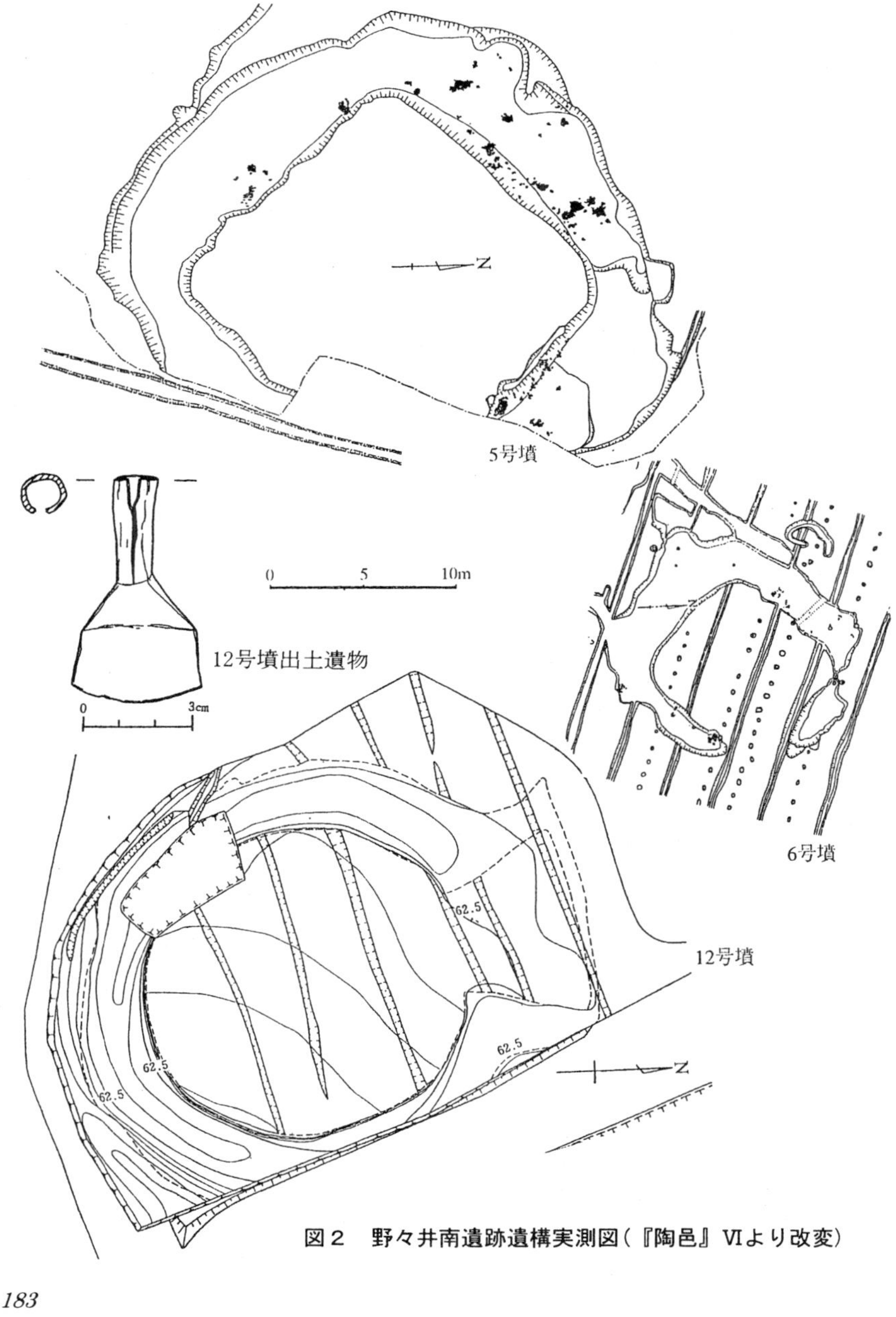

図２　野々井南遺跡遺構実測図（『陶邑』Ⅵより改変）

古墳は丘陵西端部で調査された古墳を除いては全て封土が失われた状態で検出されている。これら封土の失われた周溝のみの古墳について1号墳から12号墳までの一二基である。以下、各古墳について記述する。

1号墳

調査地域の北東部に位置した封土を失った周溝のみ残存し、検出した古墳である。当該地域には2・3・4号墳が隣接して確認されている。これらの中でも最も残存度の不良なものであり、溝の痕跡が確認されたという状況であった。周溝の中心軸から想定した主軸方向はN-15度-W、南北（周溝を含む以下同じ）一四m、東西一四mをはかるほぼ正方形をなす。主体部は開墾によって失われたものと考えられる。

2号墳

1号墳の西一二mに位置した封土を失った周溝のみの古墳である。当該地域の古墳の中では最も南に位置する。主軸方向はほぼ南北である。南北一四m、東西一五m、溝の幅は東側で四m、西側で一mをはかる。主体部は開墾によって失われたものと考えられる。

3号墳

1号墳の北西一五m、4号墳の北四mに位置した封土を失った周溝のみの古墳である。当該地域の古墳の中では最も北に位置する。主軸方向はN-25度-E、南北一二m、東西一二m、溝幅一・〇mから三・〇mをはかる正方形をなす。主体部は開墾によって失われたものと考えられる。

4号墳

1号墳の西一二mに位置した封土を失った周溝のみの古墳である。当該地域の古墳の中では最も良好な遺存状態を示す。主軸方向はN-10度-E、南北一九m、東西一七m、溝幅三・〇mから五・〇mをはかり、墳丘部分は正方形をなす。主体部は開墾によって失われたものと考えられる。

5号墳

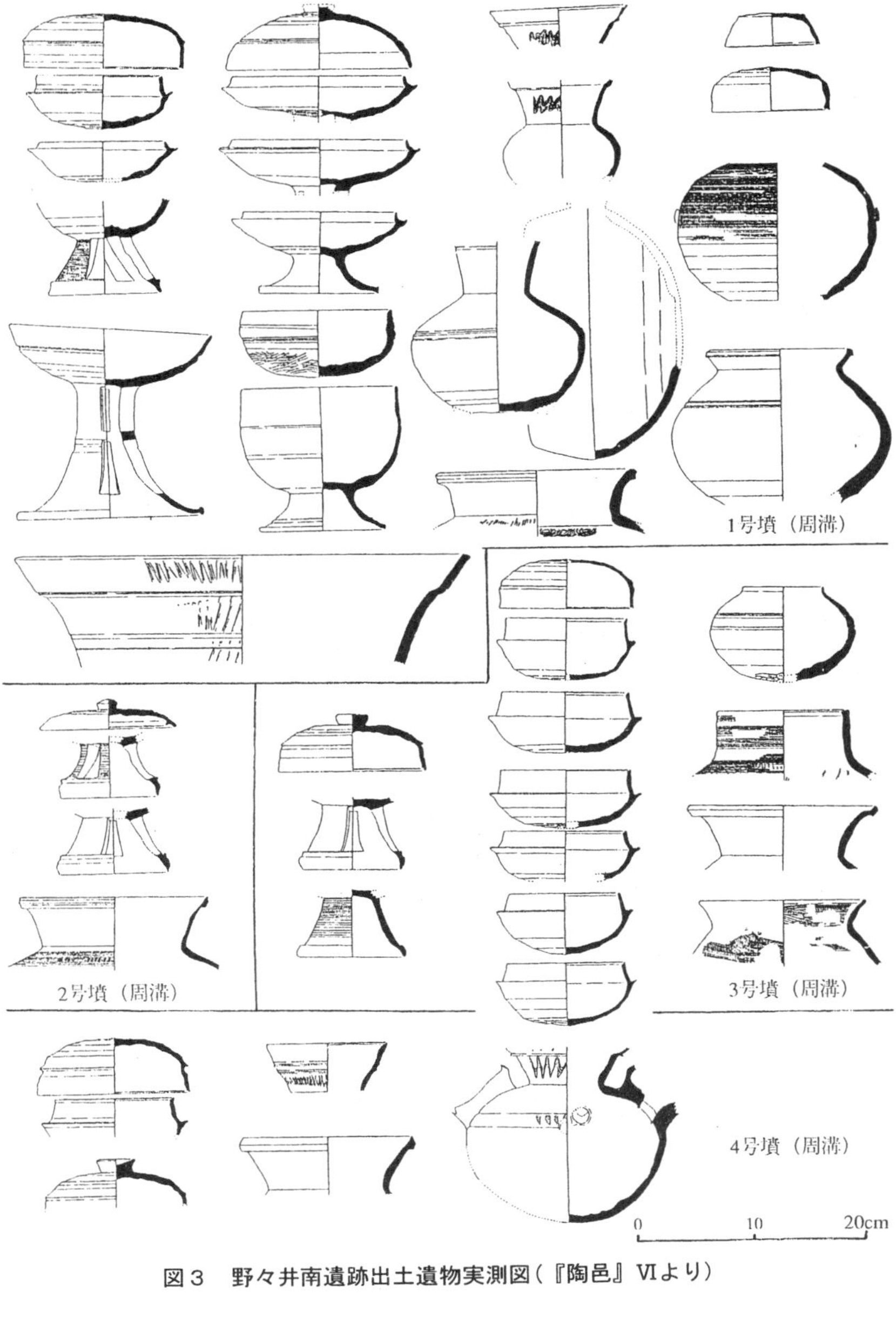

図３　野々井南遺跡出土遺物実測図（『陶邑』Ⅵより）

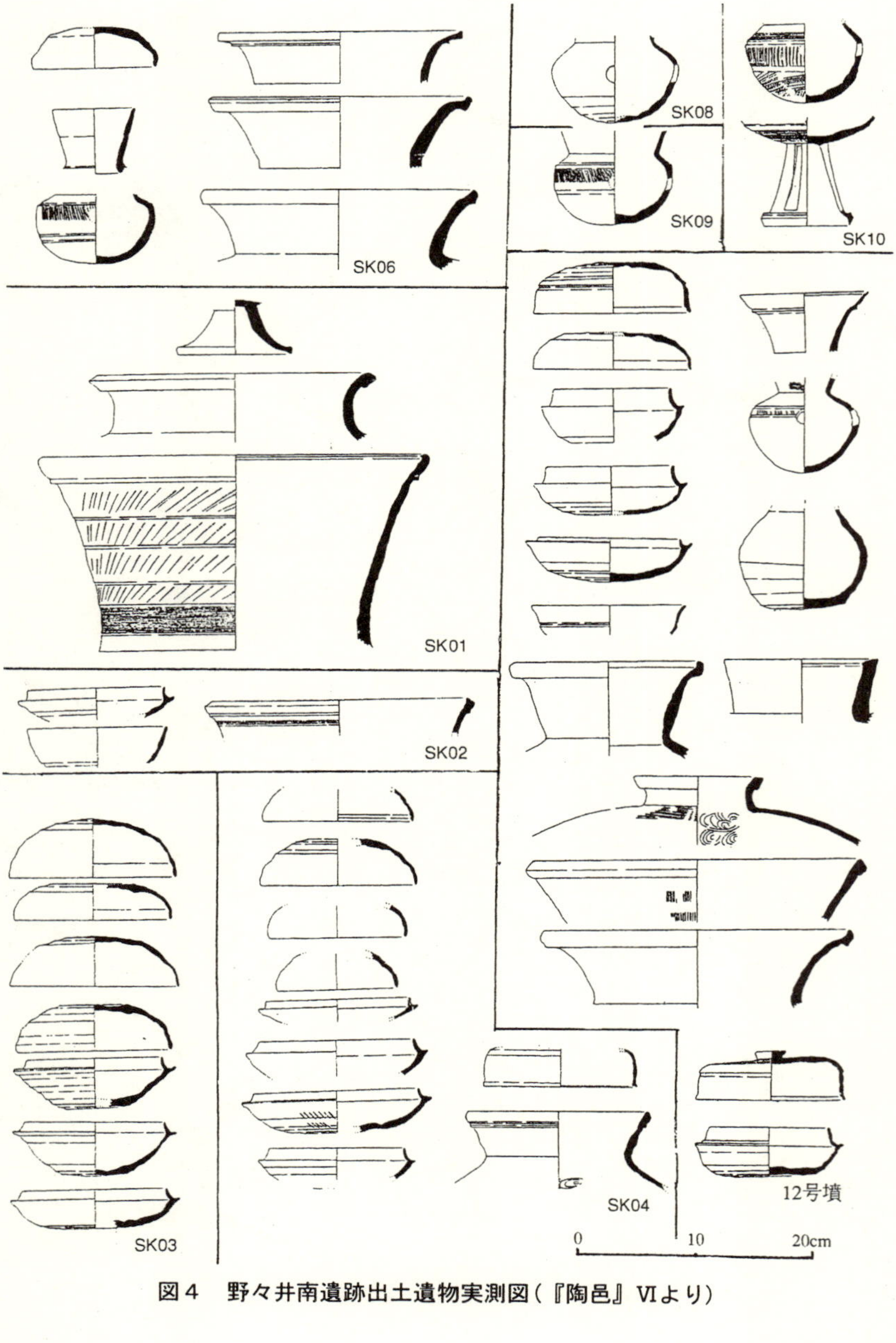

図４　野々井南遺跡出土遺物実測図（『陶邑』Ⅵより）

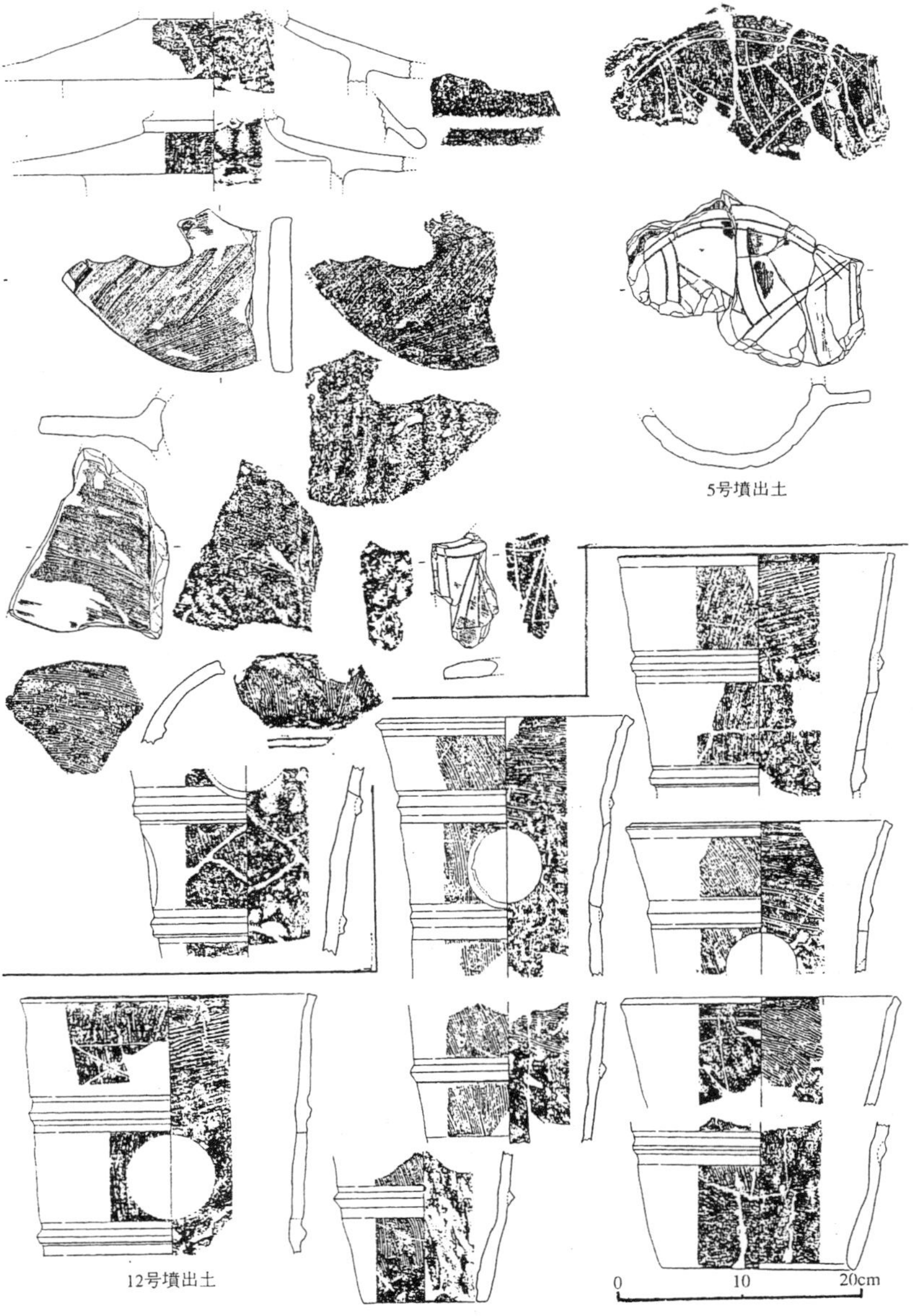

図５　野々井南遺跡出土遺物実測図（『陶邑』Ⅵより）

調査地域の南東部に位置した封土を失った周溝のみの当該古墳群中最大の方墳である。当該地域の古墳の中では最も南に位置した。主軸方向はN‐44度‐E、南北二六m、東西二六m、溝幅四・〇mから六・〇mをはかる正方形をなす。主体部は開墾によって失われたものと考えられる。

周溝内部からは、北西部分と北東部分に比較的まとまった状態で埴輪が検出されている。なお当該古墳の中央部にはSB12建物跡、SB11建物跡が検出されており、少なくともこの時期には封土が失われていたことがわかる。

6号墳

5号墳の北三mに位置した封土を失った周溝のみの古墳である。主軸方向はN‐48度‐E、南北一二m、東西一三m、溝幅二・〇mから三・〇mをはかる正方形をなす。主体部は開墾などによって失われたものと考えられる。当該古墳は溝の西端部を平安時代頃のSD05溝によって撹乱されている。5号墳の陪塚とも考えられる位置にある。

7号墳

調査地域の西端部付近に位置した封土を失った周溝のみの古墳と考えられるが、方形の竪穴住居の側溝の可能性もある。しかし住居とすると中央部に見られる柱穴が全く確認されておらずその可能性は薄いと考えられる。

南北七・五m、東西八・〇mをはかり、ほぼ周溝は正方形をなす。溝内に川原石などが認められなかったことから葺き石および敷石は設置されていなかったと見られる。主体部は既に削平されており、残存していないが周辺に石材や抜き跡等の痕跡が認められないことから木棺直葬の可能性が濃いと見られる。

8号墳

7号墳の南東三・五mに位置した一辺七mをはかる封土を失った周溝のみの古墳と考えられる。主軸方向はN‐34度‐Wをはかる。中央部に長方形の土坑が確認されているが、時期的には後出段階のものと見られる。

9号墳

7号墳の南西五mに位置した周溝の北東部分のみの確認である。主軸方向はN‐35度‐W、南北（検出部分のみ）

七・五m、東西八mをはかる。

10号墳

九号墳の東七mに位置した方形周溝の一部と考えられる遺構である。検出長は一二m、幅〇・六一mをはかる。

11号墳

調査地域の南西端部に位置した円形の周溝である。円墳の封土を失ったものと考えられる。墳丘部の直径一二㎡前後をはかる。なお当該古墳は7～10号墳の西側部分に隣接しており、丘陵尾根の西端部である。

12号墳

調査地域のほぼ中央部南西端部に位置した封土を失った前方後円墳である。とくに前方部が未発達な形状を示す所謂帆立貝式古墳である。

主軸上の全長は三〇m、後円部の径一七m、周溝を含んだ径二四m以上、くびれ部の幅六mを各々はかる。主体部は全て開墾によって削平されており、全く痕跡は確認できなかった。しかし石材の痕跡が溝内から全く確認されていないことから石室を主体とするものではなかったと考えられる。また墳丘への葺き石や溝内の敷石なども痕跡が確認されなかった。

なお周溝底部から小型の鉄斧、須恵器、埴輪などの遺物が検出されている。

・土　坑（図6～8）

古墳の痕跡のようには明確な形状で確認できなかったが、封土を伴う古墳が構築できなかったと考えられる人々の墳墓として可能性が濃い土坑もいくつか確認された。これらについてもいくつかのグループに区分することが可能である。

・A群土坑

A群土坑として調査当初呼称していたもので、SK01からSK05土坑までが該当する。これらの土坑は、堀方を共

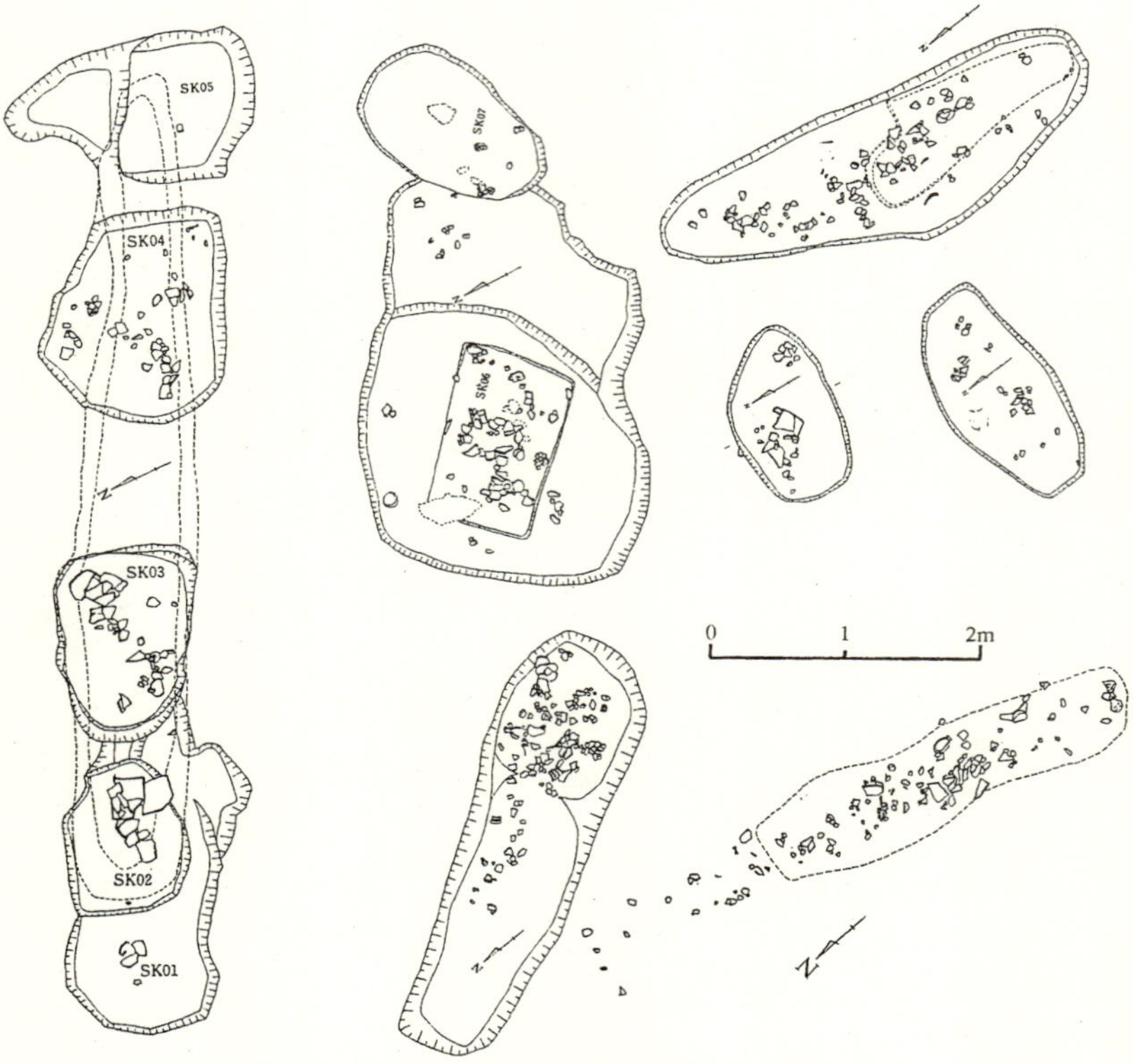

図６　野々井南遺跡出土遺物実測図（『陶邑』Ⅵより）

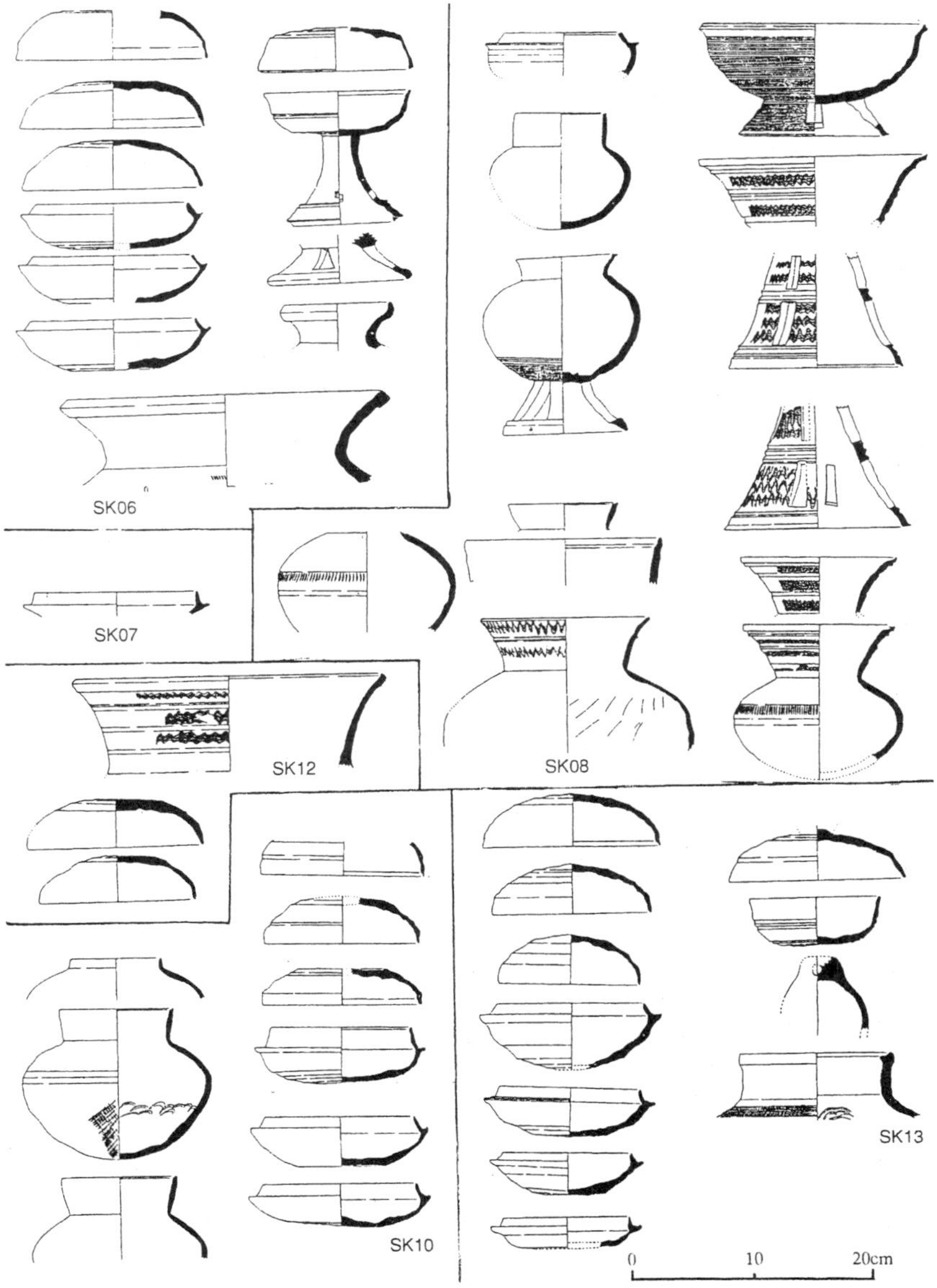

図７　野々井南遺跡出土遺物実測図（『陶邑』Ⅵより）

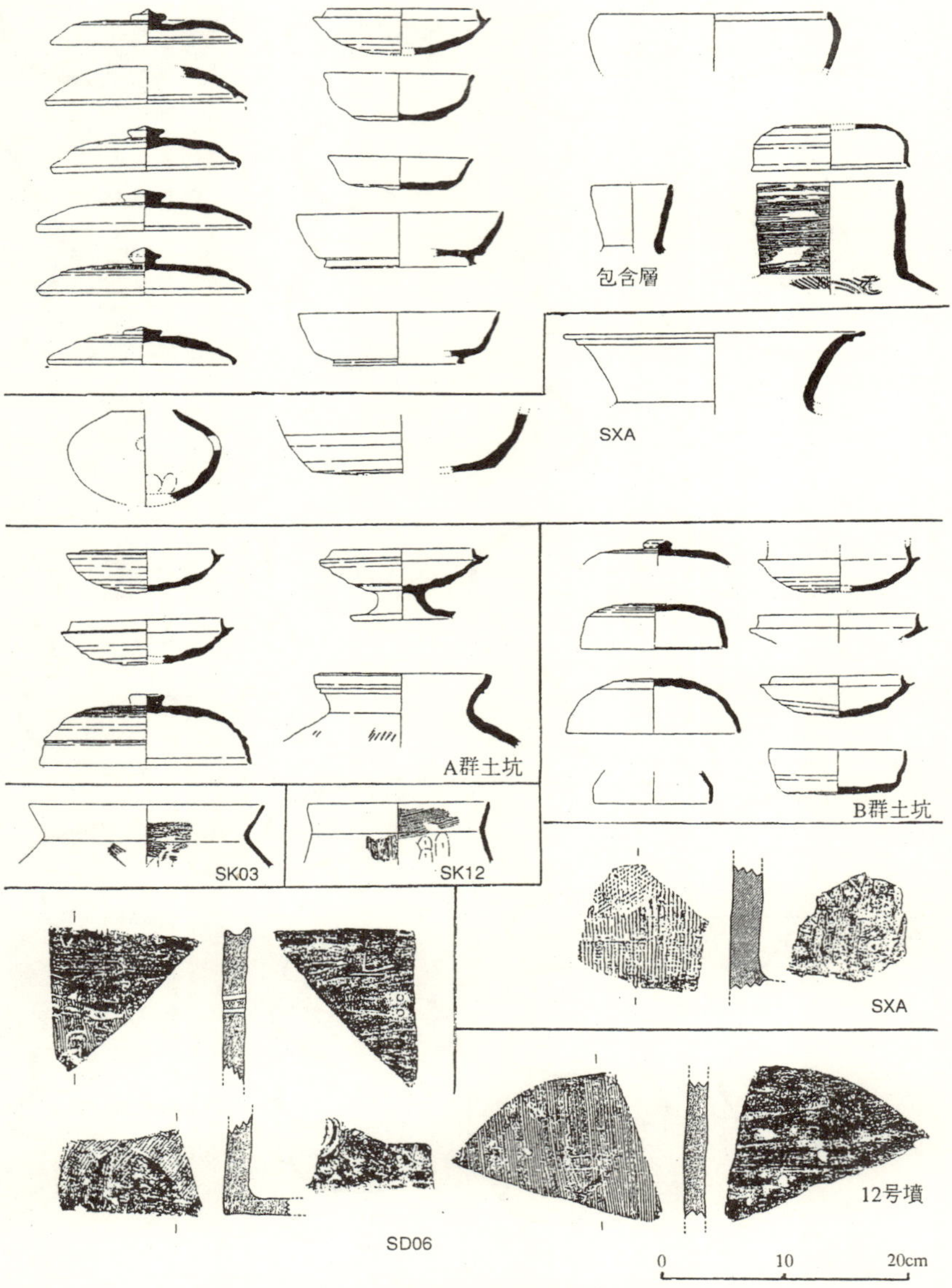

図８　野々井南遺跡出土遺物実測図（『陶邑』Ⅵより）

有しているが、それぞれには重複状況から前後関係が確認できる。

各土坑は重複して検出されており、同じ場所に意識的に構築され続けていたことを暗示している。また各土坑を関連付けるような幅〇・五五m前後をはかる溝が下層から確認されている。ただしこの溝はＳＫ01土坑の下層には及んでいない。したがってＳＫ01土坑とＳＫ02からＳＫ05土坑は構築時期に差があると見てよい。

ＳＫ01（Ａ－１）土坑

Ａ群の南端部に位置しており、上層にＳＫ02が構築されその半分程度が撹乱されている。形状は東西に長い楕円形をなす。主軸方向はＮ－30度－Ｅ、長径一・八m、短径一・〇m、深さ〇・六m前後をはかる。南半分をＳＫ02と重複しており、切り合い関係から見ると当該遺構が先行する。底部から須恵器片（甕）が検出されている。主体部が甕棺の可能性もある[*6]。

ＳＫ02（Ａ－２）土坑

ＳＫ01の南に接し、その上層に位置する。形状は東西に長い楕円形をなす。主軸方向はＳＫ01とほぼ同じで、長径一・一五m、短径〇・九m、深さ〇・一m前後をはかる。中央底部から須恵器甕片が検出されている。主体部が甕棺の可能性もある。

ＳＫ03（Ａ－３）土坑

ＳＫ02の南〇・三mに位置するが、切り合い関係は見られない。東西に長い不整形な楕円形をなす。主軸方向はＳＫ01とほぼ同じで、長径一・五m、短径一・〇m、深さ〇・一m前後をはかる。須恵器蓋杯、甕、土師器などが検出されている。

ＳＫ04（Ａ－４）土坑

ＳＫ03の南一mに位置する東西に長い不整形な楕円形をなす。長径・一七㎡、短径一・三m、深さ〇・一m前後をはかる。遺物は土坑全体に散乱した状態で検出されており、須恵器甕の破片である。

ＳＫ05（Ａ－５）土坑

ＳＫ04の南〇・二ｍに位置する東西に長い不整形な楕円形をなす。長径一・七ｍ、短径一・三ｍ、深さ〇・一ｍ前後をはかる。

・Ｂ群土坑

Ａ群土坑の北二〇ｍで確認された土坑群である。ＳＫ06、ＳＫ07の二基であるが、切り合い関係からＳＫ06が先行する。

ＳＫ06（Ｂ－１）土坑

長径二・二ｍ、短径二・一ｍをはかる不整形な堀方内部に幅〇・八五ｍ、長さ一・四ｍの長方形の木棺の痕跡が確認された。木棺の主軸方向はＮ－50度－Ｗである。内部から多数の須恵器片が検出されている。

ＳＫ07（Ｂ－２）土坑

ＳＫ06の南〇・九ｍに位置する東西に長い楕円形を呈する土坑である。長径一・四ｍ、短径〇・九ｍ、をはかる。遺物は内部から須恵器片が検出されている。なおＳＫ06とＳＫ07の間にある土坑は、ＳＫ06の掘り方の外郭とも見られるが、全く別の土坑の可能性もある。

・Ｃ群土坑

Ａ群土坑の南西四〇ｍ前後に位置する不整形な土坑群である。ＳＫ08からＳＫ13までの六基から構成される。切り合い関係や、掘り方の共有関係は認められず、それぞれが独立して形成されている。

〈ＳＫ08（Ｃ－１）土坑〉

Ａ群から南西四二ｍに位置する南北に長い不整形な土坑である。主軸方向Ｎ－28度－Ｗ、長径三・五ｍ、短径一・〇ｍ、深さ〇・一ｍ前後をはかる。なお詳細に見ると主軸を同じくして北側に長径二・一ｍ、短径〇・九五㎡、深さ〇・六ｍをはかるものと南側に長径一・二ｍ、短径一・〇五ｍ、深さ〇・六ｍをはかる二つの形状の異なる土坑が連続していることがわかる。南側の土坑は遺物が豊富で、須恵器高杯、小型器台、甕などが検出されている。
ＳＫ09（Ｃ－２）土坑
Ａ群から南西三七ｍに位置する東西に長い不整形な方形をなす土坑である。主軸方向ではＳＫ05と直交する。長径三・三ｍ、短径二・〇ｍ、深さ〇・九ｍ前後をはかる。なお遺物の検出が見られず他の土坑とは様相が異なる。しかし他に遺構の見られない地域での確認であり、当該例についても他の確認例と同じ性格と見てよいだろう。
ＳＫ10（Ｃ－３）土坑
ＳＫ09の南東に位置する南北に長い不整形な土坑である。長径三・四ｍ、短径一・二ｍ、深さ〇・一ｍ前後をはかる。内部の南部に幅〇・五ｍ、長さ一・八ｍをはかる不整形な落ち込みを確認した。内部から多様な須恵器が検出されている。
ＳＫ11（Ｃ－11）土坑
Ａ群から南西二七ｍに位置する楕円形をなす土坑である。主軸方向をほぼ東西にとり、長径一・三ｍ、短径〇・七五ｍ、深さ〇・一ｍをはかる。底部から須恵器甕片、土師器片などが検出されている。
ＳＫ12（Ｃ－12）土坑
ＳＫ11の西〇・一ｍに位置する東西に長い楕円形を呈する土坑である。主軸方向から見るとＳＫ11と同じとなる。長径一・七ｍ、短径〇・八五ｍ、深さ〇・五ｍ前後をはかる。須恵器甕片などが検出されている。
ＳＫ13（Ｃ－13）土坑
ＳＫ11の南東６ｍに位置する南北に長い溝状の遺構である。長径二・八ｍ、短径〇・七ｍの深さをはかる。土坑として報告しているが、溝の可能性もある。遺物には須恵器、土師器などがある。
以上、報告書の記述にしたがって野々井南遺跡で確認された遺構について紹介してきた。以下、これらのうち墳墓遺構と考えられる土坑と古墳について検討を加えることにする。

2　古墳・墳墓群の検討

これらの古墳群の分布は他の遺構分布とほぼ一致している。すなわち居住遺跡と生産遺跡とが近接していたと考えられる時期にあっては当然の状況ではあるが、他の時期とりわけ先行する時期のものが含まれていないことが、その検討を比較的容易にする。

また土坑の性格については、墳墓としての土坑墓と単にゴミ捨て場的な性格の坑とする考えがある。しかし既述の如く、生活痕跡の見られる住居跡などの遺構とはやや距離があり、あえて当該場所に廃棄場所を設定する必然性は少ないように考える。

すなわち土坑Aの如く住居跡遺構と隣接している場合には、墳墓以外の可能性が大と考えるが、このように距離を置き、かつ同種の遺構が集中して位置していることを考えあわせるならば、当該土坑の性格を墳墓遺構であると見て大過ないと考える。また既述のごとく甕棺を主体とする墳墓は陶邑光明池地区美木多第一地点などで確認されており、これらの墳墓が須恵器生産者と深い関係のある人々の墳墓であるとして大過ないだろう。

ところでこれら古墳、土坑の分布について詳細に見ると、大きく三つのグループに区分されることがわかる。とくにこれらの遺構群間には全く遺構が確認されなかった平坦地が見られる。当該部分にはかつて丘陵部や谷が存在した可能性は全くなく、調査においても慎重に精査した結果なんらの遺構も確認できなかった部分である。このことは各古墳や土坑群が地理的に近接している遺構ごとにまとまりがあり、その遺構が確認できなかった部分の意味も充分に考えねばならないだろう。すなわち明らかに遺構群ごとにまとまっており、それらの遺構群ごとにその遺構無確認部分によって、これらが区分されていることが判る。これらの遺構群のまとまりを南からⅠ群、Ⅱ群、Ⅲ群として理解し、見ていくことにする。

さて遺構については既に詳細に見てきたが、次にこれらに伴って出土した遺物について各群との比較検討を行ってみよう（図9）。

I　群

まずI群の古墳群では大型の方墳である五号墳と小型の方墳の6号墳、7〜10号墳がそれぞれ隣接している。また前方後円墳の12号墳は、これらの方墳から少し離れて位置する。さらに5・12号墳では埴輪を確認しており、いずれも須恵質の硬質の埴輪を含んでいる。これらでは陶邑編年II型式に分類される須恵器をいずれも併せて出土している。

なお須恵器のみから前後関係を推定すれば5・9・10号墳が先行し、8・12号墳が続き、6号墳がもっとも後出段階となる。しかし8・9・10号墳を除いて複数段階の須恵器が含まれている。すなわち大型方墳に次いで前方後円墳が登場することになる。

II　群

次に1〜4号墳がII群部分に位置する。これらの群では陶邑編年I型式に分類される須恵器をいずれも出土している。なお須恵器のみから前後関係を推定すれば、1号墳が最も古く、2・3号墳ではほとんど差がないと考えられる。1・2号墳にはII型式以降の須恵器も混在している。とくに1号墳では四時期（I-4、II-3・6）の須恵器が見られるが、一定のまとまりを持っていることが指摘される。すなわちこれらは同じ主体部にそれぞれに追葬されたものと見れば説明がつくものである。なお3号墳についてはまとまりがあり、混入品はないとしてよいだろう。

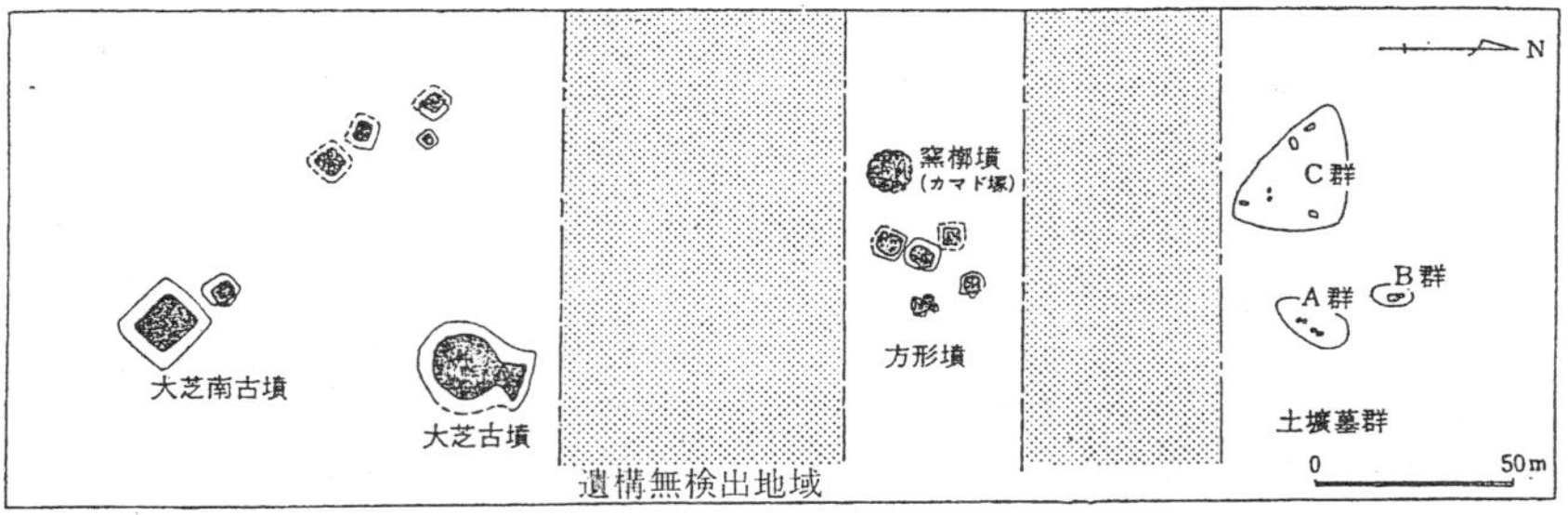

図9　野々井南遺跡の遺構分布（『陶邑』IIより）

Ⅲ　群

Ⅲ群では土坑群が確認されている地域である。これらの土坑のうちⅠ型式相当の須恵器を出土したのは、ＳＫ08の一基にみである。

Ａ群土坑（ＳＫ01－05）からはいずれもⅡ型式相当の須恵器が確認されている。ＳＫ02・03では時期的にまとまりがあるが、ＳＫ04ではやや細かな時期で差が見られる。この群での構築順序はＳＫ01が先行し、ＳＫ03、ＳＫ04・05となる。なお当該土坑の主体部は、陶邑栂（ＴＧ）地区南部で検出されている美木多第一地点などと同様な甕棺の可能性が濃いと考えられる。

Ｂ群とした土坑はＳＫ06・07の２基であり、いずれもⅡ型式段階相当の須恵器が見られる。なおＳＫ06では時期的に細かな差異を認める。ＳＫ06の主体部は木棺の使用があったものと見られるが、ＳＫ07については遺構の残存状況からは推定不可能である。

Ｃ群とした土坑は、ＳＫ08～13の六基である。ＳＫ08ではⅠ型式の杯や器台、甕（広口壺）などが確認されている。このほかの土坑ではいずれもⅡ型式段階相当の須恵器が確認されている。ＳＫ10・13土坑では複数の段階の須恵器が見られる。ＳＫ10では、大半がⅡ型式の須恵器であるが、短頸壺のみがやや先行する可能性がある。ＳＫ13ではⅡ型式２から３段階の須恵器を含んでいる。

構築順序を見るとＳＫ08が最も古く、ＳＫ10・12・13はほぼ同じと見てよいだろう。ただし後出段階まで残っているのはＳＫ12・13の二基であるが、後者のＳＫ13土坑は墳墓ではない可能性もある。

Ⅰ群からⅢ群の遺構中で最も時期的に遡るのは、ＳＫ08土坑である。また古墳群のうちでⅠ型式段階に構築されていた可能性のあるものは、１～４号墳である。大型の古墳である５号墳（方形墳）及び12号墳（前方後円墳）はこれらの構築時期からわずかながら新しい段階に構築されたものと見られる。

一方、土坑については方墳が構築されなくなった段階以降も続けて形成されていることがわかる。すなわち初期の段階ではⅢ群の土坑が造られ、次いでⅡ群の方形墳が形成されたことがわかる。さらに続いてⅠ群の大型古墳二基が相次いで構築されていったのと平行して、Ⅱ群、Ⅲ群の小型古墳や土坑が見られるようになった。この状況は、初期段階では封土を持つ墳墓の構築が不可能であったものが、徐々に大規模な墳墓へと展開していく過程を見ることが出来ないだろうか。なおその前提には当該地域が一定の氏族ないしは共同体によって占地されていたことがある。すなわちこの状況の展開は共同体内部での階層分化の進展、あるいは本来存在した階層差によって構築が行われた墳墓の形成の結果とすることも出来よう。

ちなみに陶邑における須恵器生産の状況をみてみると、生産開始後半世紀以上の年月が経過し漸く地方での本格的な生産も開始される段階に該当する。また群集墳と呼ばれる大量の墳墓が全国的にも構築される時期でもある。とりわけ追葬が可能な横穴式石室の主体部を持つ構造の古墳が多数見られ、これに伴う須恵器需要も大きく拡大した段階でもある。

とくに須恵器は従来の日常容器としての消費のみならず、墳墓への副葬品、葬送儀礼の道具の一つとしても多く利用された。この消費の拡大は従来の陶邑を中心とした一元的供給体制では需要の充足が不可能となり、各地方へ生産拠点が分散設置されるようになった。しかし多元的供給体制がとられたとしても陶邑での須恵器生産の優位性は変わることなく推移していったことが、窯跡の状況からも充分に証左しうる。この時期に陶邑での生産者のうち一部は、他地域の支配階層が行っていたのと同様に自らの古墳の形成が行える状況になっていったと考えられる。

むすびにかえて

以上、陶邑窯栂（ＴＫ）地区の栂丘陵北部域に所在した野々井南遺跡の墳墓遺構の整理と再検討を行ってきた。これらによって当該地区の墳墓の形成の諸段階が明らかになった。さらにこれらの墳墓が須恵器生産者あるいは極めてかかわりの濃い人々の墳墓であることから、陶邑窯における彼らの階層分化とその発展過程を知る重要な手がかりの一端も知りえたと考える。すなわち簡単に記述すれば、まず彼らは土坑から徐々に時期を経て方形墳の築造を可能とし、やがて埴輪を伴う大型方墳あるいは前方後円墳の築造も可能としたのである。このことは須恵器生産の流れとも合致している。

従来、陶邑窯の問題は須恵器そのものの生産や形態変化（編年）に主眼が置かれてきたといっても過言ではない。しかしそれらを支えた工人達の生活状況についても検討・分析が行われる必要があり、それが明らかになってはじめて生産の実態が明らかになるのである。今後とも野々井遺跡や周辺の遺跡の検討を通じて、彼らの生活の状況の実像を解明していく努力を続けたいと思う。

〈補注・参考文献〉

①中村浩『泉北丘陵に広がる須恵器窯—陶邑遺跡群—』、シリーズ「遺跡を学ぶ」28、新泉社、二〇〇六年、ほか。

②中村浩「和泉陶邑における墳墓群の形成—原山墳墓群の形成を中心に—」『大谷女子大学紀要』29—2、一九九五年、ほか。

③中村編著『陶邑』Ⅱ、大阪府文化財調査報告書第29輯、大阪府教育委員会、一九七七年。井藤徹編著『陶邑Ⅵ』大阪府文化財調査報告書第35輯、大阪府教育委員会、一九八七年、ほか。

④和泉地方遺跡臨時調査会によって行われた分布調査で、遺物散布地としてプロットされていた部分の一つでもあったが、多くの散布地が窯跡の有無によって面積や数が減少されていった。当該地域については逆に面積が拡大した例の顕著な部分であった。

⑤本稿で用いた型式編年は、中村浩『和泉陶邑窯出土須恵器の型式編年』芙蓉書房出版、二〇〇一年、による。

第二章
檜尾塚原古墳群の再検討

はじめに

檜尾塚原古墳群は、大阪府堺市檜尾（現檜尾台ほか）、陶邑窯後群の西側分布地区の大野池〔ＯＮ〕地区南西部に位置する後期古墳群である。古墳は丘陵尾根部の台地上に構築されたものが多く、南部に離れて位置した９号墳をのぞいて、ほぼ近接して位置したといえよう。①さらに厳密に分布状況を見ると１、２、３、８号墳と４、５、６、７号墳とは同じ丘陵、台以上ではあるが、それらのまとまりから南北に区分することが可能な状態であった。なお北部地域の分布状況については既に調査前に失われていた古墳も多く見られたとのことであり、その状況によっては若干の変更も考慮する必要があろう（図１）。

本稿ではこれらの古墳のうち１、２、３、８号墳から構成される南グループと、４、５、６、７号墳から構成される北グループの二者について再検討を行うものである。

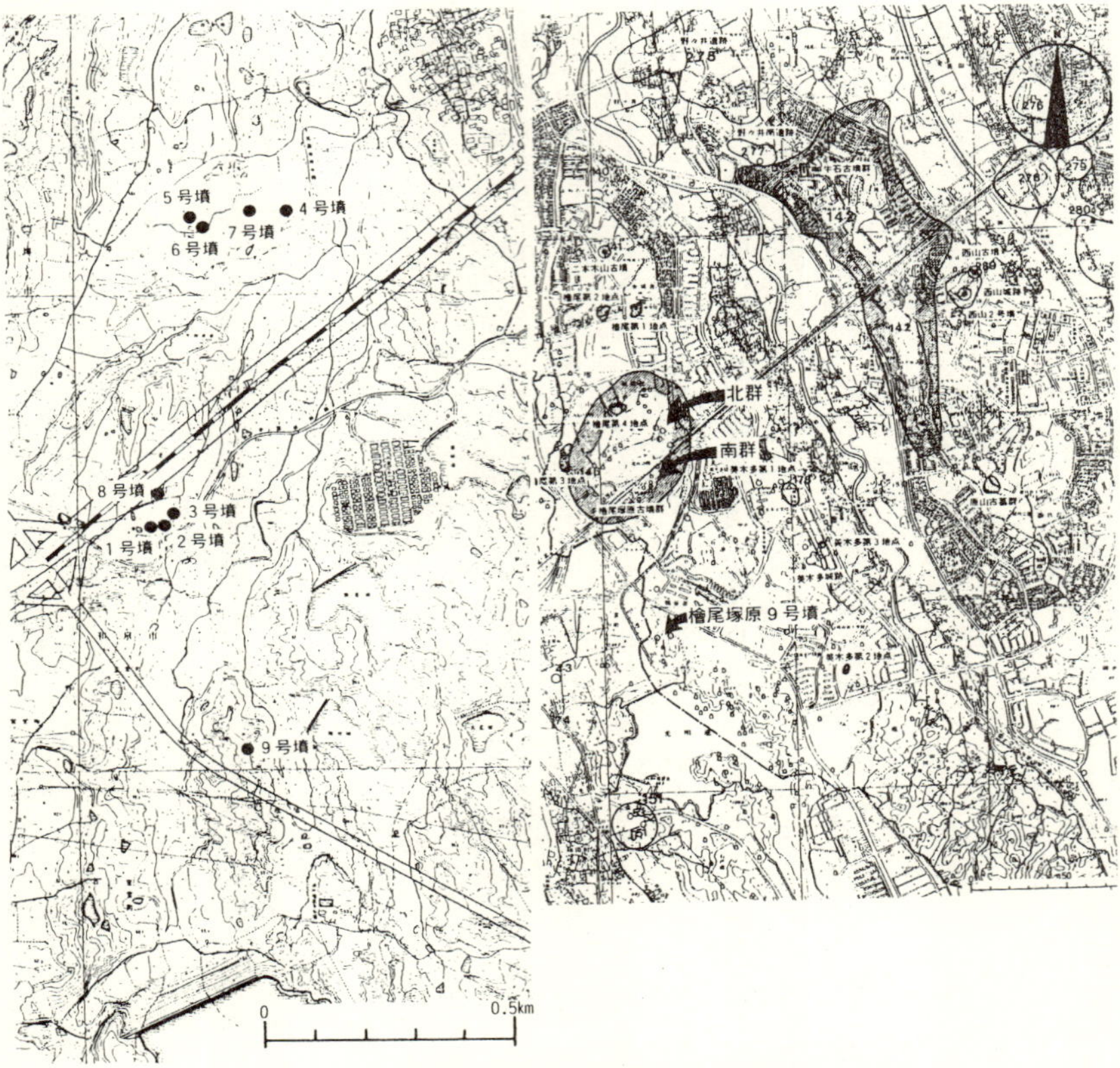

図１　檜尾塚原古墳群位置(右)と各古墳分布図(左)

1　檜尾塚原古墳群南グループについて

これらグループに分類される古墳は、同じ台地上に構築されており、台地のほぼ縁辺部分に沿って南西から一号墳から順に2・3・8号墳が連接するように構築されている。すなわち各古墳の感覚は隣接する古墳とは一〇m前後以内であり、周濠を共有している事はないが、それぞれの古墳の被葬者或は構築者が互いに関係の濃い間柄であることが推定される。

ちなみに北グループの古墳は、大きな谷を隔てた北側丘陵の尾根部台地上に位置している。また南グループにあっても東南部に大きく谷を隔てた丘陵上に九号墳がある。当該古墳は埋葬主体が合計四基確認されており、独立した古墳と見ることができる。地理的には南グループに分類可能ではあるが、本稿ではグループには加えず、別の独立した古墳として理解している②。

以下、南グループの各古墳について記述していく。

檜尾塚原1号墳（図2）

台地の北側縁辺に見られた丘陵状の高まりについて古墳の可能性を考えて調査を行った。丘陵中腹部を府道和泉富田林線が通じている。墳丘と見られる部分のほぼ中央に大きくえぐられた撹乱孔が見られ、相当形状が変更されている可能性があった。トレンチによる調査の結果、墳丘と見られる部分から若干の須恵器片が検出されたが、埋葬遺構に連なる痕跡はなんら確認されなかった。またトレンチのセクション観察によっても明らかな人為的堆積という状況は観察されなかった。なお調査前の予測によって当該部分を古墳の墳丘と見るとほぼ径九m前後をはかる円墳の可能性がある。いずれにしても全体的に撹乱が著しく、その可能性の実否の確認はできなかった。

檜尾塚原2号墳（図3・4）

一号墳とした部分から西五mに位置し、標高は七六mをはかる。検出前の状況は平坦に開墾された畑地であった。

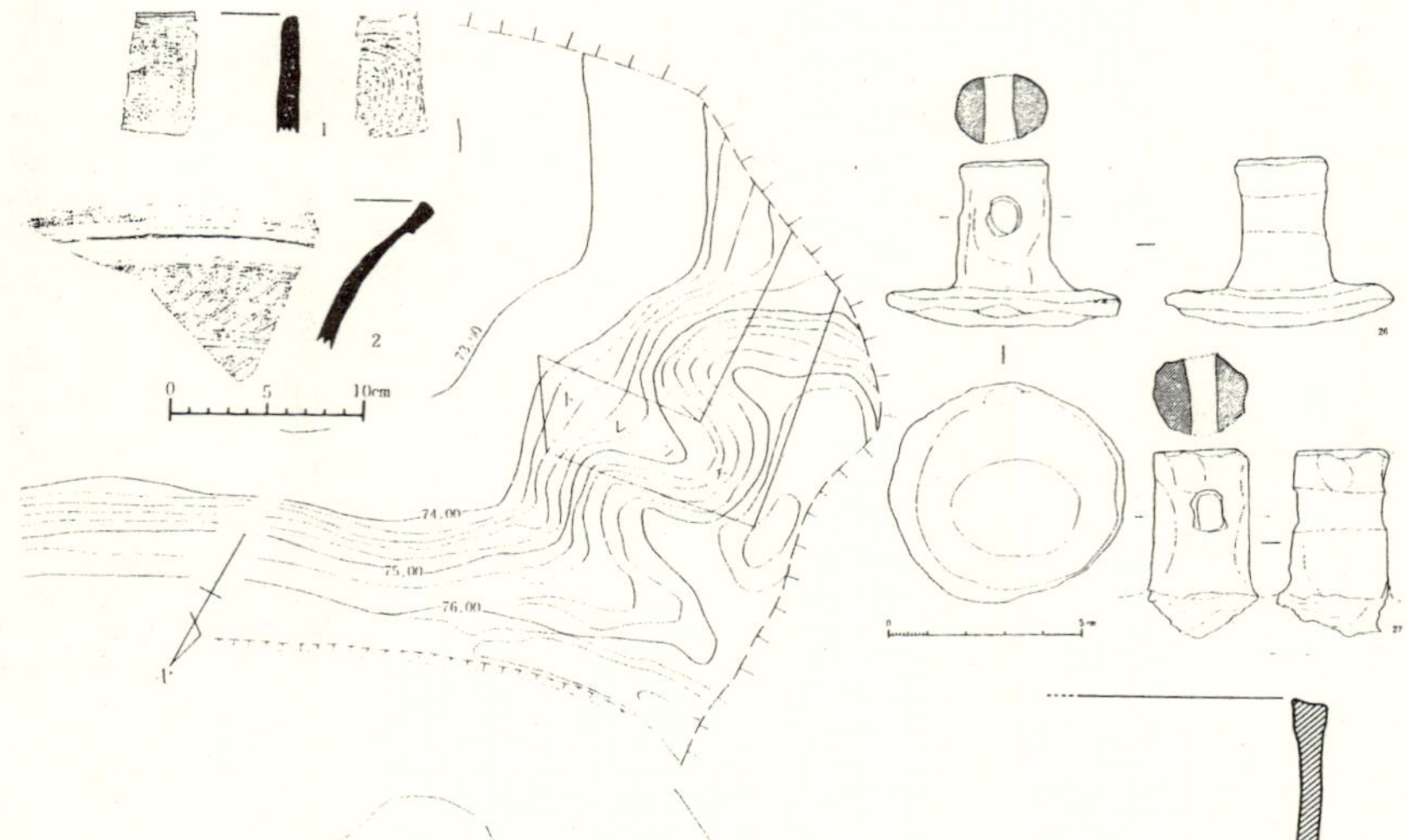

図２　檜尾塚原１号墳（左上）、２号墳（左下、右上、右下）

すなわち当該古墳は開墾によって墳丘部分の大半が削平された状態で、たまたまトレンチ設定によって検出確認された古墳である。台地部分から地山を掘り込んだ東西一三ｍ、南北一四ｍをはかる基底部のみの残存検出であった。墳丘部の高さは最大で三〇㎝をはかるに過ぎない。墳丘の周囲には幅一・七ｍ、深さ三〇㎝の周溝が残されており、当該古墳の形状が円形であることが確認される。

墳丘のほぼ中央、南東部に主体部である横穴式石室の石材基底部が検出された。石室の平面企画は両側壁が、ほぼ平行に羨門部分に向かって幅を減少させているが、見かけ上は右側側壁が著しく主軸方向に幅を減じているようにも見える。いわゆる無袖式の石室である。主軸方向はＮ－37度－Ｗで、左側側壁部分に三〇㎝×三〇㎝善後の方形に近い自然石五個を配置している。なお、これらの残存した石材がかつての石室の基底部を形成していた事は疑えない。このほかの石材についてはずれも抜き取り痕跡が明瞭に残っており、基底部で合計三一個の石が用いられていた事がわかる。

羨道部分には砂礫からなる床面の敷石の一部が残存していたが、側壁及び、その抜き跡の痕跡などは明瞭には確認できなかった。これらの状況から見て石室の玄室部分と羨道部分

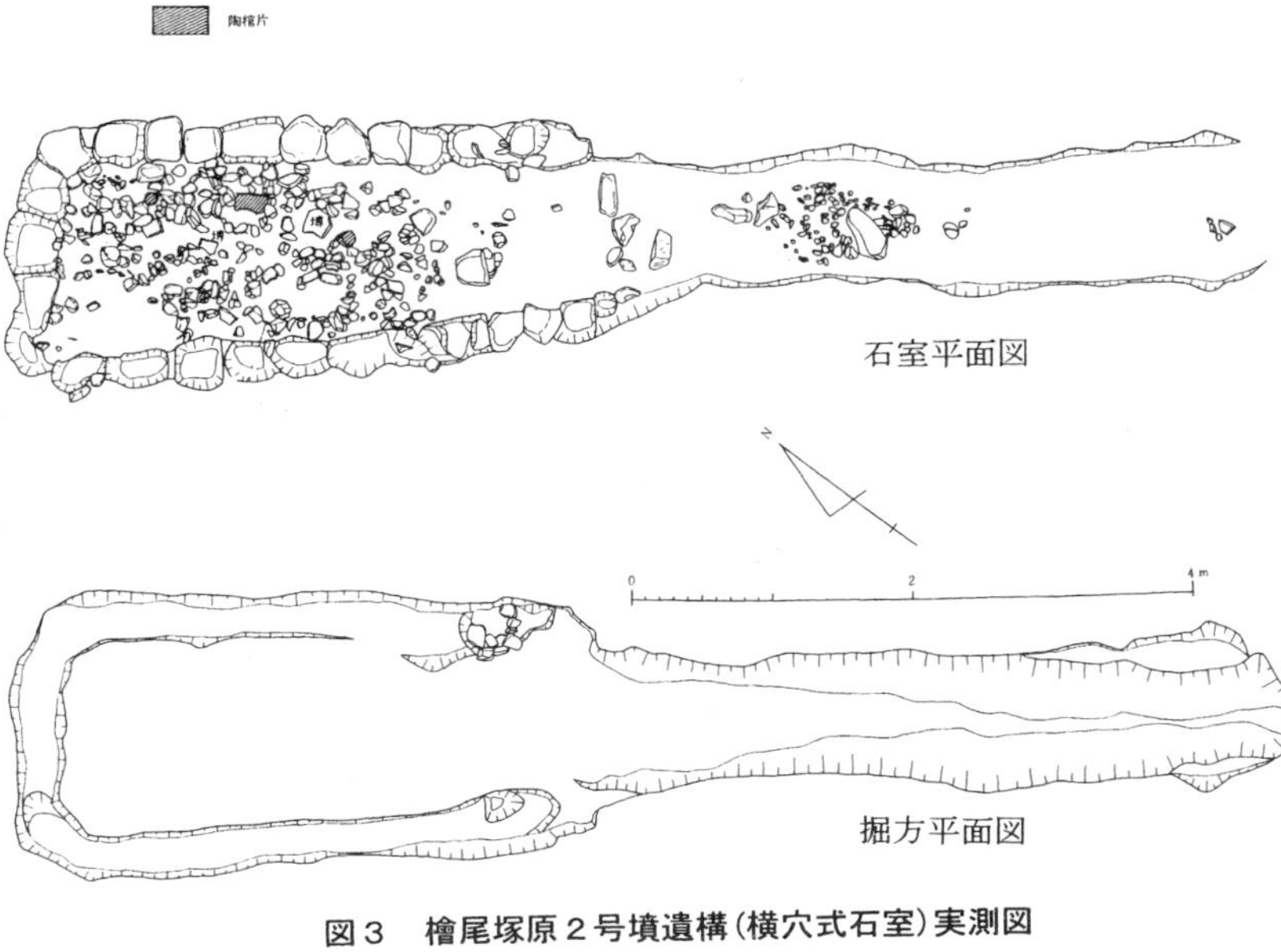

図３　檜尾塚原２号墳遺構（横穴式石室）実測図

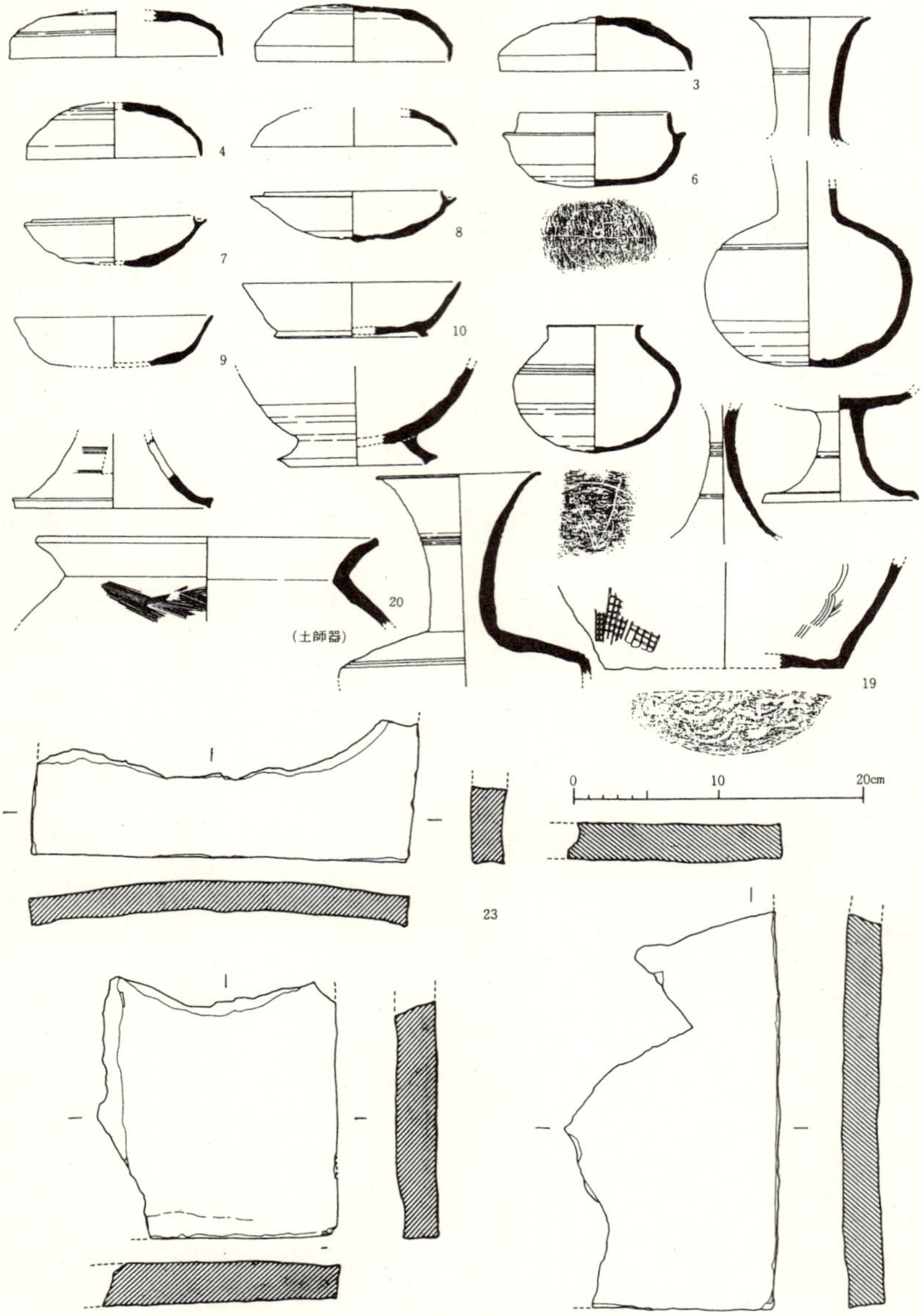

図４　檜尾塚原２号墳出土遺物実測図

との明確な区分は見られないが、前者部分に敷石が見られ、後者部分にそれが見られないということで両者の境界を判断せざるを得ないだろう。なお墓道は羨道に続く比較的長い素掘りの溝状部分であったと考えられる。

ちなみに石室の平面状の計測値は以下の如くである。全長三・七m、玄室長二・八m、奥壁幅一・三m、玄門付近の幅一・一m、墓道幅一・一m、墓道長五・一mである。なお玄室床面には五〜一〇cm前後の川原石が見られる。玄門付近及び羨門付近にも若干の川原石が認められるが、いずれも各部分の閉塞に使用された可能性が濃いと考えられる。石室内から陶棺の破片が採集されているが、いずれも同一個体の破片の可能性が濃いと考えられる。また同時に棺の蓋と見られる遺物も二点採集されている。

このほかに須恵質の塼が出土しており、類例がなく用途不明品とされている。[③] なお当該遺物を棺の直下に置かれたものという用途を『報告』では想定しているが、何故に配置されたのかを含めて、類例がなく今後の課題であろう。

檜尾塚原3号墳（図5・6・7・8）

2号墳と同じ丘陵部の縁辺に構築された円墳である。調査前の状態で開墾が著しかった当該地区では、8号墳とともに墳丘が残存していた古墳である。標高は基底部で七八m、2号墳の東約一五mに位置する。墳丘は南北径一四m、東西一三mをはかる円墳である。残存高二・二mで、北側部分に一部後世の撹乱が認められ、大きく崩落している。墳丘の周囲には溝が設定されている。その幅一・一m、深さ〇・三m前後をはかり、墳丘の南崖面を除いて三方に認められる。

墳丘部に設定したトレンチによって、その構築状況を観察すれば以下のようになる。まず黄褐色の砂礫混じりの砂質上に主体部分と、周溝部分の掘り込みを行っている。これは地山部分に主体部、溝部分を掘り込む段階である。次いで黒色砂質土を全面に堆積させた後、ほかから運んできた地山の土砂を上位に堆積させる。この上に黒色砂を加え、さらに運んだ土砂を足すという方法で、墳丘を構築していく。この作業段階で堆積土は固められている。さらにこれらの作業工程をまとめると、まず第一段階では地山を掘り込み、主体部の石材を吸える堀方を掘っていく。次に第二

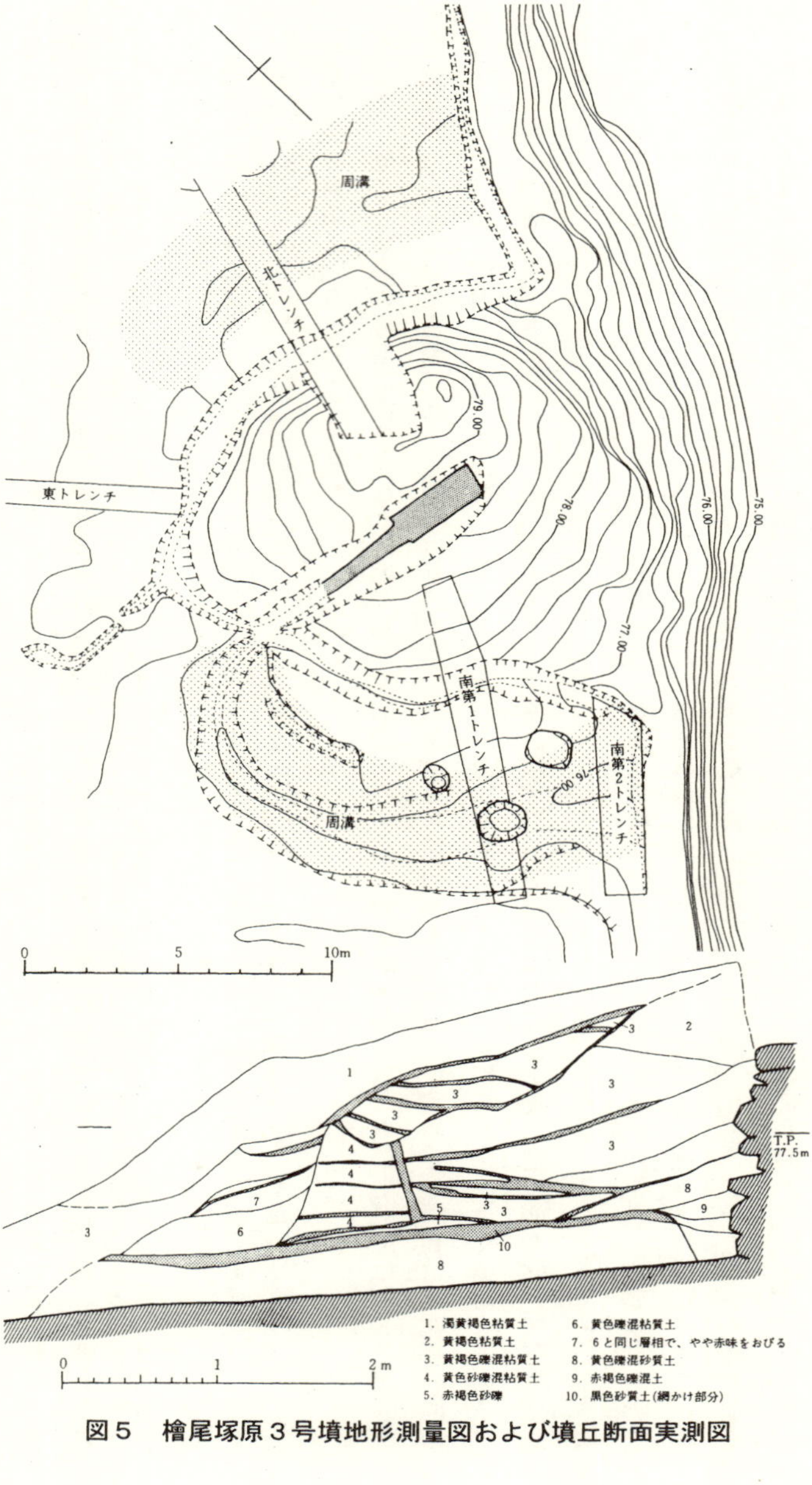

図5　檜尾塚原３号墳地形測量図および墳丘断面実測図

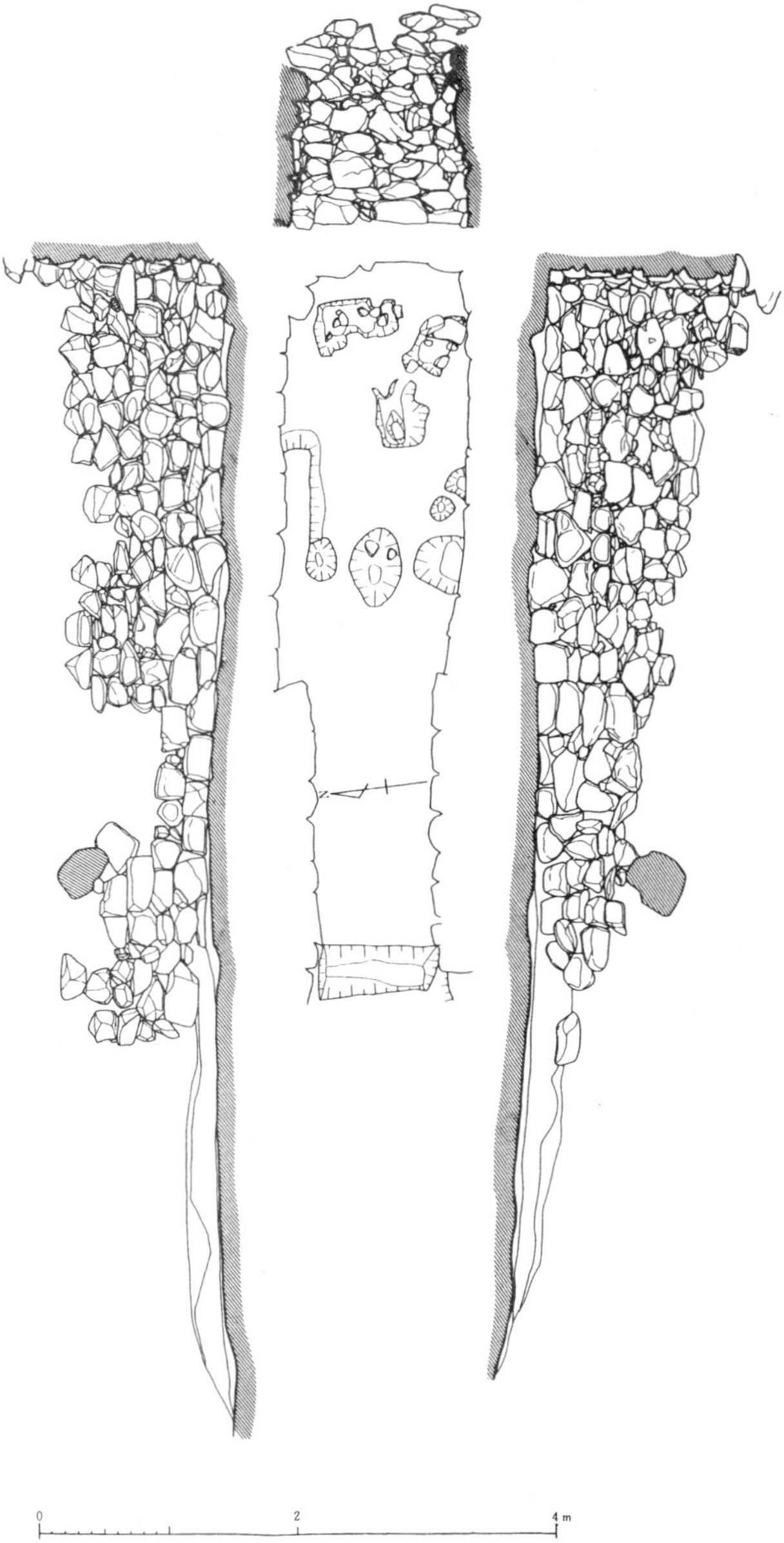

図６　檜尾塚原３号墳（横穴式石室）遺構実測図

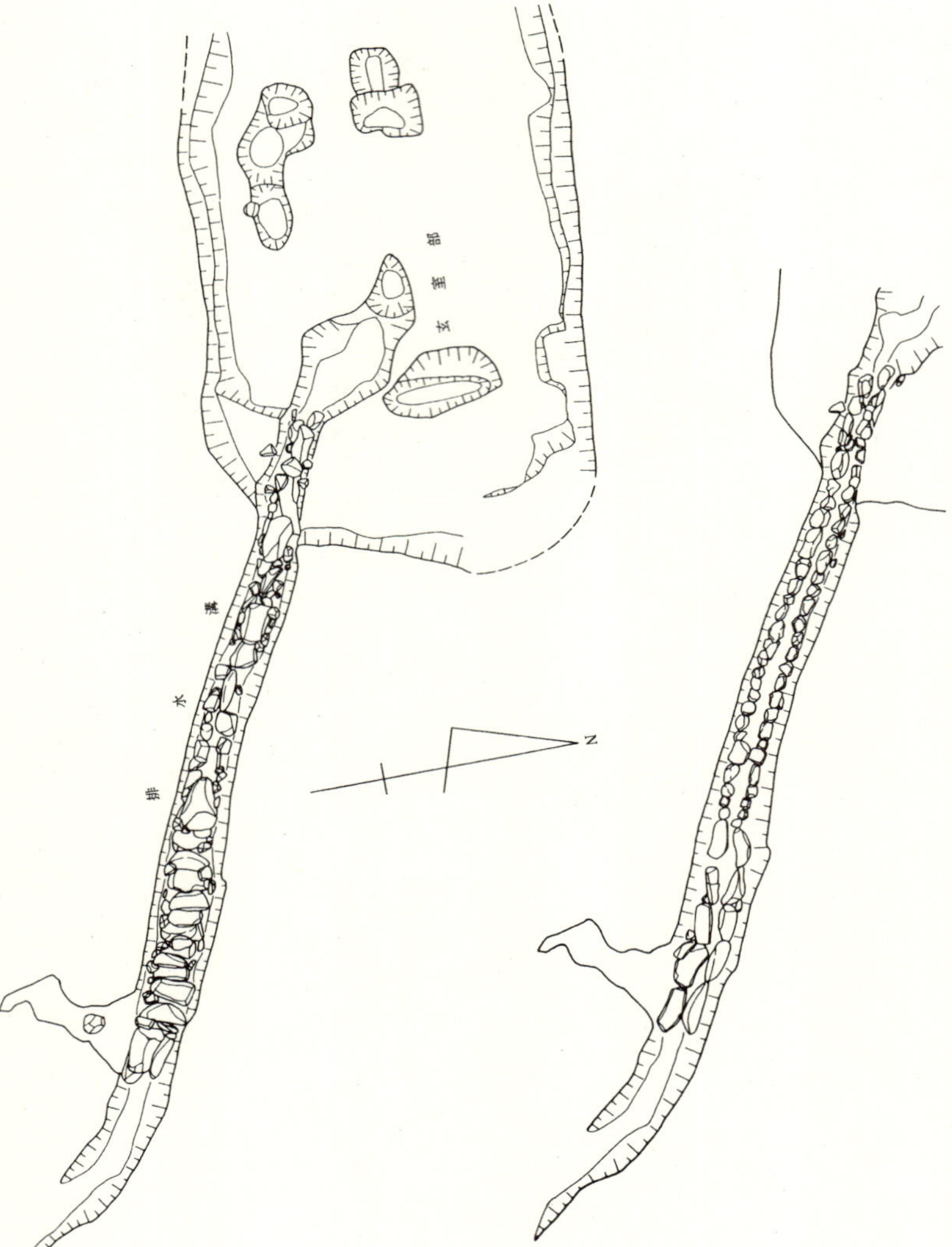

図７　檜尾塚原３号墳排水施設実測図

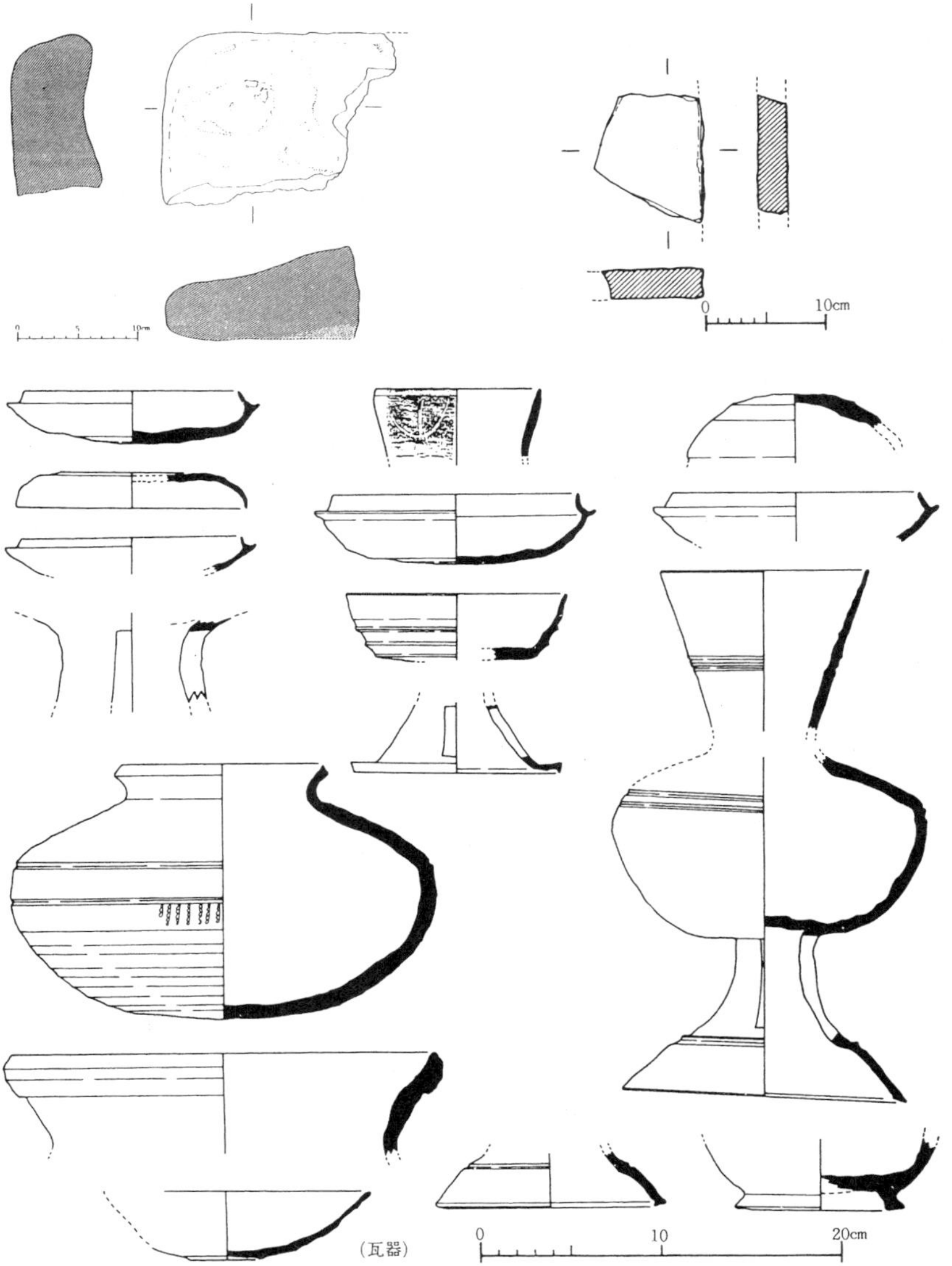

図8　檜尾塚原３号墳出土遺物実測図

段階では石室の石材を積み重ねてその後背部に土砂を加えて固める。第三段階では墳丘部分にまで堆積土の範囲を拡大して固めていく。第四段階では、石室の裏込め土砂を墳丘部分の版築上部に堆積させて固めていく。第五段階では石室の天井石をかぶせて、その上部に土砂を積み上げ固めていく。

第六段階では、第一段階から第五段階での堆積土の上部に土砂を積み上げて墳丘とし、固めていく。さらに最終段階では最上部の堆積土を加えて固めるというものであるが、当該墳丘部分の観察では最終盛土面での版築の痕跡は認められない。

以上のように、主体部の石室を組上げながら石材後背部分に土砂を加えて固めていき、一定の高さになる。一定の高さに達すると、墳丘部分の表面にも土砂を加えていく。

石室が完成してからも、墳丘の土砂の人為的な積み重ねによる堆積工事は行われ、最終的に墳丘の頂上部分に達する。内部主体は、西に開口する右片袖の突出が著しい両袖式の横穴式石室である。石室を構成している石材は径四〇cm前後の川原石で、それぞれに加工した痕跡を認めない自然石である。羨道部の上面に残存した天井石を除いて、既にほかのすべての石材は失われていた。なお近接する地域に該当する石材の残存が認められなかったことから、これらは当該地域から相当距離を隔てた場所へ移動させたと考えられた。逆に石室構築時における石材の確保についても、同様の判断ができる。なお、石室内部は、床面の敷石の殆どが失われるほど、徹底した撹乱を被っていた。

なお、検出された石室の主軸方向はN-85度-W、全長は五・七m、玄室の延長三・三五から三・四m、奥壁は、ほぼ垂直に立ち上がり、高さ一・五m、下端幅一・三mをはかる。側壁は、川原石を順次上位になるに従い、持ち送り状に、内側にせり出す形で積み上げられている。また中央部分で大きく膨らむ、所謂胴張り型石室の状況が明瞭に確認される。

なお、玄室部分羨道側に見られる右袖部の幅は四〇cm、左袖部は五cmをはかる。羨道は玄門部分で幅一・一cm、中央部で〇・九cm、全長は二・二五mで羨門と見られる部分は、現状での幅四〇cm、深さ一〇cmをはかる素掘りの溝が認められる。なお、この溝はおそらく羨道閉塞に用いられた石材設置のための掘り方痕跡の可能性が濃いと考えられる。しかし調査段階では、全く石材の痕跡は認められなかった。また羨道から墳丘の外部に続く墓道は、幅五〇cm前後をはかる素掘りの構状をなしており、墳丘裾部までの延長は三mをはかり、床面には敷石など何らかの設備も施されていない。

また後世の盗掘のため、石室床面の撹乱が著しく遺物の残存は極めて少なかった。わずかに床面下層から墳丘の外側に続く排水溝が確認された。溝の幅三五cm、深さ二五cmで、両側に川原石を並べ、さらに上部をやや扁平な川原石を用いて蓋石として覆っていた。なお溝の側壁に用いられた石材は、石室から三・五m部分までは二〇cm×八cm程度であるが、さらに近接素坂一・五m前後からは四〇cm×四〇cm程度のやや大きな石が用いられている。このように石室との位置関係によって石材の使い分けが行なわれていた。

出土遺物には須恵器、土師質土器、瓦器などがある。とくに須恵器は排水溝内から検出された完形品の杯身一点があるほか、蓋杯、高葉井、台付長頸壺、短頸壺、甕などの破片が採集されている。これら出土遺物のうち瓦器は明らかに後世の流入品の可能性の濃いものであるが、須恵器については一部を除いては当該古墳とかかわりのあるものと見て大過ないだろう。ちなみに構築時期の想定が可能な遺物には、排水溝内からの採集遺物である須恵器がある。すなわち石室構築の初期段階の作成と見られる当該遺構の時期が、古墳の築造年代を示す有力な手がかりとなろう。その年代は陶邑編年Ⅱ型式5段階相当と見られる。

檜尾塚原8号墳（図9・10）

3号墳の北側に隣接する、丘陵の縁辺地域に立地する古墳であるが、3号墳の調査段階では、用地の買収問題から調査対象とされていなかった。当時は果樹園であったと記憶するが、周辺地域の調査段階では既に荒地となっており、遺構もそのまま放置されていた。その後、ニュータウン地域の造成が完了後、当該地の再開発問題が生じ、この段階で大阪府教育委員会によって発掘調査をされたものである。

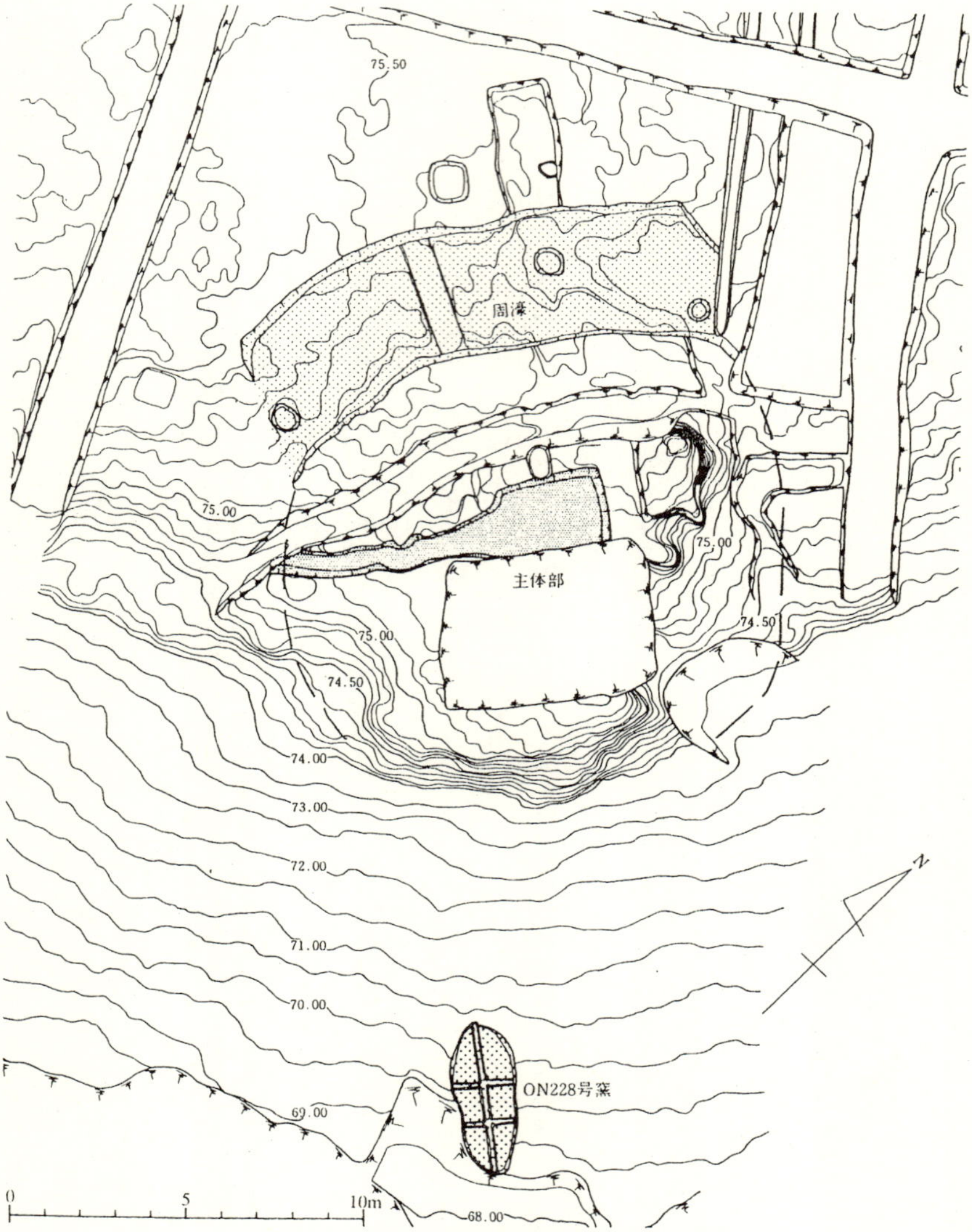

図９　檜尾塚原８号墳地形測量図

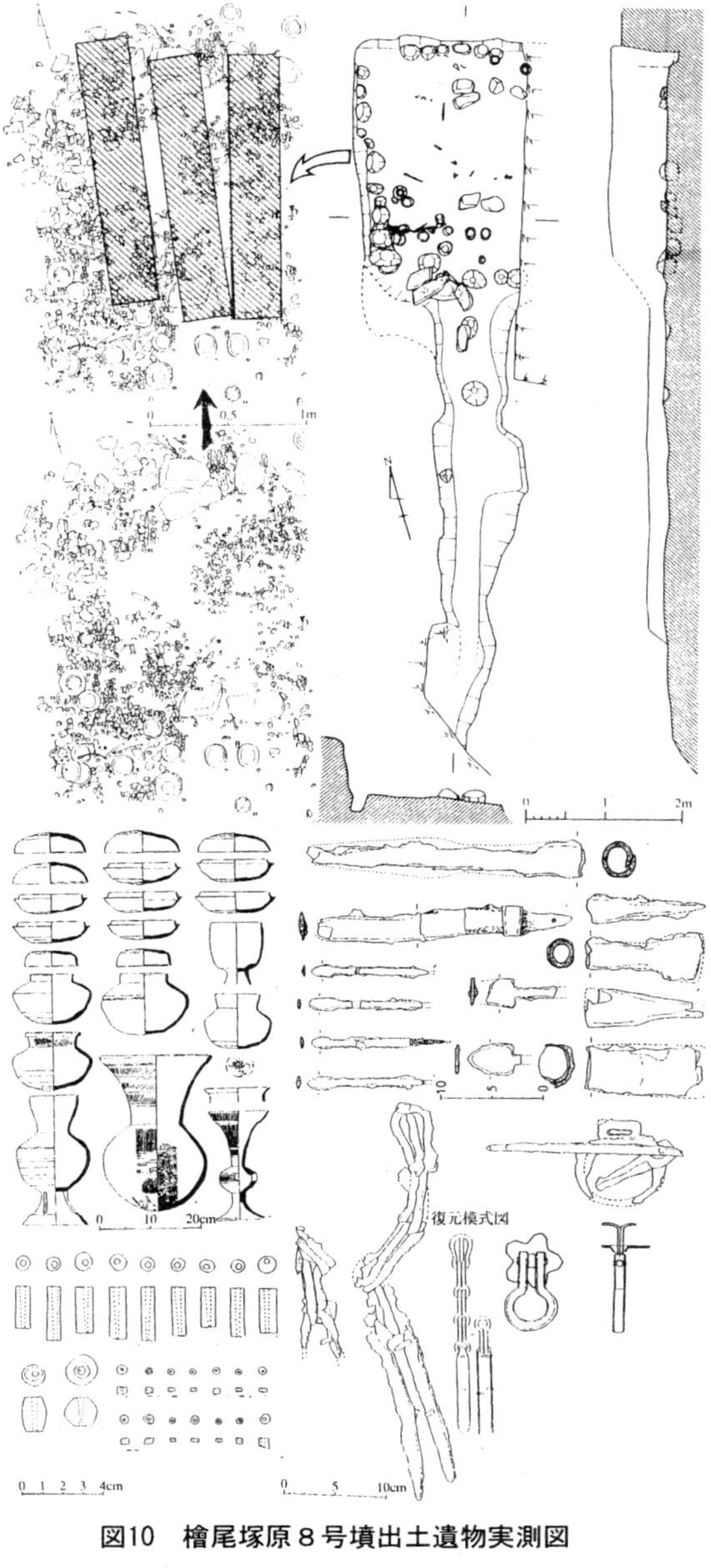

図10　檜尾塚原８号墳出土遺物実測図

『報告書』[①]によると調査の結果は径一三ｍをはかる円墳で、その残存高は一・五ｍをはかった。墳丘の周囲には、三日月状に周濠がめぐらされており、尾根と丘陵斜面の変換店付近で消えている。周濠の最大幅は四ｍ、深さ〇・五ｍをはかる。埋葬主体は墳丘の、ほぼ中央部に構築された南に開口する木芯粘土室である。なお主体部は東側を一部撹乱されていたが、ほぼ完全な状態で確認された。

主体部の外周を示す堀方は、全長三・五ｍ以上、幅二・一ｍ以上をはかる。さらに主体部の南端から長さ五・九四ｍ、幅一・〇ｍ、深さ〇・二ｍをはかる墓道が見られる。ちなみに埋葬主体である木芯粘土室の構造は基本的に横穴式石室と同じであり、石材を用いて構築していない点に特徴がある。従って横穴式石室の構造と対照すると、ほぼ両袖式構造の平面プランに相当する。

主体部の堀方に沿って内部に平行して、比較的大きな柱穴が認められる。その径は一二〜三一㎝前後をはかり、現状の床面からの深さは九〜二七㎝をはかる。さらにそれらの柱穴は奥壁部分および玄門部分では、それらが垂直に立ち上がっている。側壁部分では内側に六八度二〇分傾斜していることが観察される。

このことから『報告書』では「柱は両長辺部が斜めに打ち込まれて、中央付近でかみ合い切妻形を呈する」と考えられ、さらに「墓道との境界付近には柱穴は存在していないことから、その部分は開いていたもの」と推定されている。しかし「墓道の堀方に接して墓道側に閉塞石が存在する」ことが示されており、これも横穴式石室の状況に準じたものと考えられている。直床面中央から東側には、自然意思が北側に四個、南側に二個確認されている。これらの石はその配置状況から明らかに棺を置くための棺台と考えられる。とくに棺の部分に該当する場所には、遺物の確認がない・その北東部などに遺物が集中している事もその想定を強くするものであろう。

遺物は奥壁付近、中央部床付近、玄門付近、閉塞石部分の四箇所に集中していたという。このうち奥壁部分については棺台に伴う被葬者に伴うものと見てよいだろう。遺物は須恵器壺二、鉄鏃三、鉄鑿一がある。さらに奥壁部分からは金環一、丸玉一、鉄短剣一、管玉九などがある。中央部付近では鉄鏃の集中が認められる。玄門付近は最も遺物の量が多く出土した部分である。棺台の南部には須恵器蓋杯、西側では須恵器有蓋短頸壺、蓋杯、台付𤭯、広口壺のほか馬具、鉄斧、鉄鉾などが見られる。また閉塞石に突き刺さった状態で鉄刀出土している。

遺物の出土状態から、棺は少なくとも東西二棺（おそらく三棺）が配置されていたものと推定されている。とくに東側の棺については、先に示した棺台が用いられ、西棺については台を用いず、直接床面に配置されていた可能性が濃いと考えられる。また東西の棺の中間に棺の存在が十分考えられる。遺物のうち金環や鉄剣などは棺内に納められていた供献遺物と考えられる。一方、須恵器については、棺の外側に配置されていた可能性が濃く、それぞれの追葬に伴って片付けられたと考えられる。それは須恵器が集中して出土したことから十分創造されるだろう。

ともあれ、隣接する2、3号墳のごとく石材を用いた石室が構築されていたにもかかわらず当該主体部には全くそれを用いていない。また谷を隔てた九号墳の主体と共通する。

いずれも石材を用いていないものであるが、石材の入手の問題が云々されるが、隣接古墳の状況から見れば、必ずしもその指摘は当たらない。いずれにしても南グループ、北グループともに石材を用いた構造のものが認められ、材料の石材入手の可否とは考えがたい。すなわちその背景の問題は残された課題である。

2　檜尾塚原古墳群北グループについて

北グループの古墳は、南グループの古墳群とは大きな谷を隔てた北側丘陵の尾根部台地上に位置している。ここに位置する古墳は、前方後円墳二基、うち一基はすでに破壊されていたが[4]、いずれも盟主的存在と考えられる規模の古墳である。各古墳の築造時期については大きな差異は認められないが、厳密にはわずかな時間差がある。埋葬主体についても、横穴式石室一基、木棺直葬墓一基、須恵器甕棺墓一基が確認されている。とくに5号墳の甕棺墓は、陶邑地域内の美木多第一地点でも同じ構造のものが確認されているが、墳丘を伴っていない。このほか各古墳共に同じ構

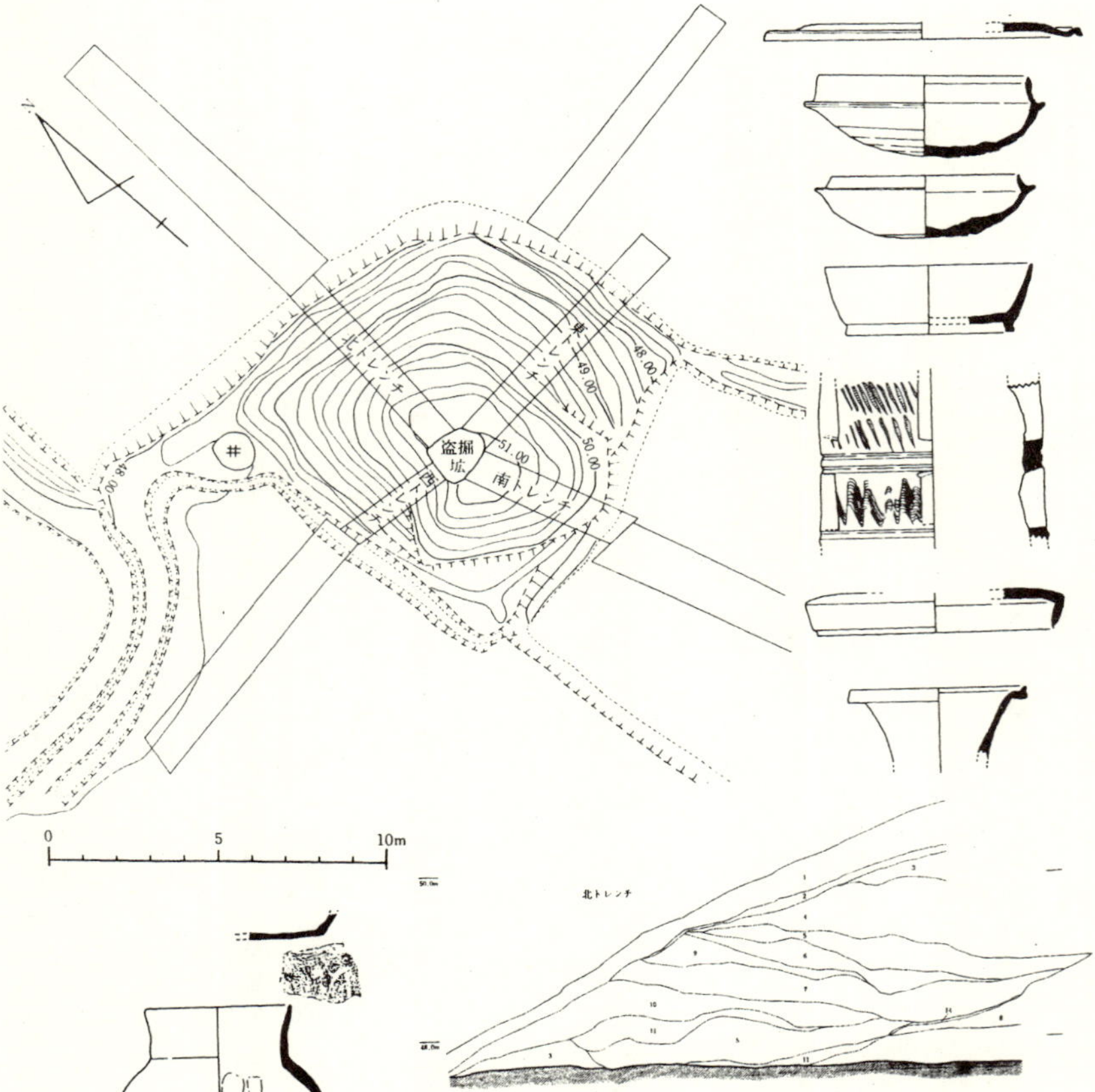

図11　檜尾塚原４号墳地形測量および遺物実測図

造のものは見られずバラエテイに富んでいるといえ、南グループにも似た傾向がうかがえよう。しかし明らかに大きな谷を隔てており、南グループとは同じ集団による構築とは考えがたい。

以下、北グループの各古墳について記述していく。

檜尾塚原４号墳（図11・12）

この古墳は５、６、７号墳の立地する丘陵の東側谷部に位置する。標高は四七ｍを測る。当古墳は他の古墳とは異なり単独で存在するようである。

墳丘の形態は復原長一辺一〇・八ｍの方形墳と考えられる。墳丘の東・南・北側はそれぞれ水田に削平されているが、西側がかろうじて原形を保っているようである。墳丘高は現在高約三ｍである。墳丘は平らな地山の上に黄褐色系と赤褐色系の砂質土と砂礫土を積み上げて築造されている。最上層は墳丘の盛土ではなく後世のものである（図11）。周溝等は確認されていない。

内部主体は墳丘の中央部に構築された木棺直葬墓と考えられるが、大半は盗掘のため破壊されている。墓壙は原墳丘より一ｍ下位で検出されており、破壊を免

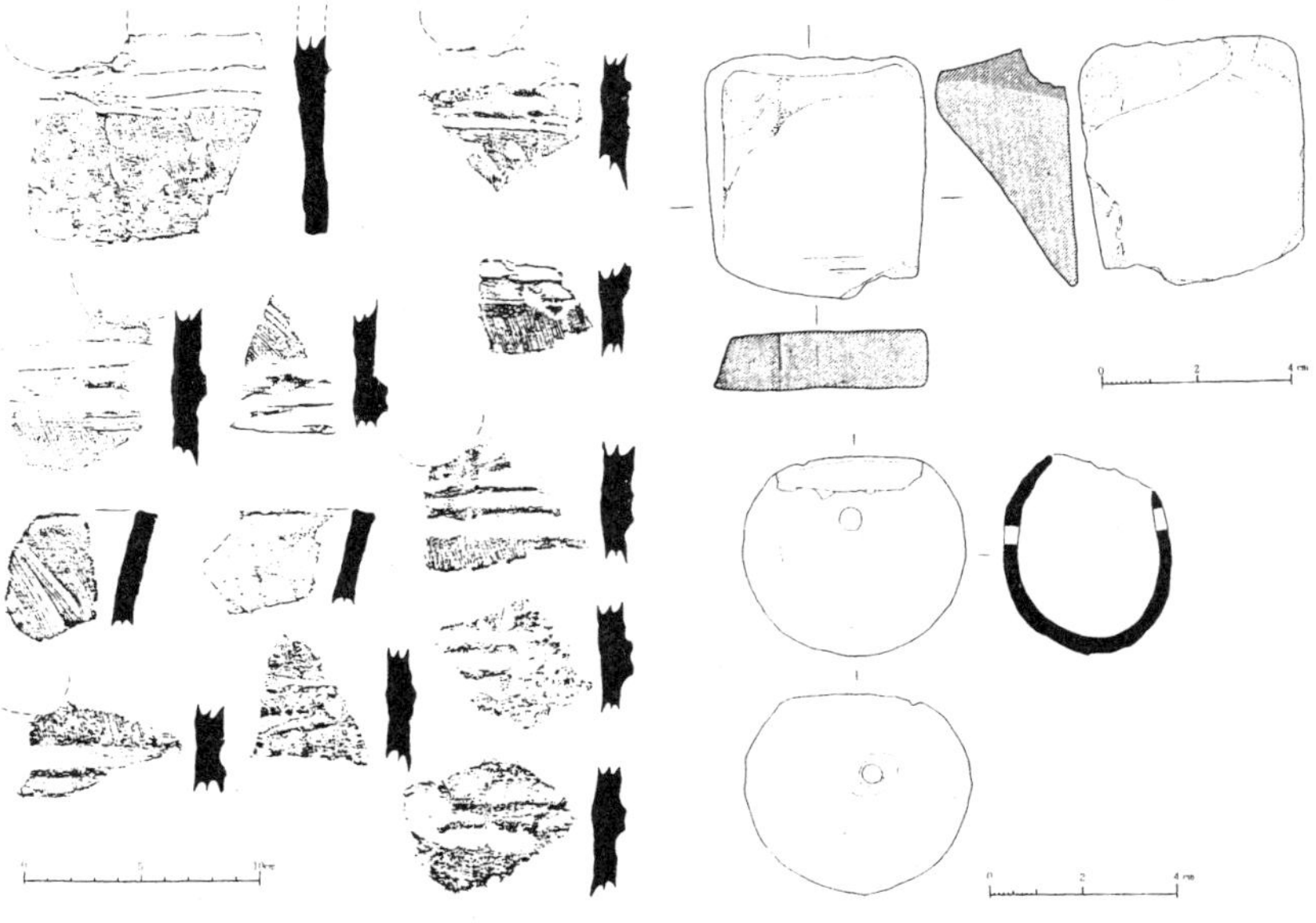

図12　檜尾塚原４号墳出土遺物実測図

れた墓壙の一部から復元すると平面形は長方形を呈する。長軸は復元長二・九八m、短軸〇・四m以上で深さは〇・三mを計る。主軸方向はN－65度－Wを示す。検出された墓壙の壁には赤色顔料の付着が見られる。遺物は残存している墓壙の中央部の撹乱壙南壁付近から鉄製品が出土している。

4号墳は主体部の撹乱が著しく、全ての遺物は墳丘に設定したトレンチや盗掘坑、表土層からの検出である。遺物の大部分は須恵器である。特筆すべきものに埴輪がある。埴輪はすべて円筒埴輪で、檜尾塚原古墳群で埴輪が検出されているのは本古墳のみである。しかし、墳丘を覆う二次堆積土層中より出土したものであり、本古墳に伴うものではない。従って報告者は、本古墳の周囲にかつて埴輪をめぐらせた古墳が存在した可能性を示しつつも、その出土量が少ない事から埴輪円筒棺のような以降も想定されると結ばれている。

その他の遺物には、陶製器、土師器、土師質土器、瓦質土器、瓦、陶器、施釉陶器、染付、そして鉄製品、砥石がある。そのうち土師器に古墳時代のものを含むほかは中世〜近代におよぶものである。いずれも小片、細片であって完形に接合できるものはない。

檜尾塚原5号墳（図13・14）

甲斐田川で形成された谷から南西に入り込む片持谷の北側の谷に面して東に延びる丘陵尾根部北端部に構築された古墳である。墳丘は西側半分強が削平された状態で盛土を失っており、裾部も同様に失っている。わずかに墳丘の裾部が確認できたのは北東側部分であり、全体的に見ると焼く四分の一の残存状態であった。

検出段階での最高所の標高は六九・六五mをはかる。墳丘部の比較的良好に残存する東側斜面では、等高線が円弧を描いている。いずれも裾部の明瞭な部分は明確ではないが、北東側では六七・六〇m、という等高線が墳丘の四分の一強を巡る。西側は墳丘は失われているが、ほぼ標高六八・四mラインが裾部を巡っていたものと推定される。これらの状況から墳丘規模を推定すると、直径八m前後の円墳が復元される。なお現状の高さは西側で一・二五m、北東側では約二mをはかる。墳丘の構築は平坦な地山上に盛土をして形成したと考えられる。すなわち地山上に黄褐色

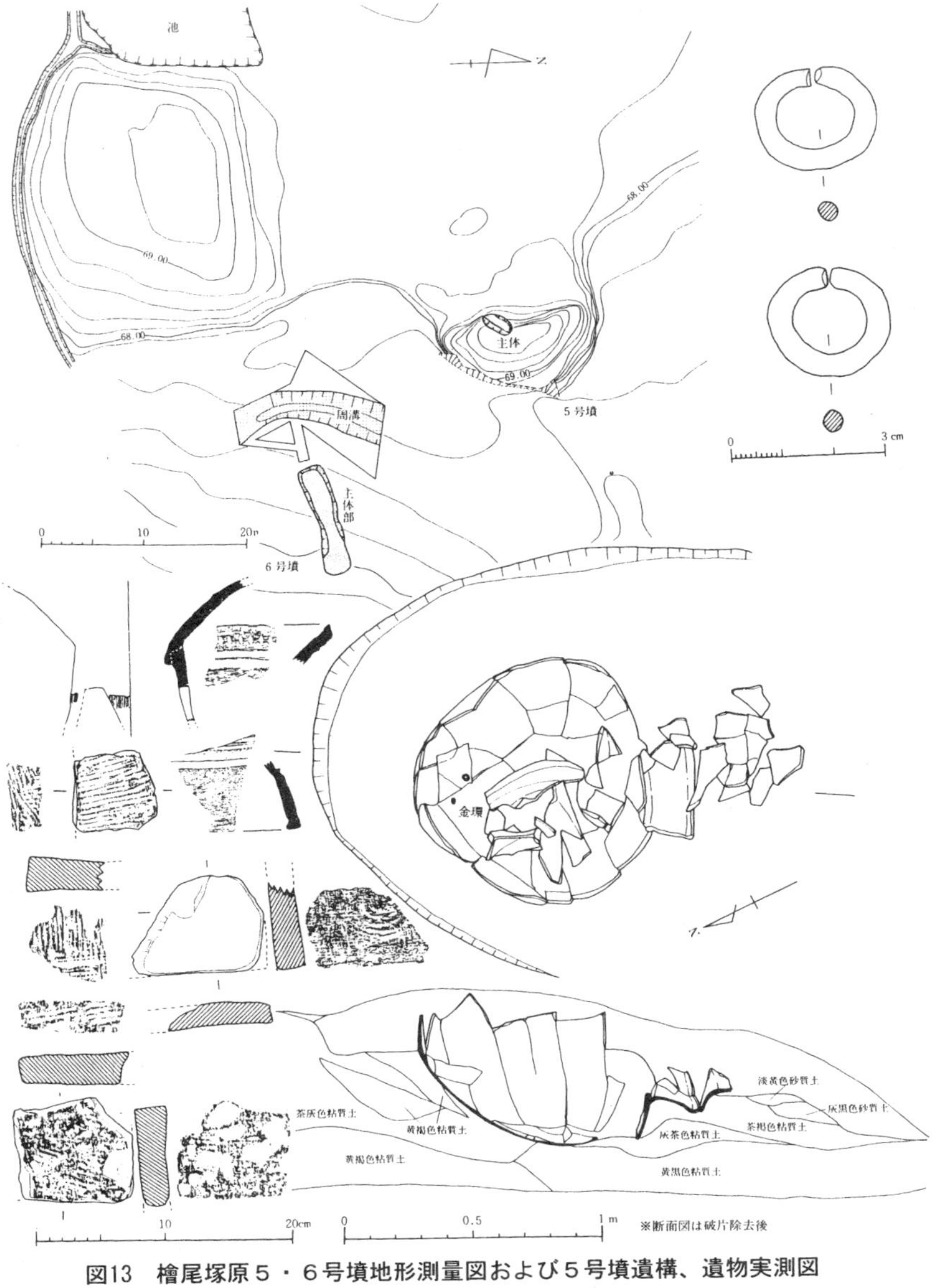

図13　檜尾塚原５・６号墳地形測量図および５号墳遺構、遺物実測図

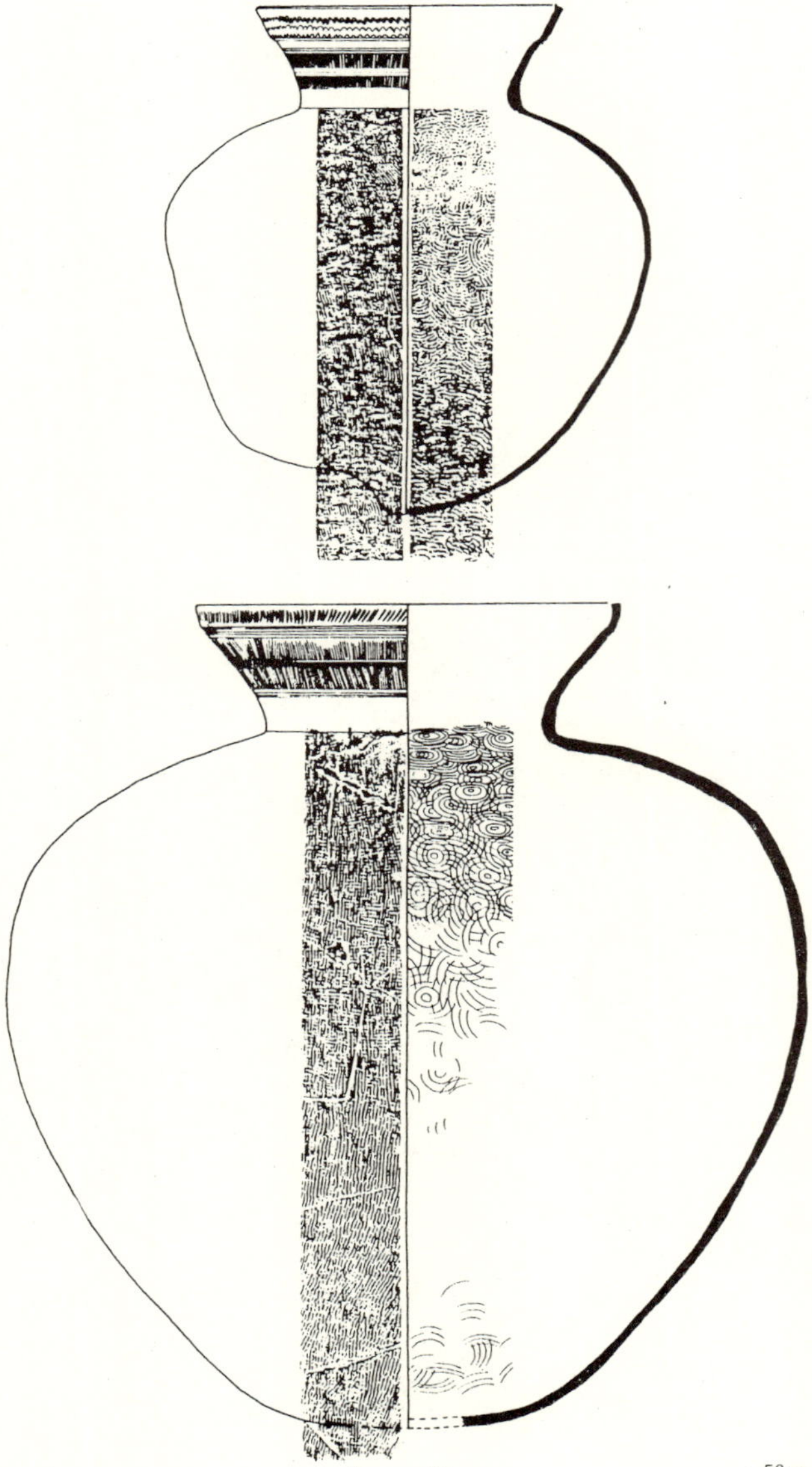

図14　檜尾塚原５号墳主体部（須恵器）実測図

粘質土を二段積み上げて、さらに上部に白灰色と灰褐色粘質土を積み上げており、最上層は表土の黄褐色粘質土である。なお下層に二段に突き上げられた黄褐色土の間には、五〜一〇㎝の厚さをはかる暗灰褐色土が見られる。これらによって当該古墳の墳丘が簡単な版築によって構築された事がわかる。

内部主体は土坑内に収められた須恵器甕〔広口壺〕を合口した甕棺である。甕棺は墳丘のほぼ中央部の楕円形を呈する土壙内部から検出されている。墳丘の西側半分が失われているため、土壙の堀方も西南部分が存在しないが、検出部で長径二・四五ｍ、短径一・六ｍ、深さ〇・六ｍ（最深部）をそれぞれはかる。なおそれらは盛土の黄褐色土を切り込んで構築されている。

甕館は須恵器で、口径五〇㎝、体部最大径九六㎝、器高一〇二㎝をはかる須恵器大甕（１）を横置きし、口縁部に別の甕（２）を向かい合わせて合口している。（１）の甕は口径三六・五㎝、体部最大径五八・一㎝、器高六四㎝をはかる。（２）は上部の半分を失っており、（１）は口縁部の一部が（２）の口縁部に重なっているが、胴部破片は皆本原位置を保っていなかった。この口縁部を（２）の口縁部の中に入れ込む形で重ねられていたとしても、棺は主軸方向Ｎ‐36度‐Ｅで、全長一・五ｍ程度であったと推定される。

遺物の出土状況では、甕内部に土砂が混入していたが、流入土の中から甕の上半分破片、人骨（頭蓋骨の一部と不明小片）、須恵器窯の窯壁片（一八・五㎝×一三㎝）が検出された。また流入土砂除去後、底部から約一〇㎝の間隔を置いて金環二点が検出された。とくに窯壁片は、須恵器焼成に用いられた窯の一部を切り取ったもので、明らかに棺内部から検出された事は意義深い。すなわち被葬者の生前の活動状況を物語る遺物として理解するのが自然であろう。

檜尾塚原６号墳（図15）

檜尾丘陵の尾根部に広がる広い台地に立地した前方後円墳を含む古墳群のひとつとして構築されたものである。

調査段階では竹藪となっており、外面上のマウンドなどは全く確認されなかった。墳丘の残存した５号墳の南一〇

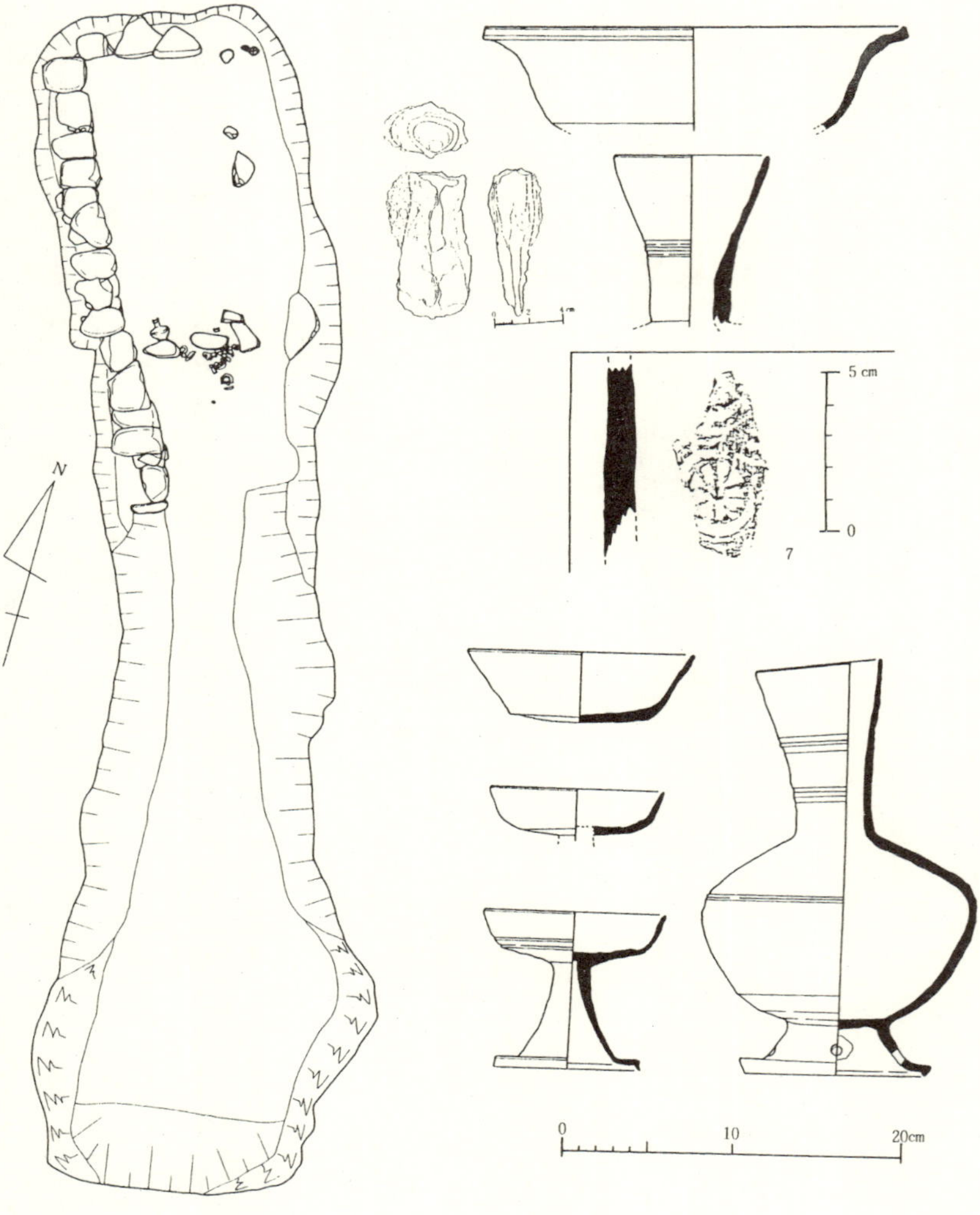

図15　檜尾塚原６号墳遺構・遺物実測図

図16　檜尾塚原７号墳地形測量図

mに隣接して検出されたもので、周辺遺構の確認のため設定したトレンチによって確認された。その標高は六七・二mである。

墳丘のすべてが開墾によって失われており、ほぼ平らな台地の平面を形成していた。トレンチによって、幅二・七～四m、深さ〇・六mの周濠が確認され、それから墳丘の規模を推定すると、径一五m前後の墳丘規模が推定される。なお濠を加えれば径一八～一九m前後の規模となろう。

この調査によって当該古墳の墳丘部には埴輪、葺き石などの確認はなく、その設備は行われていなかったと考えられる。

主体部は基底部の石材のうち左側部分がほぼ残存し、奥壁、右側については一部の残存と石材の抜き跡が確認された。主軸方向N－20度－Wをはかる左片袖ないしは無袖式の横穴式石室と見られる。玄室の濠全長五・八m、奥壁部幅二・七m、羨門部幅一・四m、羨道長七・四m、羨道幅一・三五m前後をはかる。石室に連なる墓道はU字状をなす素掘りの溝で、側壁部に石材は用いていない。この墓道は中央部がやや狭くなっており、石室側と濠が合流する部分は広くなっている。なお濠の底と墓道のそこの高さの比高差は殆ど認められない。

石室側壁に用いられた石材は径五〇～七〇×五〇×七〇cm前後をはかる花崗岩の自然石で、とくに加工は行なっていない。床面には敷石の如くの設備はまったく残されていなかったが、わずかに奥壁部付近の床面に径一〇×三〇cmをはかるこぶし大より少し大きな河原石が見られたことから、おそらく当該部分に見られた状況がほぼ玄室の全体を覆っていたのではないかと考えられる。側壁のうち東側側面は抜き取り痕跡まで撹乱を受けていたという状況であった。しかし西側側面は基底部分の石列は全て残されており、最大三段部分までの石が残存していた部分があった。

玄室と羨道の間には径六五cm、幅三二cmの河原石が壁に直角に配置されている。当該部分が玄室と羨道を区分する玄門に当たると考えられる。遺物はこの部分に集中して検出されたが、他の部分は撹乱を大きく受けているため、当該部分にのみ集中したとは考えがたい。

出土遺物は、大きく撹乱を受けているため多くはない。

検出遺物には須恵器杯一、高杯三（破片を含む、以下同じ）、台付長頸壺二、鉄製品一、金環二、玉類四点などがある。このうち鉄製品は鉄斧と見られるもので、報告書では袋状鉄製品とされている。銹化が著しいがほぼ完存に近い状態である。全長八・九五cm、刃先の幅四・一五cm、袋部の内径一・七×二・二cmをはかる。形状から斧と見られる。

檜尾塚原7号墳（図16）

立地状況は、5・6・7号墳と同一丘陵で六号墳の東側に位置する。標高は墳丘基底部で六四m、後円部墳頂部で六六m、前方部で六五mを測る。

墳丘測量調査のみで詳細は不明であるが、後円部が北側に位置する前方後円墳と考えられる。現況は後円部の東側及び裾部が削平を受け、くびれ部と予想される位置も削平を受けている。長さは現況で一八・五m、高さは後円部で約二・四m、前方部で約一・五m、後円部の東西軸は約九mと予想される。墳丘周囲からは現在のところ葺石も埴輪列も確認されていない。

内部主体については未調査のため不明である。

3　古墳構築の背景

①南グループ古墳群の構築

檜尾塚原古墳群のうち南グループとした各古墳について記述を進めてきた。これらの各古墳は距離的にも近接している事から、各被葬者相互に何らかの関連がある可能性が濃い。その関連とは同族あるいはそれに近い関係を想定されるが、グループを構成している各古墳の関係から背景を探ってみたい。

主体部についてみれば、横穴式石室二、木芯粘土室二（9号墳を含む）、直葬二以上であり、多様であるといえよう。とくに陶邑地域内で木芯粘土室の主体部が見られるのは陶器千塚二、檜尾塚原古墳群二、牛石古墳群二となり、全国的にもその分布が多い地域となる。その構築の背景には石材入手の問題、窯業生産とのかかわりについて考えられているが、少なくとも当該例では、後者の例が濃いと判断せざるを得ない。

2号墳で使用されていた陶棺は、陶邑窯で生産されていたとすると、場所はきわめて限定される。すなわちKM234号窯、TK36‐Ⅰ、TG17号窯である。

出土した陶棺の細部の特徴から、TK36‐Ⅰ号窯出土品の可能性が濃いと見られる。ところでTK36‐Ⅰ号窯は、半地下式の平窯構造を持った須恵器窯で、出土遺物の形状の特徴からⅢ型式1段階相当と考えられる。[5]陶邑窯では平窯構造が多く見られるⅣ型式段階のものとは構造的に異なり、時期的にも遡る。とくに煙出し部分の陶棺屋根が完全か嵌め込まれていたものである。その用途は明らかではないが、煙出し構造の改造用に使用されたと考えている。一方、前者は灰原のみの残存ではあったが、大量の須恵器が採集され、とくに陶棺破片の出土も多く見られた。それら遺物の中に陶棺体部側面にヘラ描き文字「安留白、伊飛寅作」という作者名と見られる文字を伴ったものが採取されている。TK36‐Ⅰ号窯、TG17号窯では陶棺の破片は若干量の検出があったが、KM234号窯ほど大量ではなく、そこでの生産が確実に見られただろうという以外には、残念ながら記述できない状況である。[6]

一方、距離的に見ると、檜尾二号墳と前者は、谷を僅かに隔てる互いに見渡せる距離にあるのに対し、後者とは大きな丘陵をいくつも隔てており、圧倒的に遠距離である。従って前者から当該古墳への供給は、十分考えられる範囲であるといえる。また時期的にも、窯の操業期間がⅡ型式5段階からⅢ型式弐段階相当であり、これも2号墳の時期と合致する。

次に古墳群内での時期的な関係について見ておきたい。内部主体についての比較は、十分な資料が見込めないこともあって不可能に近いが、遺物の比較は可能である。しかし各古墳の葬送儀礼にともない埋納された須恵器が全て残存してないこともあり、遺物の埋納段階を含めた比較検討が必要となろう。

現状での南群の各古墳の状況をまとめると表1の如くとなる。

古墳の構築段階については8号墳が最も時期的に遡り、ついで3号墳、4号墳となる。ただし2号墳は追葬が、3号墳よりは幾分かは長く行なわれていたことが判るが、大きな時期差は見られない。また8号墳に先行する古墳として九号墳となる。ただし2号墳は追葬が、3号墳よりは幾分かは長く行なわれていたことが判るが、大きな時期差は見られない。また8号墳に先行する古墳として9号墳がある。この古墳の主体部は、8号墳と同じ木芯粘土室であり、他に直葬墓が見られる。しかし9号墳についても、追葬が行なわれており、その完了時期は8号墳より新しい時期となる。すなわち当該古墳群での初期埋葬時期はいずれも異なっているが、それらの再利用、すなわち追葬段階を含めると、各古墳への埋葬時期、期間は、ほぼ近似するということが明らかとなる。

②北グループ古墳群の構築

檜尾塚原古墳群のうち北グループとした各古墳について見てきた。これらの各古墳は南グループと同様、距離的にも近接している事から、各被葬者相互に何らかの関連がある可能性が濃い。一方、当該地域には前方後円墳がかつて二基存在したという。残念ながら調査前に失われてい

表1　檜尾塚原古墳群南群、形状等一覧

古墳名称	墳形 標高	直径 周濠の有無	主体部の種類と埋葬数	主体部の開口方向	遺　　物	須恵器の時期
檜尾塚原 1号墳	円	9m 周濠無	？	？	須恵器	Ⅱ型式 4段階
2号墳	円 76.6m	13-14m 周濠有	横穴式石室 陶棺　3以上	N-37°-W	須恵器 土師器 鉄　器	Ⅱ型式4－6段階 Ⅲ型式？
3号墳	円 78m	13-14m 周濠有	横穴式石室 不明　複数	N-85°-W	須恵器	Ⅱ型式 4－5段階
8号墳	円 75m	13m 周濠有	木芯粘土室 3以上		須恵器 鉄鏃・短剣・刀・鑿、金環、馬具、玉類	Ⅱ型式 4段階

た事から内容は明らかではないが、その存在が北グループを象徴しているのかもしれない。

主体部についてみれば、横穴式石室一、甕棺墓一、直葬一であり、これらも先の南グループと同様一様ではない。

須恵器生産の行なわれていた陶邑地域内でその須恵器を主体部として用いられたという例は、いかにも工人の墳墓らしい内容である。その類例は当該生産地内にあっても美木多第一地点などに見られる。とくに後者には副葬品は見られないが、同様な例が散在しており注目されるだろう（図17）。

これらのうちでも墳丘を伴っている点は階層的な上位者或は下層支配者層と見ることができよう。

とくにその副葬品に窯の壁の破片が含まれていたのは、当該甕に付着したものではなく、別個に確保された破片が収納されたというのも、明らかに被葬者或はその家族にこだわりがあったと見ることができよう。

また甕を埋葬の主体としたのは、その入手が容易であった事とも関係するのであろう。美木多第一地点ＳＸ11、13遺構には切りあい関係が見られ、かつ時期的にきわめて近接して大量に築造されていることがわかる。このような例は、当該須恵器生産地に限られた者ではないかもしれないが、容易に入手しうる材料を用いた埋葬主体の構築法としては、その関係が濃いように思われる⑦（図16）。

６号墳については横穴式石室を主体とするものであり、主体部の構造自体に対の地域の古墳と大きな差は見られない。とくに後世の撹乱によって遺構及び遺物の多くが失われていた。しかしわずかにその出土遺物に鉄斧が見られたことはやはり窯業生産とかかわりが濃いといえるだろう。すなわち窯の構築に当たって主として用いられた道具が鉄斧であり、その刃先の痕跡が明瞭に残されている例は多い。

このように見てくると、檜尾塚原古墳北群の分布古墳については、５、６号墳についてはとくに窯業生産者とのかかわりが濃い徴証資料が見られる点注目されよう。

また檜尾塚原古墳北群地域にはかつて大型の前方後円墳が位置していたということから、それら群の盟主的な存在の可能性もあろう。失われた古墳からそれらを想定するのは問題があり、避けるべきであろうが、少なくとも７号墳

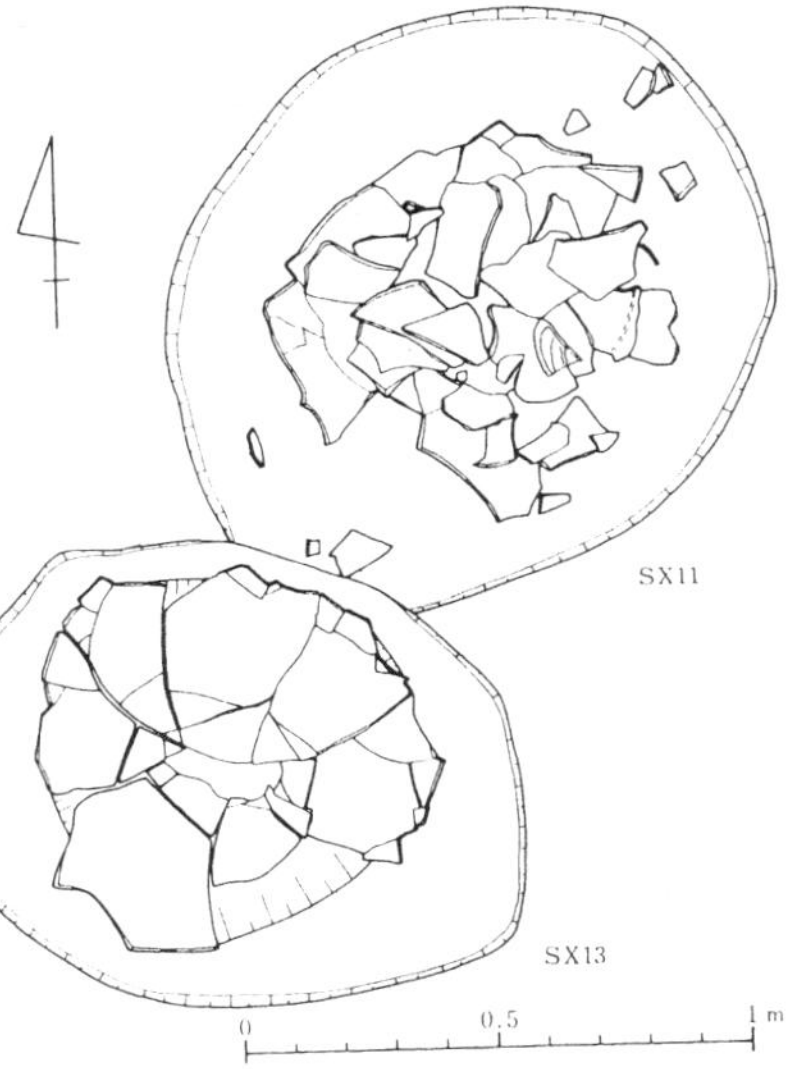

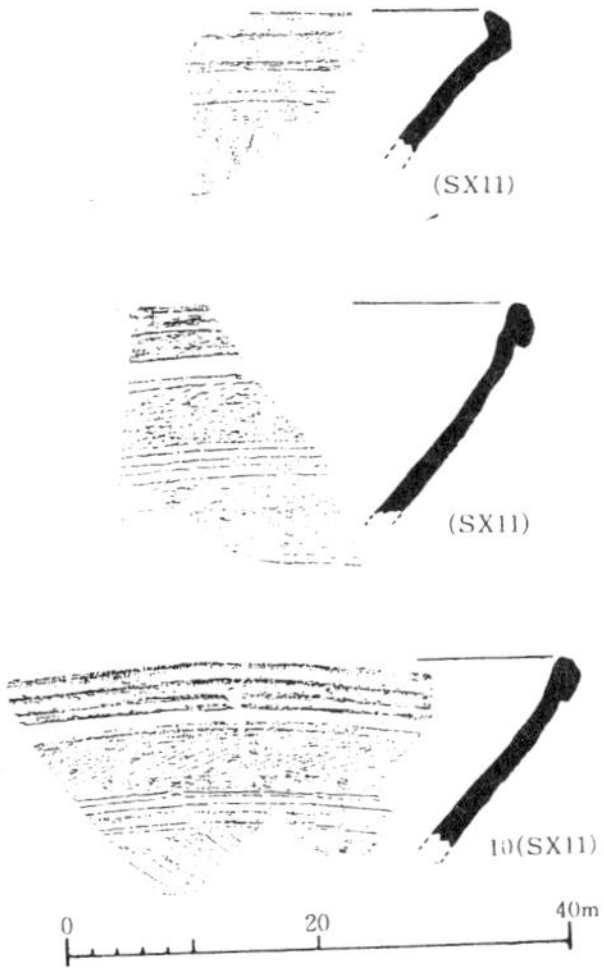

美木多第一地点SX11・SX13甕出土状況平面図

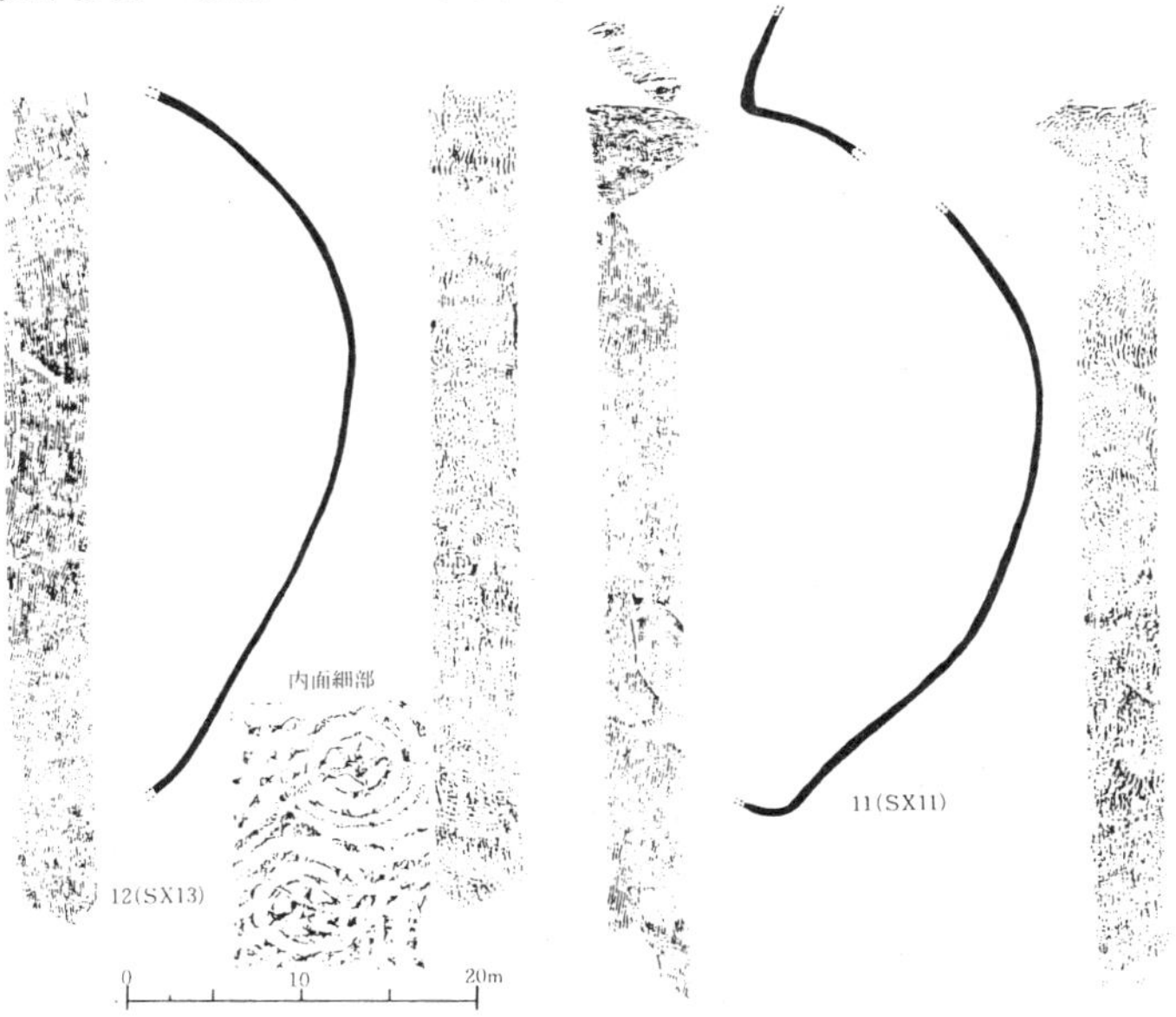

図17　美木多第一地点遺構、遺物実測図

の存在はかつての大型分の存在を髣髴とさせるものがあろう。

むすびにかえて

陶邑地域の西側部分に該当する大野池地区及び光明池地区窯跡群の分布地域に重複して位置する檜尾塚原古墳群南北グループについて、紹介と若干の検討を行なってきた。この結果、古墳が構築された時期はそれぞれ微妙に異なっているが、それらの古墳への埋葬が継続していた期間は、必ずしも大きな差が見られないことが明らかとなった。おそらく台地の縁辺から古墳が構築され始めていることや、時期的な前後関係から九号墳が先に構築され、ついで北部に該当する古墳が台地の縁辺部分から構築され、南グループの古墳も並行して8、1、3、2号墳が順次構築されていったと考えられる。

このことは各古墳への埋葬行為が個別に、時期的に併行して行なわれていた可能性が考えられるといくことを示唆している。被葬者としては、かつて陶工組織の考察を行った際に考えられた窯元的階層を考えている。⑧その階層の葬送行為の時期的な間隔として、古墳ごとにみても相互に短期間に過ぎることがある。これら古墳へは、それら窯元階層の家父長のみが埋葬されたのではなく、その家族あるいは一族関係にあるものが、併せて埋葬されたことによると考える。⑧

次に、窯業生産を根底で支えてきた工人層の墳墓は、いかに考えるかという問題が残される。これについても当然埋葬された墳墓は存在することは明らかであり、その遺跡として野々井遺跡他で確認されている土坑墓を当てられるのではないかと考えている。⑨

いずれにしても本来、最も保守的な儀礼であるはずの葬送儀礼や墳墓の構築が一定の形式に従っていない。これは各被葬者の出自の差によると見られる。

本稿で対象とした墳墓についても横穴式石室構造のものや木芯粘土室、さらには木棺直葬、さらには陶棺、甕棺などの構造を持つものなど多種多様である。基本的に同族系譜に連なる組織的結合の強い地域の墳墓では群集墳を形成している場合、その構造に大きな差異のない場合が多いようである。この点、須恵器生産者という外来技術系の氏族にとっては、葬送儀礼の段階ではそれぞれの伝統的な方式などに従って儀礼が行なわれたのであろう。この点、今後の課題としていきたい。

〈補注・参考文献〉

①中村浩編著『陶邑』Ⅰ、大阪府文化財調査報告第28輯、大阪府教育委員会、一九七六年。宮野純一編『陶邑』Ⅶ、大阪府文化財調査報告第37輯、大阪府教育委員会、一九九〇年。
②中村浩「檜尾塚原九号墳出土遺物について」『王朝の考古学―大川清志先生古稀記念論集―』一九九五年。中村浩「須恵器生産者とその墳墓」『大谷女子大学紀要』二九－二、二〇〇三年。
③宮野『前掲①書』一九九〇年。
④調査以前に遺跡分布図に掲載されていたものであるが、調査着手段階ではすでに削平されていた。ただしそこからの出土遺物であるということを添えて工事関係者から調査中に須恵器が届けられた。なお当時は周濠の一部と見られる池状のものが残されていたように記憶する。
⑤中西靖人「ＴＫ36－Ｉ号窯跡」『陶邑』大阪府文化財調査抄報1、大阪府教育委員会、一九七一年。
⑥中村『前掲①書』所収。
⑦宮野『前掲①書』所収。中村浩「須恵器生産に関する一試考」『考古学雑誌』六三－一、一九九七年。後『和泉陶邑の歴史的研究』芙蓉書房出版、二〇〇一年。
⑧この問題は別稿で考察した。
※本稿で使用した図はいずれも宮野『前掲①書』からの引用改変である。

第三章
檜尾塚原九号古墳の被葬者像
――その埋葬主体と出土須恵器について――

はじめに

大阪府堺市南部に位置する泉北丘陵は、低く起伏に富む自然地形であった。また土質のためか高くそびえるような木々はほとんど見られず、比較的細い松や竹林が広がっている風景がよく見られた。このような情景は、その地域がやせており、余り植林や農耕に適している土地であるという印象を与えるものではなかった。

このことは逆に古墳時代以来、当該地域で行われた須恵器生産にとって好都合であったかもしれない。すなわち起伏に富む丘陵は窯を設置するのに、もっとも最適な自然地形であったものと考えられる。かつてはこれら生産地全体を陶邑と呼称していた期間もあったのではないかと見られるが、この点推測の域を出ない。

さて本稿では、この須恵器生産を行っていた人々が生活をしていた陶邑そのものについての検討を行うのが趣旨ではない。陶邑内部に所在した古墳の一つである檜尾塚原古墳群の一古墳であった九号古墳について、とりわけ出土須恵器について、報告書にしたがって再度検討を加えようとするものである。

1　古墳の位置と環境

古墳は、地籍上は大阪府堺市檜尾に属していた。現在は、その姿の痕跡もないが、檜尾台あるいは光明台と呼ばれる市街地の一部になっている。

調査開始時点での環境は、水田耕作がほとんど放棄され、大半が一見原野の様相を示し、造成工事を待つのみの状況となっていたが、自然地形は十分観察する余裕はあった。古墳の位置した丘陵は、光明池を構成する南北の大きな丘陵のうち北側に該当するものであり、尾根鞍部には若干の起伏が見られたが、その最も高い典型的な部分が該当古墳の位置していた丘陵先端部分である。ほかの起伏についても分布調査などを行い、古墳の可能性を探ったがいずれも表土直下から地山層となり、人為的な徴証となる痕跡は何ら確認できなかった。このことは本丘陵部分に位置した古墳が当該古墳のみであったことを物語っている。また古墳の位置から眺望される丘陵あるいは盆地部分には多数の後期古墳が位置しており、それらの中で当該古墳がもっとも標高で高いところに位置していることになり、また独立して位置することにもなる。

すなわちその立地をまとめると、北に向かって派生した丘陵の先端部に近い最高所に位置し、標高八二・六m前後をはかる一見独立丘陵のようにも見える、ということになろう。すでに報告書が刊行されており、くどくなるかもしれないが当該古墳の同じ群に属する古墳についての知見を得られていな

表1　檜尾塚原古墳群の状況

名称	墳　形	周濠	内部主体	出土遺物
1号墳	円　墳	なし	不明(削平)	須恵器片
2号墳	円　墳	有	横穴式石室	陶棺・須恵器
3号墳	円　墳	有	横穴式石室	須恵器
4号墳	円　墳	なし	木棺直葬	鉄鏃片・須恵器
5号墳	円　墳	なし	甕棺	金環・人骨
6号墳	円　墳	有	横穴式石室	須恵器・玉類
7号墳	前方後円墳	不明	不明	不明(保存)
8号墳	円　墳	有	木芯粘土室	鉄器・馬具・須恵器・玉類
9号墳	前方後円墳	なし	木芯粘土室 木棺直葬	鉄器(剣・刀・鏃)・馬具(咬具他)・須恵器・玉類
10号墳	円　墳	不明	不明(保存)	不明(保存)

い方のために簡単に、表として紹介をしておくことにする（表1）。なお当古墳は、かつて大塚原古墳群、あるいは檜尾塚原古墳群という異なった名称で紹介されたことがあるが、対象はほぼ同じであり、前者が一部地域、後者が全地域を指すようであるが、今後は後者に統一して呼ぶことにする。

2　墳丘と主体部の状況

主軸方向は、ほぼ東西であるが、わずかに数度程度南へ偏している。墳丘の一部を土木工事によって削平されてしまっているため、正確な数値を示すのは困難であるが、調査時点での計測値は、主軸上の全長一七m、前方部幅八m、後円部径一三m、墳丘の高さは二・六m前後をおのおのはかる。なお墳丘の全体を円形と見ることも不可能ではない。その場合には直径一三m、高さ二・六m前後となる。しかし地形の状況や、主体部の分布状況などから見て、前方後円墳とするのがもっとも妥当と考えられる（図1）。

墳丘部には三か所のトレンチを設定して墳丘の構成状態を検討した。これによると五世紀代のものと見られる須恵器の破片が墳丘積み土内部から焼土などとともに出土している。これは近接して当該時期の須恵器窯跡が存在しており、その部分の土砂を用いて、当該墳丘が形成されたとすれば、とくに問題になるものではない。ちなみにKM65号窯跡出土遺物がもっと近似するものである。なお盛土の厚さは最大一・五m前後をはかり、基底部面までの墳丘部には自然地形の地山をそのまま利用しているものと考える。

主体部は第一主体から第四主体まで合計四基の異なる埋葬主体が確認されている。墳丘部中央の主体は第一主体、前方部南西部に第二主体、さらに後円部南西部中央に第三主体、さらにその端に第四主体がおのおの位置する。これらは第一主体から第三主体までは切り合い関係は見られず、第三主体と第四主体でのみ重複関係が確認されている。さらに時期的には、後述するように比較的近接しており、何故に同じ墳丘でありながら、同一主体で追加埋葬という

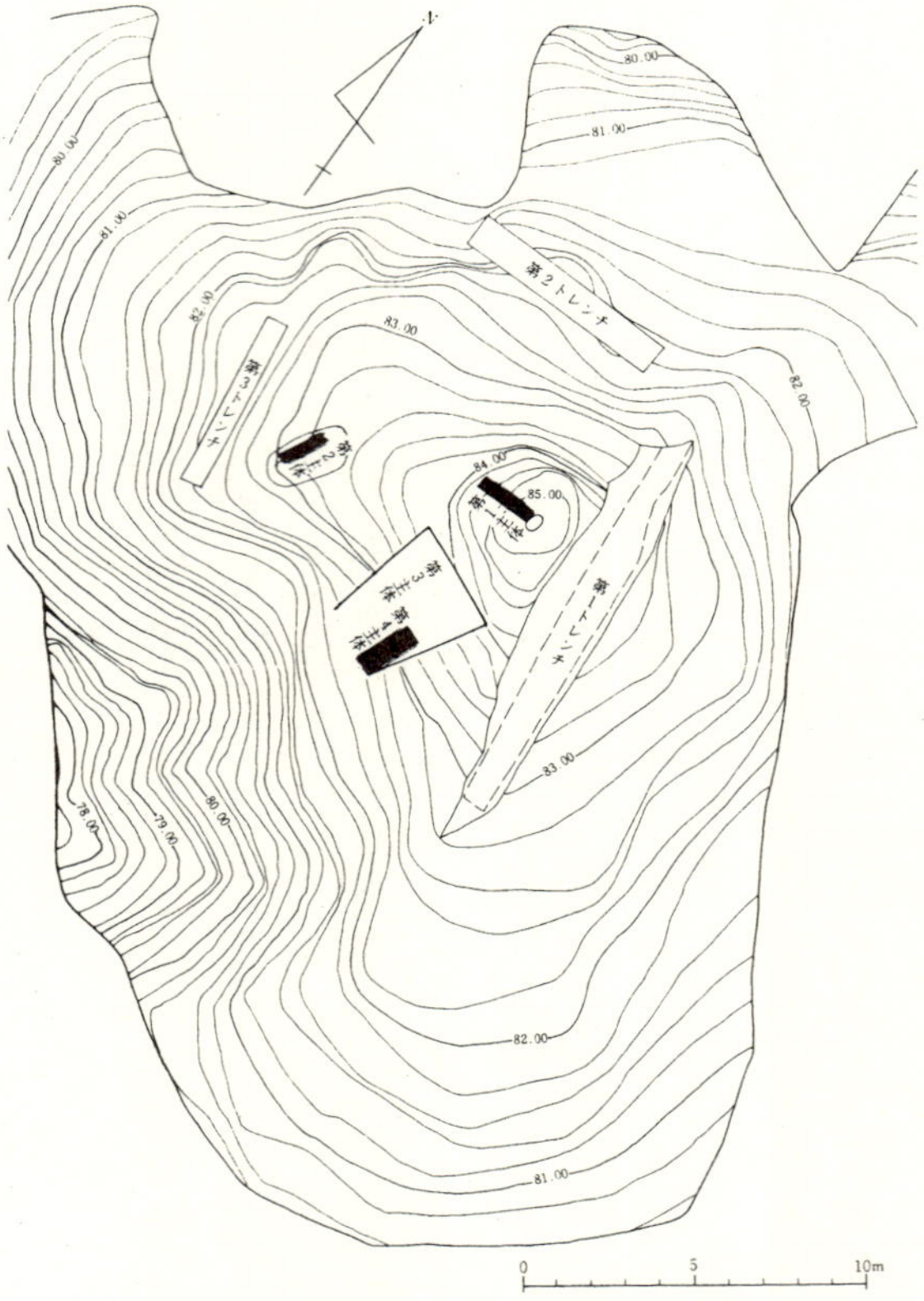

図１　檜尾塚原９号墳地形測量図

形態を採らないで異なる四主体に区分したのかは明らかではない。

各主体部について、その構造規模について記述することにする。

第一主体は、後円部中央の墳丘最上位に検出された、主軸方向南北の木棺直埋葬である。北側部分を削平されているため、ほぼ全体を想定はできるが、一部不明確な点は否定できない。掘方は幅約一一〇cm、全長一九九cmをはかる長方形の土坑である。この掘り方の東端部に棺の東端を接して収められていた。棺の長さは一八〇cmで、幅は九〇cm

前後と推定される。棺そのものは残存しなかったが、朱の痕跡や残された棺の痕跡から鉄鏃と刀子、須恵器短頸壺二点がある。このうち須恵器二点は、棺の底部からやや透き間をもって確認されていることから、棺の外すなわち蓋の上に配置されていた可能性が濃いと見られる。

第二主体は、前方部南西隅に位置した主軸方向を北から三八度東に偏った木棺直葬墓である。掘り方の全長は二〇二cm、幅一六二cmをはかる不整形な楕円形に近い土坑である。この掘り方の北部に接する形で棺が配置されていた。棺は第一主体同様存在しなかったが、両端の側壁が直立することから、その構造は組み合わせ式木棺と考えられる。棺の全長は一四三cm、幅三六cmをはかる。遺物には棺南端で鉄鏃、中央部で刀子および須恵器短頸壺二点、掘り方内部からは蓋杯がおのおの検出されている。須恵器のうち蓋杯については明らかに棺外遺物であるが、短頸壺についてはいずれとも判断しがたい状況であったが、棺内遺物の可能性が濃いものと考えられた。このほか棺底部からガラス小玉、土玉、棗玉などが採集されている（図2）。

第三主体部は前方部と後円部との境、いわゆるくびれ部付近から、後円部へかけてに位置する木芯粘土室構造のもので、9号墳丘内に見られる主体部では最大のものである。位置関係を見ると第一主体とは南西四m、第二主体とは東南六mにあたる。構造的には横穴式石室に近似するが、全く石材を用いてない点で大きく異なる。カマド塚、窯槨墳などとも呼ばれている古墳時代後期の独特の構造であり、その分布範囲などには一部限定があるようにも考えられている。構造の問題については筆者も意見はあるが、本題ではないので別の機会に譲ることにする。

掘り方の残存長五・九五m、幅三・五mをはかる。三方向に柱穴が斜め方向に建てられ平均的な斜度は四五度前後を計る。なお柱穴には円形と方形の二種類のものがあり、板状のものと円形の柱状のものとが用いられていたことがわかる。恐らくは中央部が高くなり、周囲が低い合掌式の構造を持つものと推定される。

出土遺物は全てが主体部内部からであり、それらの一部は明らかに後出段階の埋葬の時期に一方へ片付けられた痕跡を残していた。また一部遺物については、火熱を被った痕跡が見られ、その範囲は床面の大半を覆っていたようで

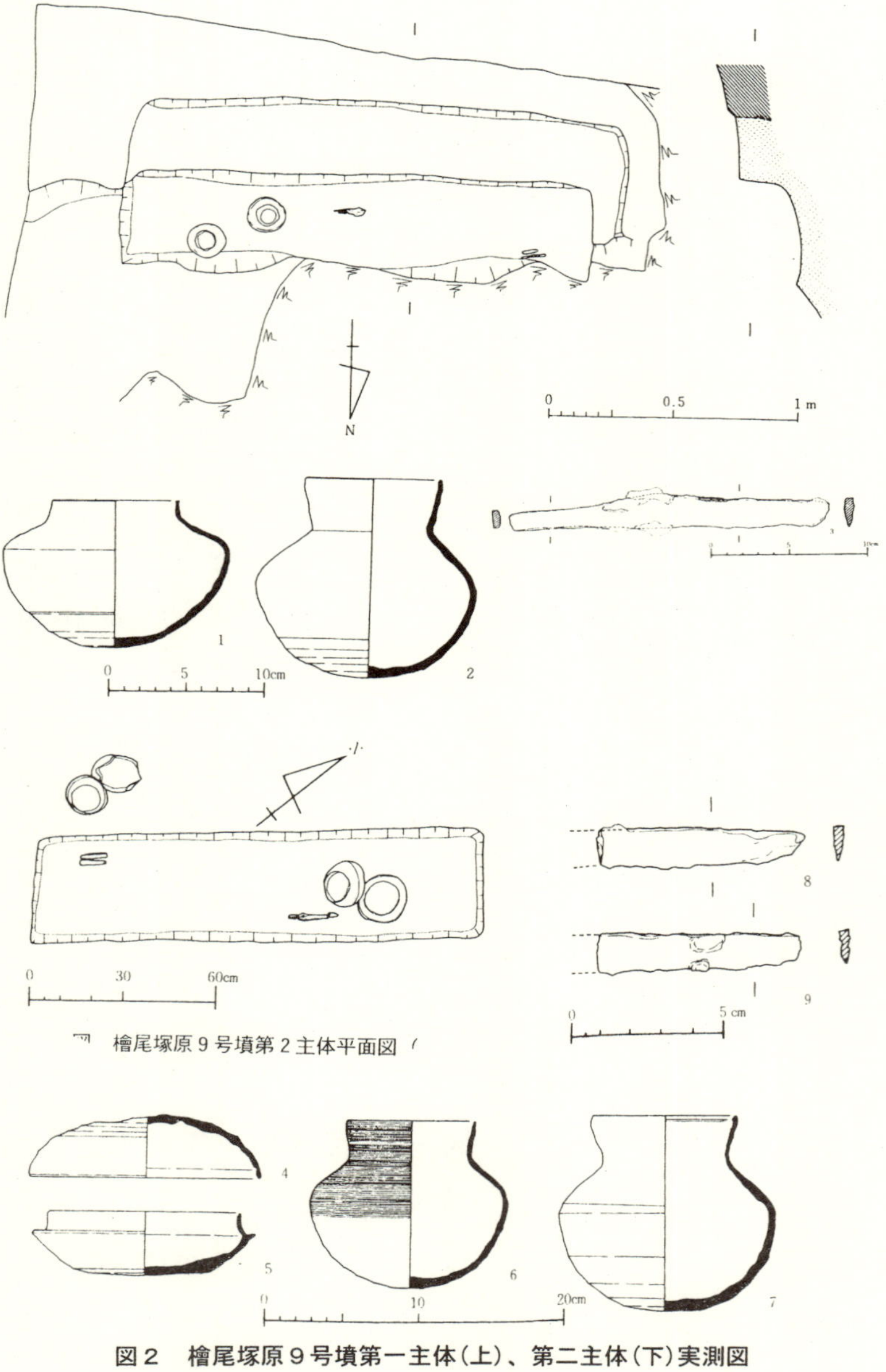

図２　檜尾塚原９号墳第一主体（上）、第二主体（下）実測図

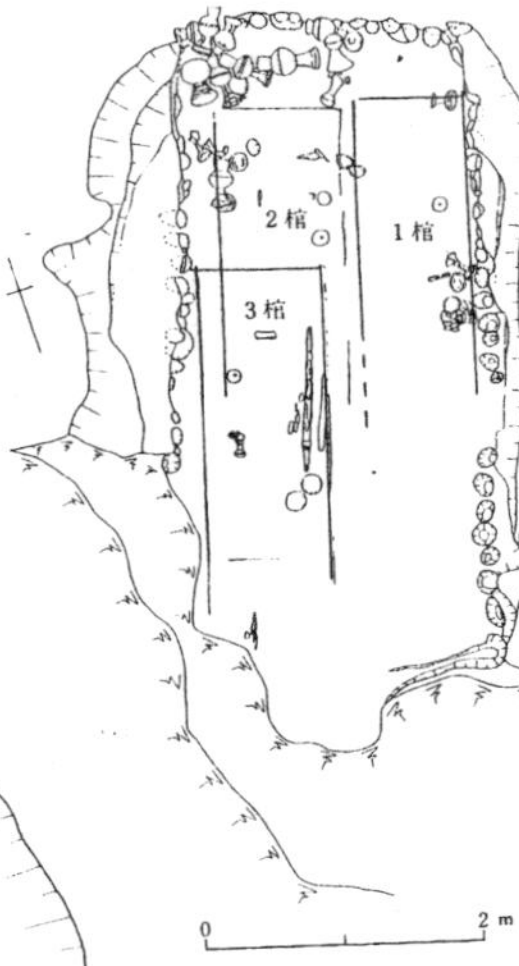

棺の配置図

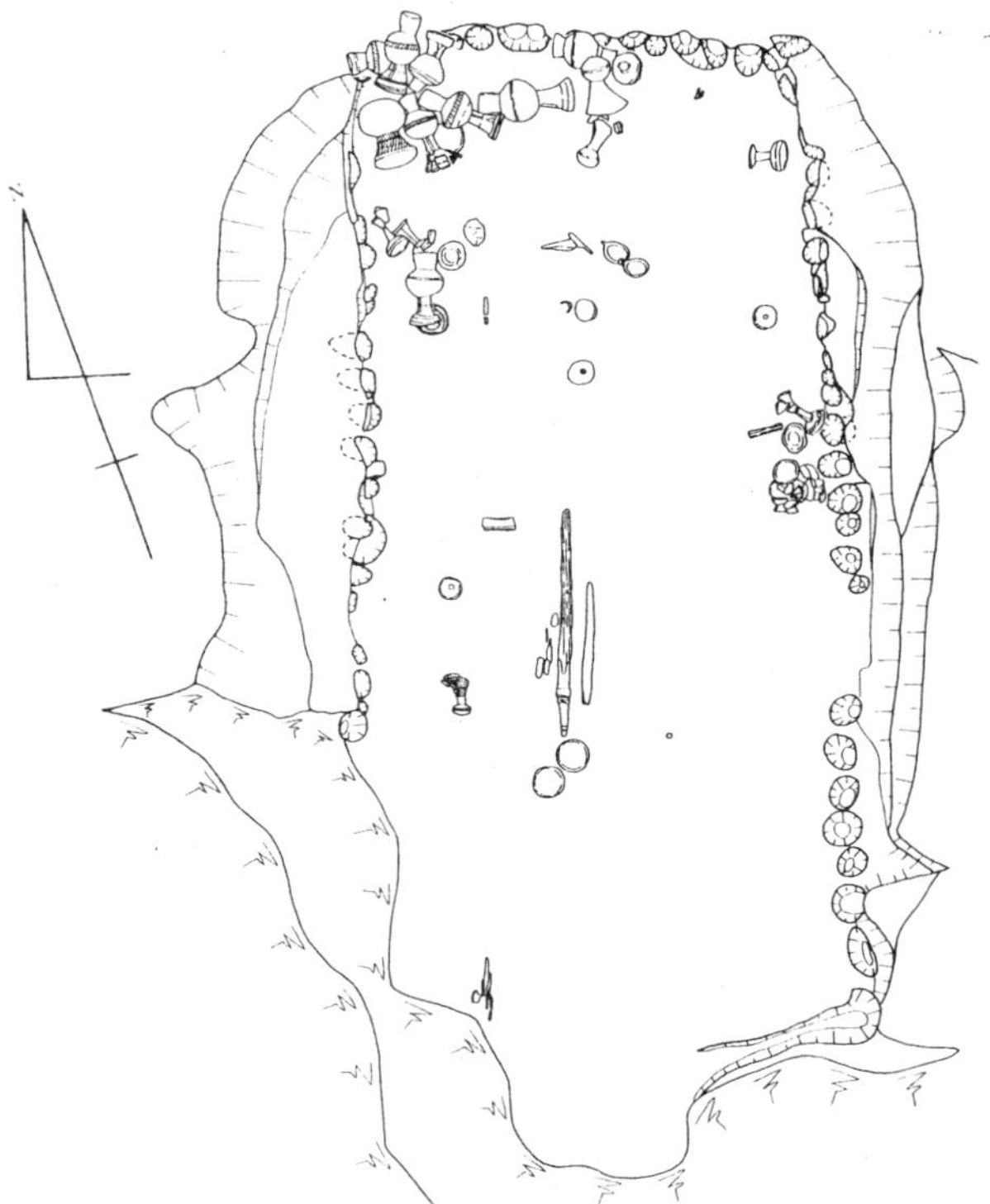

図３　檜尾塚原９号墳第三主体実測図

図４　檜尾塚原９号墳第三主体出土遺物実測図

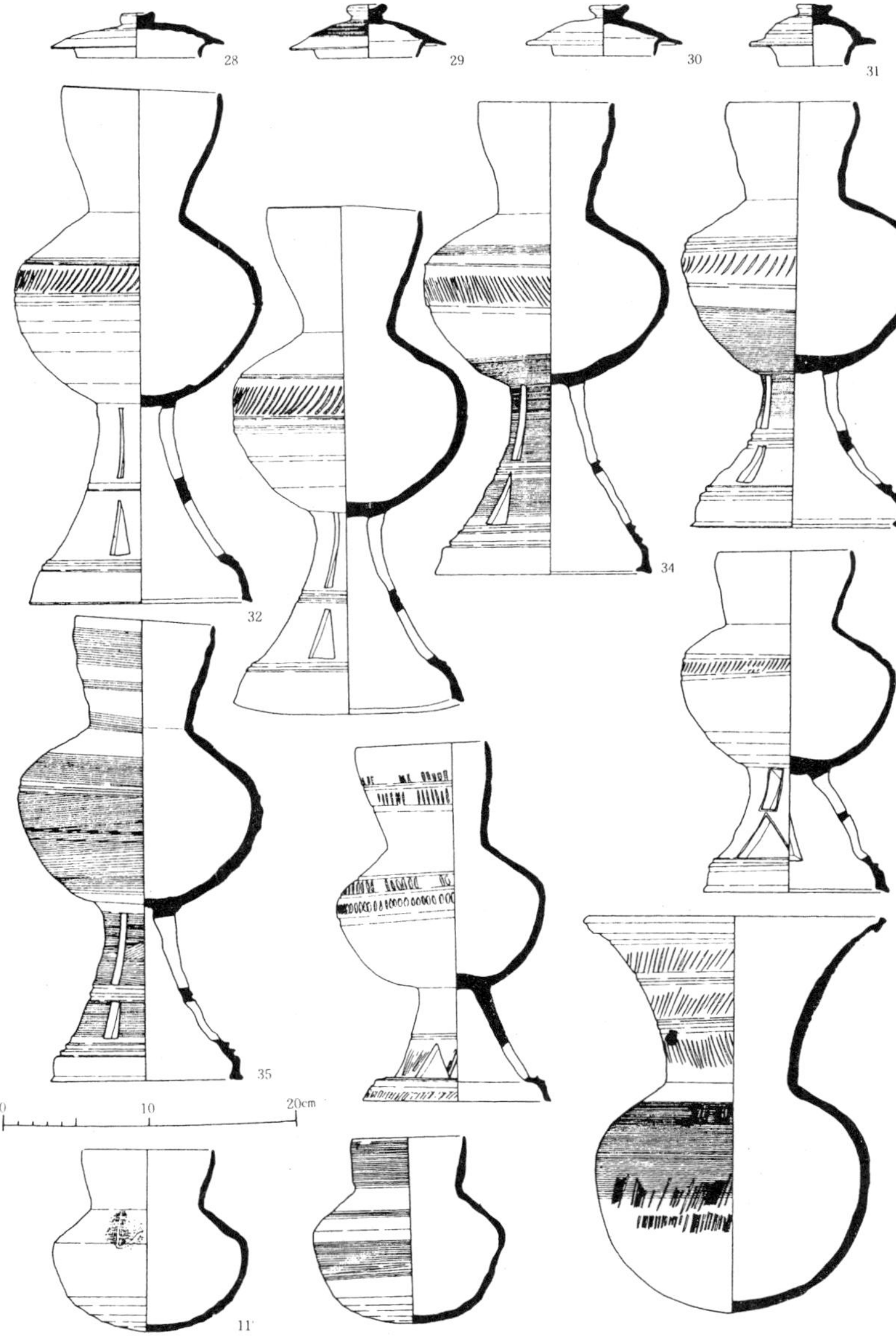

図５　檜尾塚原９号墳第三主体出土遺物実測図

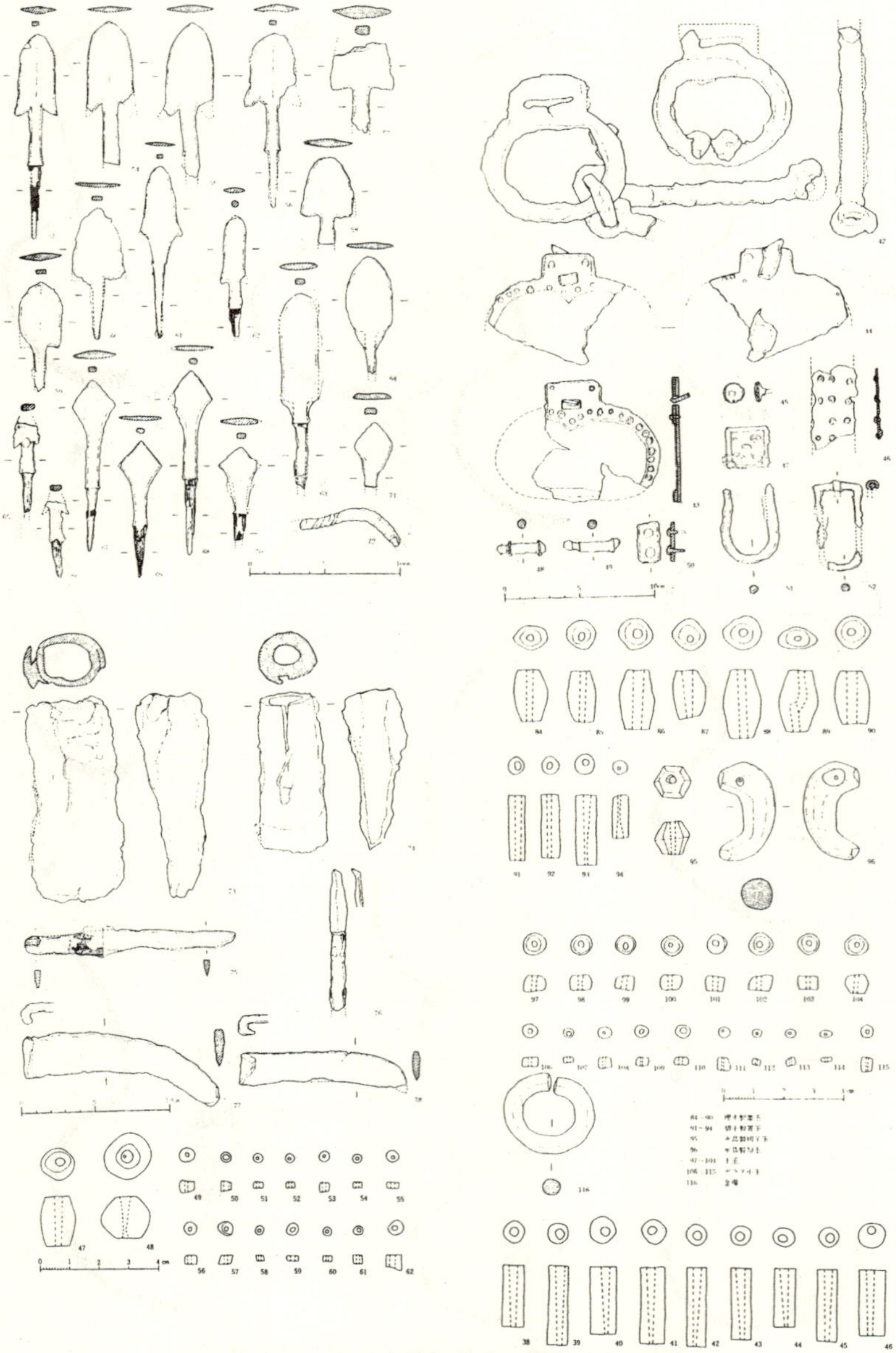

図６　檜尾塚原９号墳第三主体出土遺物実測図

ある。棺にそれらが収められていたかどうかについては、判断する資料がないが、少なくとも鉄釘の存在や遺物の配置の状況から見て、当初は棺に収められて当該主体部に埋葬されたことは疑いない。

なお遺物の配列状況などから、棺の配置を推定すると図3の如くとなる。北西部分にまとめられた須恵器群は明らかに中央部から西側に配置された埋葬主体によって片付けられたものであり、北東部分の埋葬主体とは時期的にもさかのぼり一致していないことが分かる。また入り口部分の南部域では、第四主体の設定のため、遺物が移動させられた可能性があるが、この場合には北部ではない場合も考えられる。すなわち当該第三主体に見られたあるいは推定される埋葬主体の数量は二ないし三であり、これ以上の埋葬が行われていたとは考えられない。この点く須恵器の検討の項でも記述することにする。

いずれにしても第三主体の出土遺物はもっと多い。まとめると以下の如くとなる。

鉄製品　武器―鉄剣、刀子、鉄鏃
馬具―轡、飾り金具、咬具
農耕具―斧、鎌、やり鉋、刀子

玉類　水晶小玉、碧玉製管玉、ガラス小玉、土玉、棗

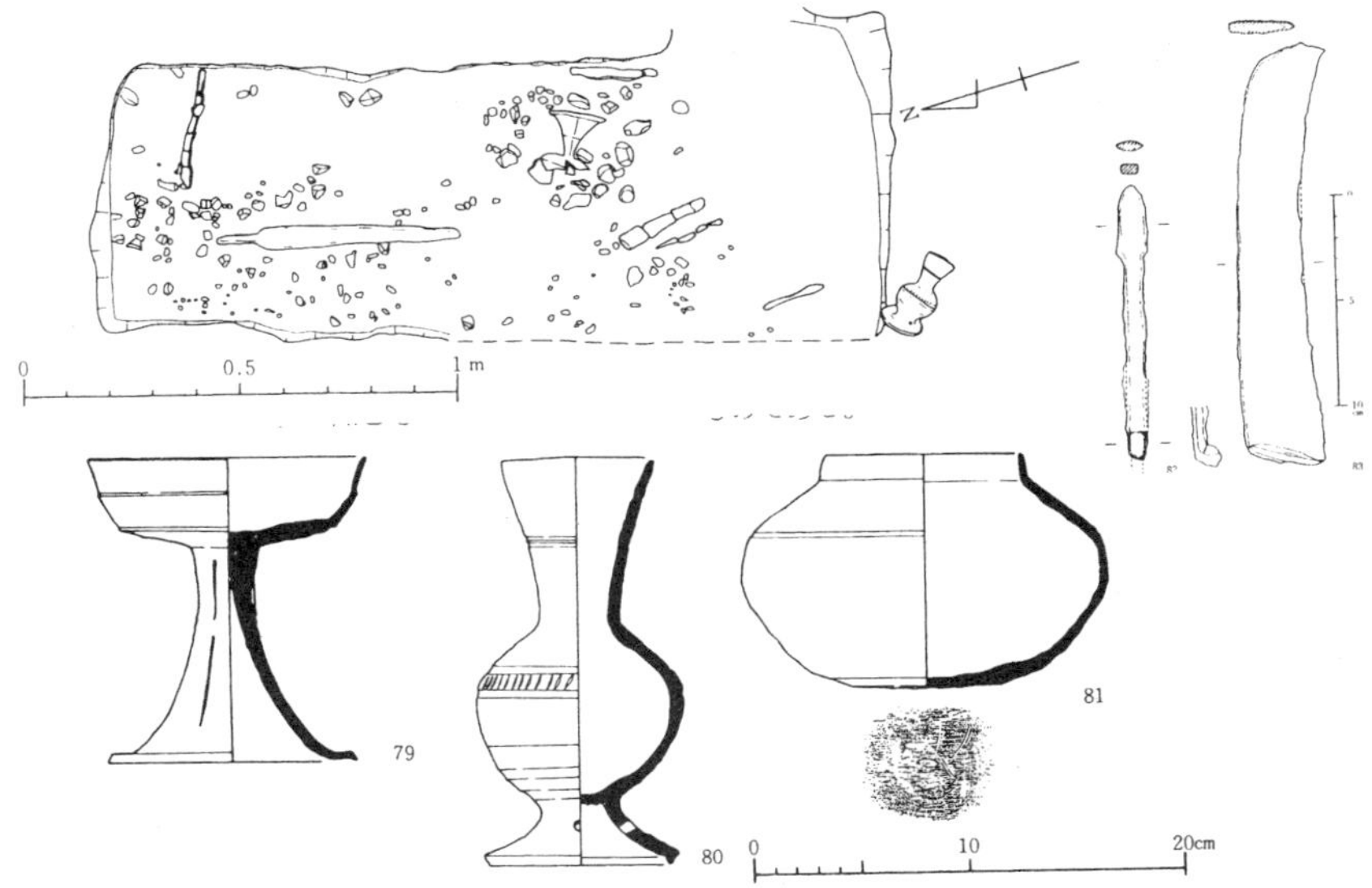

図7　檜尾塚原9号墳第四主体出土遺構・遺物実測図

玉

須恵器　蓋杯八、無蓋高杯七、䏶四、台付長頸壺八、蓋四、広口壺一、壺三

第四主体は、第三主体と重複して位置するものである。しかし第三主体の床面を掘り下げて使用していることや、一部第三主体を削っていること、さらに位置が余りに端部に偏っていることなどから、明らかに第三主体の機能がほとんどなくなった段階に近い時期に設定されたものと考えられる（図7）。

ところで、検出部分からの推定では、木棺の全長一八〇cm、幅六三cm前後をはかっていたものと考えられる。出土遺物には、須恵器、鉄製品、玉類などがある。いずれも棺内部からのものと見られているが、須恵器の長頸壺は棺外で土坑内部の遺物である。

なおこのほかに当該古墳出土あるいは古墳群出土とする遺物が報告書に示されているが、壺（119・120・121）は、昭和四三年当時調査段階には、すでに墳丘の大半が失われ、周濠の一部のみが確認されていた当該地域最大の前方後円墳に伴う遺物である。またほかの遺物については、主体部からすると第三主体の可能性が濃いと考えられる。

3　出土須恵器の検討

以上、檜尾塚原9号墳の位置と環境、および主体部の状況などについて簡単に記述してきた。これらはいずれもすでに報告書（『陶邑』Ⅶ、一九九〇年）に報告した内容であるが、一応の便宜のために再度収録した。次にここで出土した須恵器について考えることにする。

各主体から出土した須恵器について、まず時期的な観点から、それらを見ていくことにする。各主体の埋葬数量あ

るいは回数であるが、一・二主体は各一回ということは明らかである。三主体は遺物が片付けられているということを考慮に加えれば、少なくとも三回は数えることができる。また四主体も三主体の一部に含まれていることを考えれば三主体では四回の埋葬が行われたということになる。これをまとめたのが、表2である。

すでに見たように第一主体から第四主体までの各須恵器の時期は、陶邑編年Ⅱ型式3段階から5段階までのもので占められている。絶対年代との対比から見ると、この時期差は約四〇年程度と考えられる。この期間に最大六期間の埋葬主体が当該墳丘に収められたことになる。埋葬主体が異なっていても同一墳丘部に埋葬するということは、少なくとも同一家系、あるいは同一氏族のものということになり、別氏族の埋葬とは考えられない。とすれば、かれらの生活圏はいかなる範囲に求められるのだろうか。これはほかの同じ時期に形成された古墳と大きく谷をへだてて位置するという地域的な隔絶性からも、ほかの古墳群と被葬者一族とは異なることを示している。これをより深く須恵器の検討によって分析できないものだろうか。

それら須恵器の生産地については、恐らく大半の研究者が一〇〇%陶邑の製品であると考えるだろう。須恵器生産の中心地でもあり、かつその中央部に位置する古墳群にほかの製品が流入することは、よほどの事情がない限り考えられない。ましてや当該古墳の形成され、遺物が供給された段階は陶邑での須恵器生産が最高潮になっている段階であり、その時期の体部地域から

表2　各古墳埋葬期間概念図

古墳名＼時期	Ⅱ型式 3段階	Ⅱ型式 4段階	Ⅱ型式 5段階	Ⅱ型式 6段階	Ⅲ型式 1段階
2号墳		⇒⇒⇒⇒⇒	⇒⇒⇒⇒⇒	⇒⇒⇒⇒⇒	⇒⇒⇒⇒⇒?
3号墳		⇒⇒⇒⇒⇒	⇒⇒⇒⇒⇒		
8号墳		⇒⇒	⇒⇒		
9号墳 1主体					
2主体	⇒⇒⇒⇒⇒				
3－1主体	⇒⇒⇒⇒⇒	⇒⇒⇒⇒⇒			
3－2主体	⇒⇒⇒⇒⇒	⇒⇒⇒⇒⇒			
3－3主体		⇒⇒⇒⇒⇒	⇒⇒⇒⇒⇒	⇒⇒⇒⇒⇒	
4主体			⇒⇒⇒⇒⇒	⇒⇒⇒⇒⇒	

の移入は困難と考えられる。

したがって、当該出土須恵器はいずれも陶邑製品として考えて大過ないものと筆者も考える。

先ず生産地が地域として確定されれば、次にその製品が、厳密には大野池、光明池地区という陶邑の一部に位置していることである。とすれば、その須恵器はそれぞれの位置している地区からの供給とするのが、もっとも妥当な見解であろう。近接地域の当該時期の窯跡は、第３表に示した如くである。

さらに詳細に自然地形から当該古墳の所属関係を見れば、光明池地区ということになり、その地域の該当窯跡は、より少なくなる。

ただしこれらに示した窯跡の生産器種は、必ずしも当該古墳出土器種との一致を見ていないものが多い。これは、あくまで窯跡が、須恵器生産の場所であったとしても、そこにすべての器種が残されている保証は全くないといっても過言ではない。すなわち須恵器生産の場所たる窯跡では、あくまで須恵器の製品として不適切なものあるいは選別にも掛けられない製品について放棄されるものが、出土している遺跡であって、生産された器種がすべて出土する遺跡ではない。すなわち失敗する製品が少なければ少ない程、そこで出土する須恵器のバライティなり量なりは減少することになろう。この見地から、これらの当該窯跡について検討を加えていくことにする。まず高杯のうち9については、当該器種はⅠ型式末にみられるようになる長脚一段高杯の一種であるが、その形状が後にまで残った例として見ることができる。

陶邑では、表3に示したように、ＴＧ38‐Ⅰ号窯跡出土例が近い。しかし当該段階のものと様相を同じくするものは蓋杯のほかは見られない。ちなみに蓋杯ではＴ41‐Ⅰ号窯跡出土例に近い。なおＫＭ地区ではＫＭ18号窯跡の遺物がもっとも近似する。また高杯については、10・11についてがとくに特徴的である。すなわち脚の段をなす部分などはほかでは見られないまのであり、ＫＭ28‐Ⅲ号窯跡の製品に近いことが分かる。また四主体の高杯および短頸壺は両者ともにＴＧ64号窯跡製品に近似する。そのほか短頸壺は、その口縁部の状態からＫＭ地区ではＫＭ１２４から18

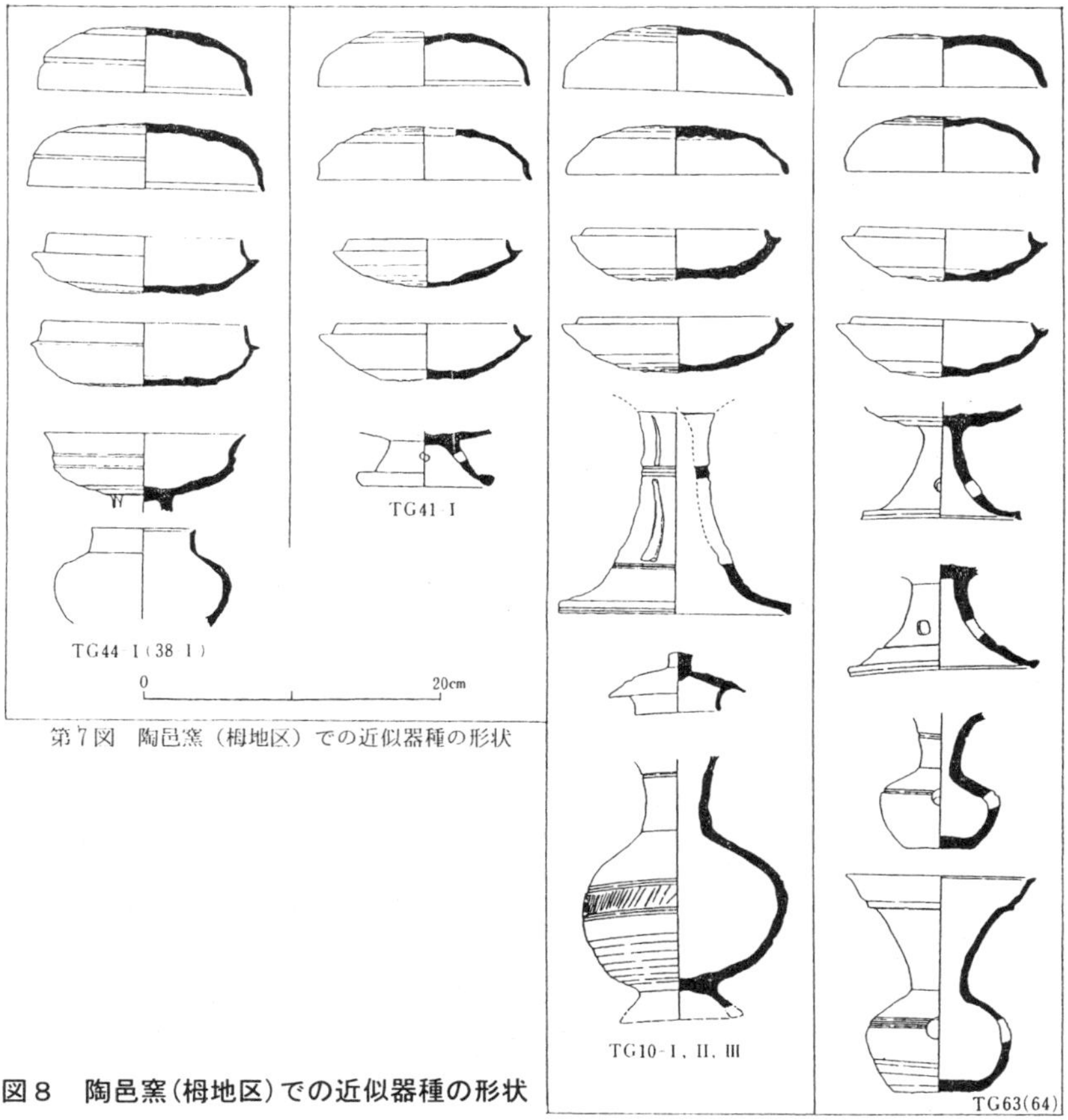

第7図　陶邑窯（栂地区）での近似器種の形状

図８　陶邑窯(栂地区)での近似器種の形状

号窯跡の時期までの窯跡で生産されたことが確実であろう（図8）。
また長頸壺についてもその形状から二段階以上に区分されることは確実であるが、それらの生産窯跡を推定することは出来なかった。恐らくKM28‐Ⅲ号窯跡はその候補の有力な一つとなることは疑いない。

まとめにかえて

以上、陶邑域内に位置する古墳の一つ、檜尾塚原9号墳の被葬者について、とくにそこから出土した須恵器を中心として考察を進めてきた。これらによって当該古墳埋納された大半の須恵器が地元陶邑窯で生産された可能性が濃いことが明らかになった。このことは当該古墳の被葬者が、陶邑に在住する人物であったことは容易に推定されよう。さらに進んでその被葬者の性格についても議論する必要があろう。

なおすべての出土須恵器の個別器種については残念ながら筆者の努力が足らず、十分な答えが出せなかった。しかしここでの考察の趣旨はご理解頂けたものと考えている。いずれにしても我が国最大の須恵器生産地であった陶邑域内に構築された古墳の遺物がその内部から供給されているのは当然といえば、当然であるが、その証明も重要な事柄であり、決して避けて通るべき問題でもないだろう。

なお蛇足ながら、当該古墳群の位置する地域の窯跡灰原から、ガラス小玉の製造に供されたと見られる有孔板状土製品が採集されている。当時『報告書』記述段階では用途不明としたが、ここで改めて訂正をしておきたい。

参考文献

『陶邑』Ⅰ　大阪府文化財調査報告第二八輯　大阪府教育委員会　一九七六年
『陶邑』Ⅱ　大阪府文化財調査報告第二九輯　大阪府教育委員会　一九七七年

『陶邑』Ⅲ　大阪府文化財調査報告第三〇輯　大阪府教育委員会　一九七八年
『陶邑』Ⅳ　大阪府文化財調査報告第三一輯　大阪府教育委員会　一九七九年
『陶邑』Ⅶ　大阪府文化財調査報告第三七輯　大阪府教育委員会　一九九〇年

このほか陶邑については、中村浩『和泉陶邑窯の研究』（柏書房）などがあり、本稿で用いた陶邑編年は、当該著書による。

本稿のなるに際しては、当時精力的に『陶邑』Ⅶの編集作業を行われた大阪府教育委員会中井貞夫（泉北考古資料館室長）、宮野淳一（大阪府教育委員会技師）の努力によるところが多いことを記して感謝する。とくに宮野氏は担当者の怠慢をよく辛抱し、かつ補充して大冊をものされた。本来であれば当時の『報告書』の考察に加えるべきものであったかもしれないが、身辺の多忙な当時の状況からなし得なかった。ここにその責の一端を閉じたいと思う。

第四章
須恵器生産者の墳墓
――牛石13・14号墳の再検討――

はじめに

陶邑は古墳時代半ば頃に朝鮮半島を経由して伝わった新しい製陶技術で生産が開始された焼き物である須恵器のわが国最古最大の生産地であった。それら遺跡については昭和四〇年代から五〇年代にかけて大阪府教育委員会を中心として発掘調査が行われ、その成果の報告もほぼ完了している。

須恵器そのもの、あるいは須恵器生産に関する研究も多く、筆者も先学の麒尾に付していくつかの研究成果を発表してきた。[①]とりわけ須恵器そのものに対する研究の深化は型式論を中心に展開してきた。しかしその生産を支えた、あるいは行ってきた須恵器工人の生活史研究は十分に行われているとは言い難い状況にある。すなわち須恵器生産地である陶邑遺跡群の場合、その中心遺跡が窯跡であり、主たる遺物が須恵器であること、さらにそれらがあまりに大量で膨大な数量であることなどが、これらに窯跡以外の遺跡に対する研究の深化、発展を鈍化させてきた要因の一つと考えられる。

とはいえ筆者は当該陶邑地域に関心をもち、そこでの工人組織や彼らの墳墓について、いくつかの例について若干の検討を加えてきた。それらは須恵器生産地に独特のものや特徴的なものがあり、その墓制の一端は知りえたとして

図１　牛石13・14号墳位置図

もいまだ十分とは言えない。

本稿で考察の対象とするのは、当該地域に多く所在する古墳墓のうち、内部主体に塼を用いて構築されているという特異な構造を有する牛石13・14号墳について検討を行うものである。

1　牛石13・14号墳について

（1）牛石13号墳

牛石13号墳、14号墳は、泉北丘陵の中央部に南北に長く伸びる栂丘陵南部地域に位置する古墳である。牛石13号墳は、畑地の開墾によって墳丘上面の大半が削平され、さらに工事用進入路の設置に伴い、主体部の前方部分が、一部削平された状態で確認された。このような状況ではあったが、主体部の底部、側壁部分などの多くは損壊を免れていた。こののち調査を行い、大阪府教育委員会によって調査報告書の刊行も行われてきた[②]（図1）。

『報告書』によると、確認当時の状況について「牛石13号墳は畑地への開墾により削平され、また開発工事の進入路で削られ」ており、古墳の外形や外部施設の有無は確認することができなかった。しかし内部主体については「基底部が残存」していたこともあり、その詳細な状況を調査することができ、数少ない塼室墳であることが明らかとなった。

以下、当該古墳について報告書を参照しながら記述し、検討を加えたいと思う。

・主体部（図2）
横穴式石室の構造と全く近似しており、掘方を掘削したのち、内部に塼によって部屋を構築するものである。掘方は、上縁部長一・二五m×三・二六m、下縁長〇・九八×三・〇〇mで、南に開口した「コ」の字形に地山を掘り込んでいる。現存する掘方の深さは〇・三mをはかる。

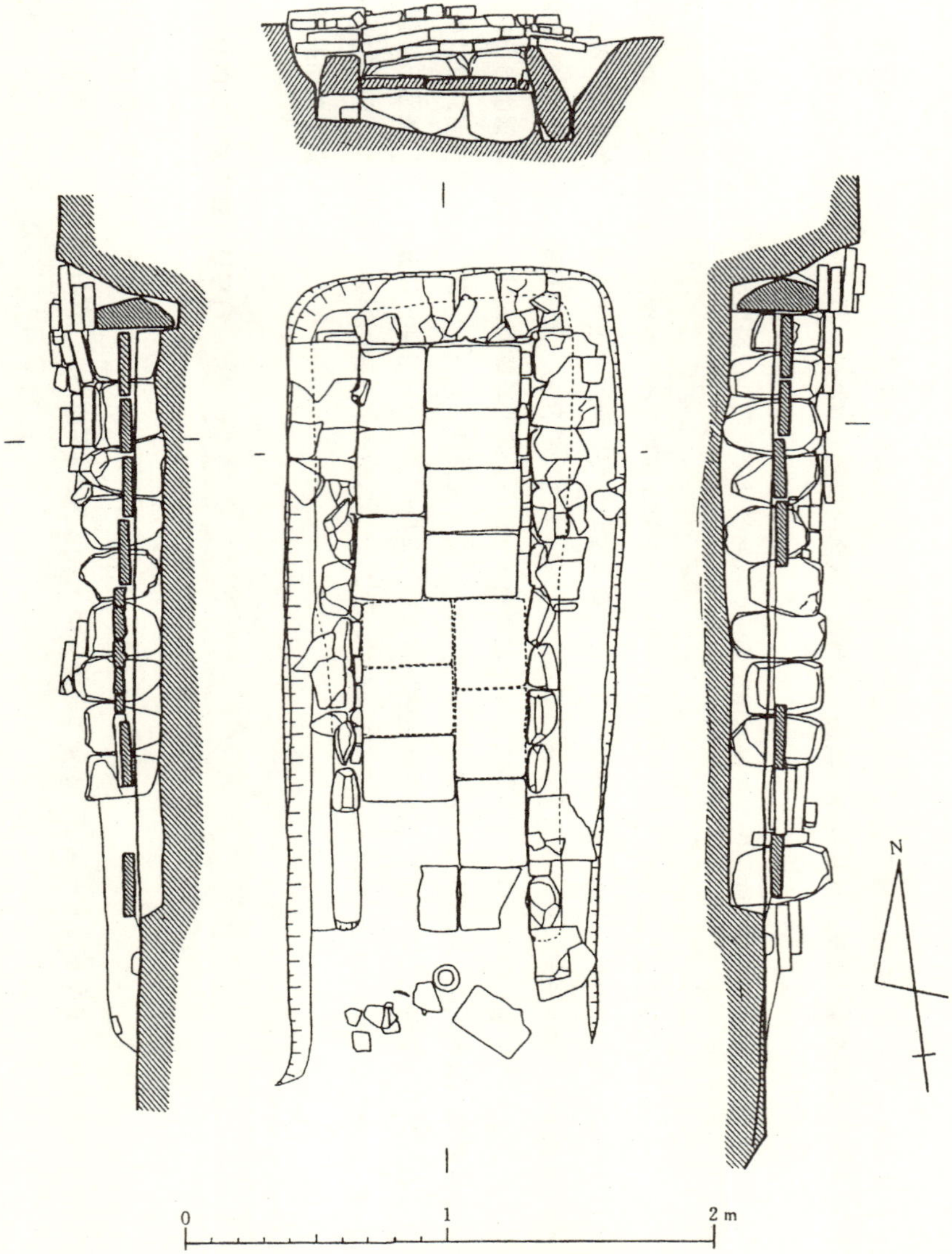

図２　牛石13号墳遺構実測図

図３　牛石14号墳出土遺物実測図

掘方の状態から主軸方向はＳ－７・５度－Ｗで、同じく平面規模を推定すると開口部の幅は〇・六ｍ、長さ二・四ｍをはかる玄室部分を構成する構造であることがわかる。

玄室の構築は「コ」の字形に掘られた溝に奥壁部では二つの石材を立てて配置し、次いで側壁の石材を縦方向に並べていく。この際、石材の上端面が水平になるように、下方の溝の深さを調整している。水平にした石材上面に幅二六cm、長さ三四・五cm、厚さ二cmの塼の短辺と長辺を交互に壁面として積み上げていく。この積み上げられた本来の高さは不明であるが、少なくとも奥壁面の四段よりは高いと考えられる。

玄室部の床面には塼が規則正しく敷かれている。その敷き方には塼を西側側壁に沿って縦方向に三枚、その塼に沿わせて奥壁から横位置に四枚敷いている。このようにして敷いていくと東側の壁と塼との間に六cm前後の間隙が生じるが、その部分は塼の破片を用いて側面部分を上にして丁寧に敷き詰めている。

次に東壁に沿って、先ほど使用したのと同じ順で塼を敷いていく。ここでは西側の側壁との間に同様に間隙が生じるが、先と同様の手法で調整している。また羨道部側で短辺を中軸線に長辺沿って二枚敷いている。この状況で確認された

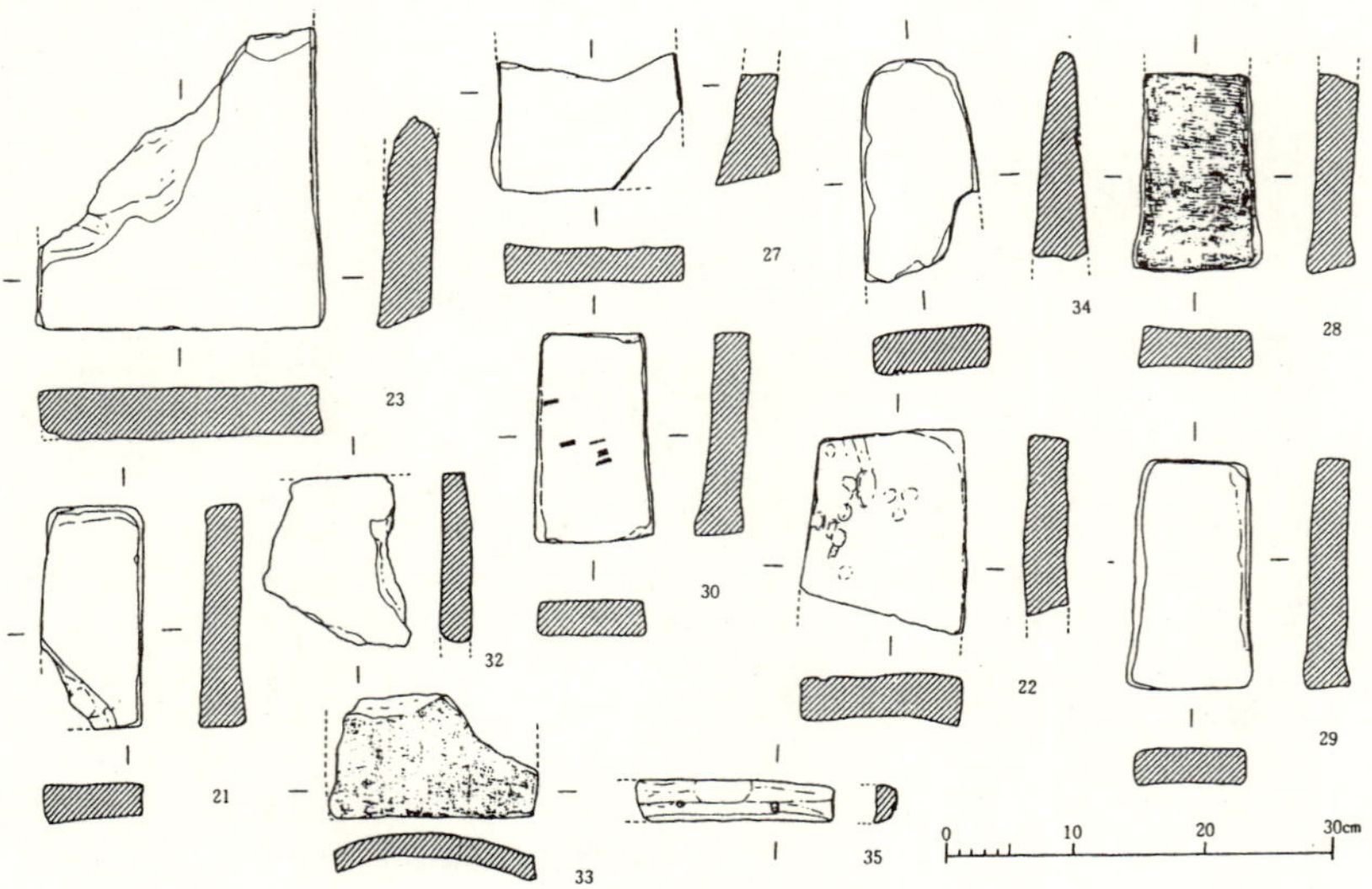

図４　牛石14号墳出土遺物実測図

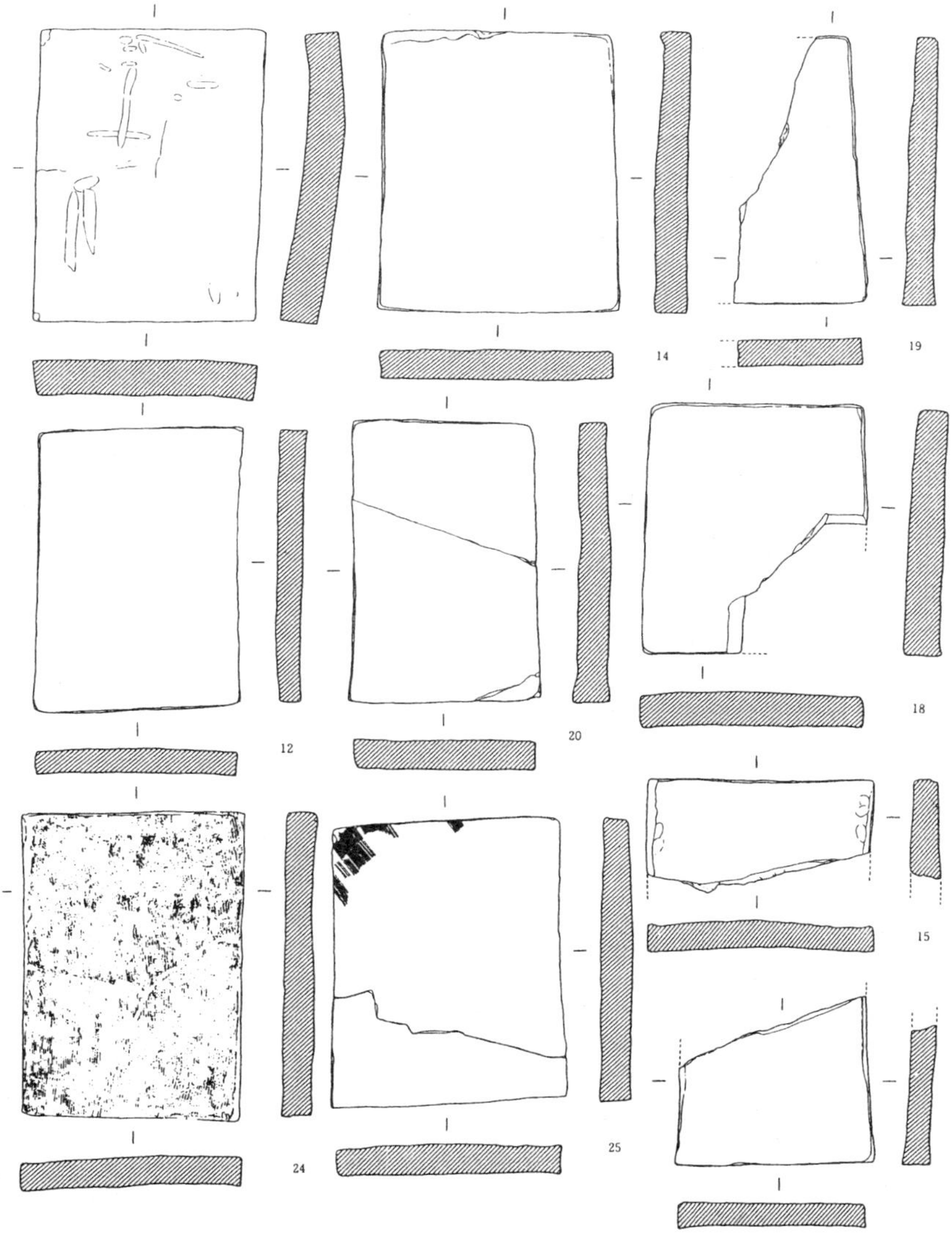

図５　牛石14号墳出土遺物実測図

塼は都合一六枚である。玄室から前面に羨道部ないしは前室のごとき設備が存在した可能性は否定できないが、削平されていたため明らかにはできない。

しかし敷き詰められた塼の前方部からも遺物が出土していることや、塼が散布していたことなどを考え併せると何らかの施設が付属焼け気味の小型壺（𤭯）であった。

牛石14号墳は牛石13号墳の西約二〇mの同一丘陵尾根鞍部付近で検出されたもので、13号墳と同じ造成用進入路で墳丘分の大半が削平されている状態であった。墳丘の形状は既述の状況から、明確な確認はできなかった（図3・4・5）。

地形測量の結果、ほぼ標高八六m前後に基底を求めることができる直径一五m前後の円墳ないしは方墳と考えられる。埴輪や葺石のごとき外部施設はまったく確認できない。さらに盛土の痕跡も墳丘部に設定したトレンチ断面からは確認できなかった。すなわち主体部は地山を掘り込んで形成されたものと見られる。③

主体部は自然地形を利用した円墳の、ほぼ中央に主軸を南北方向にとって構築されている。その構造は基本的には横穴式石室の場合と近似するが、壁には石材を用いず、すべての残存部分から見る限り塼を利用するという特殊なものであった。両側の壁に用いられた塼は、幅三〇cm×二五cm、厚さ六cmをはかる扁平な板状をなし、比較的焼成度合いの甘い、軟質なものが多い。なお使用されていた塼には、焼成度合いが良好な須恵質のもの、軟質な土師質のもの、中間的な瓦質のものの三者があり、後者の例が多くみられた。

側壁すべてに塼が用いられており、天井部を含む上位部分は調査段階では失われていたが、当該部分には石材の使用を考えることができよう。

これらの塼を側壁として順次上方へ積み重ね、僅かずつ中央部へ持ち送っている。玄室部と羨道部は、床面に敷き詰められた材料が、前者が塼、後者が須恵器と異なっており、当初から一定の意図のもとに区分され使用されたものと考えられる。

玄室の先端から右側壁は一mまで塼が詰まっており、床面の須恵器散布は一・八mまでの範囲で認められる。したがって羨道とするべきは先の一m部分までとするのが最も妥当であろう。すなわち床面の須恵器の散布状態については羨道部のような密集した状況が観察されない。たとえその部分が構成の攪乱があったとしても、少なくともこのように大きな差異となって認められることはないのではないだろうか。このように考えると当該部分は羨道部としてはふさわしくないことから、いわゆる墓道としてみるのがよいだろう。

以上記述してきたことから当該古墳の主体部の復元値を示すと次のようになる。

主軸上の全長は三・七〇m、玄室帳一・七二㎡、同幅〇・八二m、羨道長一・一m、同幅〇・八m、墓道残存長一・四mをそれぞれはかる。

なお掘方の計測値は以下のごとくである。奥壁上端一・八m、同下端（基底部）一・五m、全長下端（基底部）三・八三m、同上端全長四・〇五m、最大残存高〇・七六mをはかる。また側壁の最大残存部は羨道部で〇・一五m、塼は掘方基底から四枚積み重ねられており、その高さは掘方基底から〇・五八m～〇・七六mをはかる。

副葬品としての遺物の残存は確認されておらず、僅かに遺物としては、塼と羨道部床面に散布状態で敷き詰められていた須恵器のみである。後者は、明らかに須恵器の甕を意識的に破砕したものを用いているが、それらは一個体の完形品を当該古墳用に用いたものではない。

すなわち、それら須恵器は接合していっても完形品にはならず、かつそれらにみられる叩きの文様の検討からも複数の須恵器が含まれていることが明らかとなっている。したがって床面に散布されていた須恵器は、完形品の製品を破砕して作られたのではなく、別個体の破片を破砕して散布したと見ることができよう。

ともあれ主体部自体の攪乱が著しく、既述のようにその大半が旧形をとどめているとは言えないものであった。しかし掘方や残存した塼などから、構築当初の姿を推定復元することは可能であり、先の牛石13号墳とともに推定復元を試みたいと思う。

2　牛石13・14号墳の構築当初の復元

まず最初に牛石13号墳について見ていく。当該古墳の場合は側壁部分の残存状態が比較的良好であった。このため側壁では、中型の扁平な川原石を縦方向に並べて側壁とし、その上端面に塼を積み上げている。この積み上げられた延長がどの程度の高さまで及んでいたのかが問題である。もっとも残存度合いの良好な部分では床面から五〇㎝の高さまで確認することができる。少なくともこの高さまでは明確に復元される。ただしこの高さからあまり高くない部分に天井石を配置していた可能性が濃い。

当該古墳が二棺、あるいは一棺を収めたのちに入り口を閉塞する横口式構造、あるいは棺を収めたのちに天井石で覆う構造の二者が考えられる。いずれの構造にしても木棺に収められた遺骸の埋葬を行うに当たって、その埋置がなされた段階で棺の上面から距離を隔てる、あるいは空間をあける必要はないのである。

床面での塼の配置について特徴的な姿を示している。その検出段階から復元の材料を得ることにしたい。

まず塼の長辺を主軸方向に合わせて二枚、短辺を主軸方向に合わせて三枚を配置する。さらに、この配置とは左右逆にして並べていく。これにより二組の床の塼配列の文様ができる。

羨道部をこれらの棺を置いた部分と区別する意味から、塼の短辺を軸に合わせて二枚配置し、その外側については塼を敷かない状態で置かれている。なお敷石の代わりに塼を細かく破砕して用いることもできたと考えるが、ここではそれは行われていない。

側壁は両側壁に用いた花崗岩の上端に、塼を積み上げていき、内部に棺を収める余裕が生じた段階で、天井石を置いて閉じる。この場合、床面基底からほぼ五〇㎝前後であったと考えられる。また羨道部を敷設しているのは、特徴の一つかも知れないが、羨道部をこの構造で、あえてこのような構造にする必要はなかったのではなかろうか。

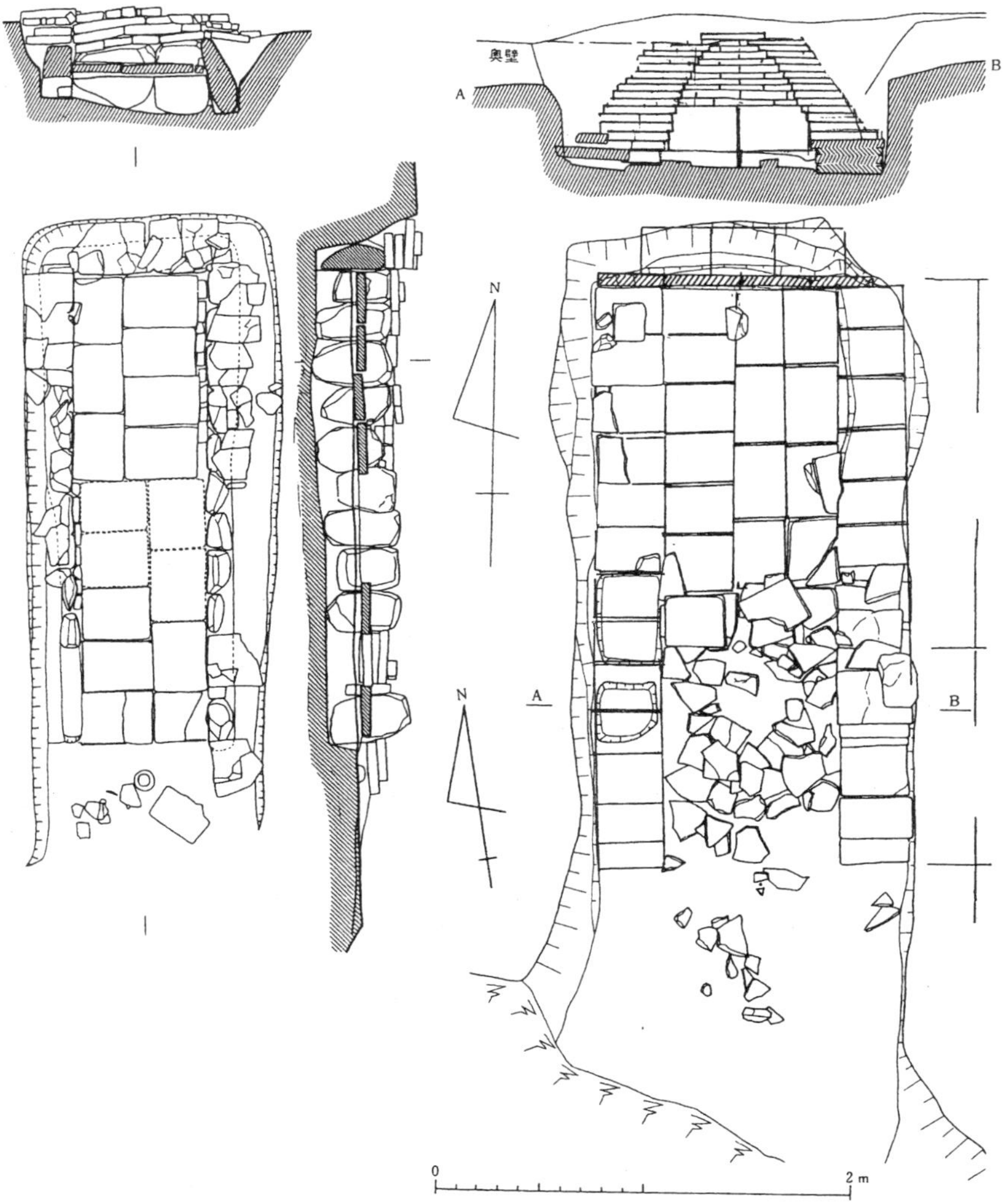

図６　牛石13号墳（左）14号墳（右）推定復元図

次に14号墳についてであるが、ここでは相当塼が調査段階で抜き取られており、復元には問題が多いが、その手がかりは残されている。その手がかりをたどりながら、まず床面の状況から考え、順次側壁部分に移りたいと思う。

床面に残されていたのは、羨道部と玄室部に該当する部分で、長辺を主軸に平行にした塼を右側で二点、さらに短辺を平行にしたもの一点が見られる。これらから、先の13号墳と同様に塼を配置していくと図6のようになる。すなわち右側は長辺を主軸に平行にして五個二列、左側では短辺を主軸に平行にしたものが七個一列に配置されていたことが想定される。

13号墳とは、塼の大きさが若干異なるもの、あるいは使用する部分が異なることなどから、必ずしも一致しないところがある。なお当該主体部では玄室部床面には塼が敷かれ羨道部床面には須恵器甕を破砕したものを敷いており、石材の使用は全く見られない。

次に側壁部であるが、ここでも塼を積み上げて構築している。とくに木口をわずかに持ち送りして積み上げられており、石材の使用は認められない。奥壁部については塼の平面を室内に向けた独特な手法をとり、一枚の上部に側壁と同様持ち送りする方法で積み上げられている。その差異上面は現状では掘方の上端部と同じ高さの七〇cm前後までと見られる。

天井については周辺にそれらしい石材が残されていなかったこともありかなり早い段階で持ち去られたか、あるいは石材を使用しなかったものと考えられる。とくに主体部全体に石材の使用が見られないことから、後者の可能性が濃いと考えられる。とすると図6に示したような推定復元が可能となろう。

以上、両古墳の主体部について残された上記資料から種々検討を行い旧態の復元を試みてきた。これらをまとめると次のようになろう。

すなわち当該古墳は、両者ともに主体部に塼を用いており、それらの使用に対する強い意識が感じられる。なお主体部の構造は基本的には、横穴式石室構造を踏襲したものであり、羨道、玄室の区分が見られる。墳丘の形状や規模は不明であるが、おそらく方墳か円墳のいずれかであったと見られ、地形的に大きな造作は加えられていないものと考えられた。

ところで当該栂丘陵地域の古墳は、中南部域の牛石古墳群と北部域の野々井古墳群が位置している。いずれも主体部は花崗岩を用いた横穴式石室であり、一部に木芯粘土室、木棺直葬などがある。とくに盛り土を伴う古墳では、大半が石材を用いた石室であり、牛石13・14号墳は、例外的な構造といえなくはない。

3　類例の検討

牛石13・14号墳のように石材を用いる代わりに塼を用いた例は、多くの類例を見るものではない。とくに近畿とりわけ摂津、和泉、河内地域に限定してみると、以下のごとくの塼を用いた古墳の類例が確認されている。

初田1号墳（図7）

大阪府茨木市安威初田に所在した古墳で、一九七〇年一一月から七一年二月にかけて大阪府教育委員会によって発掘調査が行われた④。その正式報告書は未刊であるが、概要報告から引用記述する。

立地環境は安威川右岸の三段にわたって形成されている河岸段丘の最上段に位置し、東西に深い谷が見られ、他の地域とは大きく断絶している。墳丘の規模はすでに造成用

図7　初田古墳遺構実測図

進入路工事によって削平されてはいたが、一辺一二・七m、残存高一・三mを測る方形墳であることが、各コーナーの存在によって明らかとなる。

墳丘は地山を削り取って構築したと考えられている。墳丘内に石室の主軸に平行した列石が認められた。この列石は石室床面と同じレベルを示しており、石室構築の際に地山のレベルを同じくするために行われたと報告されている。

内部主体は主軸方向N－50度－Wをはかる南北に開口する横穴式石室である。主体部の前半部が削平されており、残存長二・一m、奥壁幅一・二四五m、奥壁から二石目の石室幅は一・二mをはかる。奥壁、側壁ともに最下層の石のみを残しており、奥壁部での床面からの高さは七八cm、側壁部での床面からの高さは三五cmをはかる。奥壁の最下層の石材は縦長に使用されており、側壁部では長方形の石材を横積みにしていた。なお移動していたが天井石と見られる石材の最大面に漆喰が塗布されていたことが確認された。このことから当該石室の天井は、当初段階には漆喰が塗布されていたことがわかる。

石室の床面には塼が二重に敷かれていた。

塼は長さ五二cm、幅三〇cm、厚さ三cmを基本としており、多少のばらつきがみられた。青灰色を呈しており、焼成は良好であった。塼の表面には布目や同心円叩きが残されていたものもみられたが、多くは六面ともにヘラ削りを行って平滑な面をなすものであった。床面の塼の完形品はわずか一点のみで、敷かれたものすべてを接合しても四点程度しか復元できないという状況であった。

したがってこの状況から当該古墳に敷かれた塼は、本来的に破片を用いていたと考えられる。なお二重の塼の下層は、奥壁に向かって右側に主軸に沿って縦一列に並べ、その後、奥壁側から塼を主軸に沿って横に用いて入口の方へ並べている。それら塼の隙間には小さな塼の破片を詰めている。上層の塼敷きは左右両側壁から約一六cmの空間をもって奥壁から主軸に沿って縦に塼を並べている。これらから下層の塼は床面を構成し、上層の塼はその敷き方から見て棺台を構成しているものと考えられている。

とくに高槻市阿武山古墳の棺台に用いられていた塼の状況と、その幅がほぼ同じである。

遺物は石室内からは何ら出土しておらず、僅かに墳丘内から七世紀ころに比定される須恵器が一点出土しているのみである。

なお報告者は当該初田古墳が大化薄葬令の規制にあった古墳であるとされている。ちなみに内部主体は全長二・八m、幅一・二四m、高さ一・二四mをはかり、被葬者は一体のみで埋葬時期は七世紀中頃とされている。

高槻市阿武山古墳

大阪府高槻市に所在する古墳である。昭和四年に京都帝国大学阿武山地震観測所が観測機器の設置工事を行ったところ、地下三mの場所から小型の石室が偶然発見、調査された。石室の側壁には漆喰が塗布され、その内部には夾紵棺に納められた金糸をまとった遺体が埋葬されていた。その内部の構造について『報告書』[5]には次のような記述が見られる。

その石室は、……（中略）、本来の地盤を十尺以上も掘り下げて営造してゐる。（中略）、長さ約八尺五寸、幅三尺六寸あまりで、その周囲四、五寸を残して中央に大きな棺台を作り、立面では台上約三尺の部位まで側壁があって天井石を構築したもの、内容は一個の棺を蔵置するのに恰好な大きさをしてゐる。用材は花崗岩を主としてゐる、瓦、一部に塼を用いひ、また漆喰を塗布した処に特色がある。（略）……（略）、右の大観から更に石室構造の細部に就くに、基底部の詳細はこれを精査する機会を得なかったが、現在見るに室の下底では一面に塗られた厚さ五寸内外の漆喰の下に塼（西南隅）石材（北辺）を混用したと覚しき床敷きの設備がある。…（以下略）

当該古墳については昭和五七年高槻市教育委員会が墳丘部分などの調査を実施し、まもなく国史跡に指定された。ここで注目すべきは塼が用いられていることであるが、石室などの構築には基本的には花崗岩が用いられている。すなわち塼が主たる材料として用いられているとはいえないが、石室床面には石と共に敷かれていたようである。

太子町仏陀寺古墳

大阪府南河内郡太子町に所在する古墳である。調査は特に行われていないが、主体部は横口式石棺とされている。[6]また当該古墳からは複数の塼が出土している。しかしこれらの塼が如何に使用されていたのかについては明らかではない。

富田林市南坪池古墳

富田林市錦織に所在する古墳である。昭和四〇年度に大阪府教育委員会によって調査が行われた。内部主体は小型の横穴式石室で、羨道部床面に塼敷きが確認された。しかし石室構造と、塼が如何にかかわっていたのかなどについては明らかではない。

以上、大阪府下において現在知りうる塼を伴う古墳について例示してきた。これらのほかにも塼を伴う、あるいは出土している遺跡は寺院を除いて若干量見られるが、いずれも古墳の主体部まで明らかになる資料は管見による限り、きわめて少ないといえる。

ともあれ本稿の対象とした牛石13・14号墳のごとく主体部に塼を用いて構築している例は稀有の例といえるだろう。その起源をたどれば、朝鮮半島百済地域に求めることが可能であろう。百済地域の例については姜仁求氏の『百済の古墳[7]』に次のような記述がある。

塼を古墳築造に使用したのは、はじめに大同江流域の楽浪古墳にあらわれるが、半島以南では目下、公州の宋山里と校村里に極限されている。しかし、公州の塼は、古墳の構造や文様面から見て、大同江流域よりも、中国南朝（梁）から強い影響を受けたものと考えられる。

……（略）。とくに塼を多く使用したのは、中国の南朝の影響もあるが、この地方の地理的環境、すなわち、錦江流域にが良質の花崗岩が算出しない反面、錦江の堆積土にある粘土は、瓦塼や土器に適するためである。とくに扶余に多い。

とされる。これらの記述から、塼が我が国に導入された地域と時期がある程度推定可能となろう。すなわち百済が中国南朝に使者を出して仏典をはじめ様々な新しい技術を導入したとされる頃から、その時期は大きく隔たっていない。

むすびにかえて

牛石13・14号墳の検討を通じて、陶邑における墳墓構築の様相の一端を知ることができたと考える。その構造自体は我が国でも類例を見ない特異なものであった。さらに当該種類に分類される古墳の築造時期についても微妙な問題を含んでいる。すなわち、それらの築造時期はいずれも七世紀の第二四半期から第三四半期に求められる点である。この段階は、ほどなく百済が滅亡する時期を迎えることもあって、その時代に百済から我が国へ亡命した工人集団も多いと考えられる段階に相当する。いわば当該古墳の被葬者もまた百済から亡命をはかった渡来者一族の一人ではなかったかと推定される

この時期の須恵器生産では、器種構成、形態の大幅な変革期を迎えている。すなわちⅡ型式6段階からⅢ型式への移行期に相当する。具体的には従来の蓋杯の上下関係が逆転し、さらにその点上部中央につまみが貼付されるようになる。少し遅れて杯の底部端には高い高台が貼付されるようになる。これらは陶邑内の内部的な技術変革によって生じた形状変化とは考えがたく、外的要因によるものが多いと考えている。すなわち既述のごとくの百済の衰退、滅亡という東アジアの政治的情勢の変化に伴う。渡来技術者のもたらした技術革新が背景にあると考えている。

ちなみにこの時期から相当くない時期に、百済の滅亡、統一新羅の登場という東アジアでの政治的な大きな波が見られたのである。

〈補注・参考文献〉
①中村浩『和泉陶邑の歴史的研究』芙蓉書房出版、二〇〇一年。中村浩『和泉陶邑出土須恵器の型式編年』芙蓉書房出版、二〇〇一年。
②中村浩編著『陶邑』Ⅱ、大阪府文化財調査報告書、第29輯、大阪附教育委員会、一九七七年。中村浩「牛石14号墳」『陶邑』Ⅶ、大阪府文化財調査報告書、第37輯、大阪府教育委員会、一九九〇年。
③中村「前掲2書」ほか。
④中井貞夫「初田第一号墳の調査」『節香仙』第8号、大阪府教育委員会文化財保護課、一九七二年。
⑤梅原末治『摂津阿武山古墓調査報告』、大阪府史蹟名勝天然記念物報告7、大阪府教育委員会、一九三六年。
⑥鍋島隆宏「仏陀寺古墳出土の塼について」『太子町立竹内街道歴史資料館館報』第6号、太子町立竹内街道歴史資料館、二〇〇〇年。
⑦姜仁求著、岡内三真訳『百済古墳研究』学生社、一九八一年。

第五章
和泉陶邑原山墳墓群の形成

はじめに

和泉陶邑遺跡群は我が国最古最大の須恵器生産遺跡である。そこでは古墳時代後半から平安時代半ばまでの期間、ほぼたえまなく須恵器の生産が行われていたと考えられている。

当然のことながら、この期間中には、須恵器そのものを焼成する場所である窯は無論のこと、そこで作業に従事した人々の生活場所たる集落、さらに流通にかかわる集積場、選別所や搬出場所にかかわる遺跡、また彼らの墳墓に至るまで、実に様々な遺跡が存在する。従来和泉陶邑というと須恵器生産の場所というイメージで短絡的に結び付けられ、その実態についてはあまり議論の俎上に上らなかったといえよう。

しかしそこには須恵器生産が展開していたのは紛れもない事実であり、そこに多くの人々の生活が存在したのも事実である。またそこに残された遺跡の時代的な幅やや種類も大きいものがあるといえる。[①] とはいえそこに展開したすべての遺跡について検討していくだけの余裕は今は残念ながらないと言わざるを得ないが、いずれは何らかの形で実施しなければならない。

ともあれ人間に必ず訪れる死と葬送は、やがて墳墓の形成へと続いていく。さらにその儀礼自体は人生の最終末に

図１　和泉陶邑原山墳墓群位置図

行われるものであり、かつその墳墓は人間にとって人生の歩みの縮図ともいえる遺跡である。とくに複雑に交錯する遺跡群にあって、比較的氏族関係の独立が保たれているのは墳墓遺構であろう。

本稿では奈良前期以降に形成されたと見られ、とりわけ良好な保存状態で検出された原山墳墓群に焦点を当てて、墳墓の形成とその背景、さらには構築した氏族の問題などについて考えたい。②

1　原山墳墓群

①概　観

陶邑の地理的にみた中央部を南北に連なって走る丘陵地が栂丘陵である。この丘陵の中央部からわずかに南によった標高一〇五ｍ前後をはかる原山通称される小高い丘陵地がある。

この原山丘陵から南東部方向に派生した標高一〇〇ｍ前後の丘陵の南斜面に原山墳墓群は位置している。調査当時当該地域には原山大師と呼ばれる小さな祠があり、通称名はこの祠名から付けられている。③隣接して同じ丘陵部分裏側にはＴＧ40－Ⅰ・Ⅱ・Ⅲ号窯跡が構築されており、墳墓群と同じ斜面にはＴＧ40－Ⅳ号窯が見られた④（図１）。

陶邑地域内には原山墳墓群のほかにも野々井遺跡群、檜尾遺跡群など近似する時期の墳墓が確認されている。しかしそれらは時期的に限定的なものすなわち単独での構築で、時期的に連続関係が明確に認められるものとしては当該原山墳墓群は貴重といえる。

すなわち原山墳墓群では、１号墳墓から６号墳墓まで六基の主体部が確認されている。それらの遺構の状況から、当該地区に火葬という葬送法が導入される以前からその墳墓の構築が始まり、その終末段階には火葬という新しい葬送手法が採用されているという、奈良前期から後期にわたる墳墓群である（図２）。

さらに須恵器生産地の中央部域に形成された墳墓群として、その被葬者像の推定をある程度可能にする、いくつかの手掛かりもみられる墳墓群でもある。以下、原山墳墓群について検討と考察を加えることにする。

②墳墓各説

・原山1号墳墓（図3）

墳墓群の中では標高八〇・五ｍから七五・五ｍの比較的標高の低い丘陵斜面部分に位置する。丘陵斜面とはいえほかの遺構立地部分に比較しても傾斜は緩やかであり、本遺構が構築された段階で整地作業が行われたものと考えられる。

遺構は南北一・五ｍ、東西一・五ｍ、の範囲に整然と配置された河原石により、長方形に丁寧に敷き詰められた敷石墓である。ここで用いられていたのはいずれも径五～一五cm前後の自然石であり、表面の摩耗状況から近隣の河原からの採集品の可能性が濃い。周囲にはやや大きな径二〇cm前後の石を帯状に敷いている。中央部には短径（南北）〇・九cm、長径一・八ｍの楕円形に大きい石を配置し、さらにその楕円形の内部北端から四五cmの位置に径六五cmの円形を二個、眼鏡状に連接させた形で土坑が検出された。この円形の土坑は、当該敷石墓の主体部と考えられる。⑤なお土坑内部から須恵器の破片が採集されているがそれらを接合したとしても骨蔵器となる可能性は極めて薄い。また石敷き部分からも多くの須恵器破片が採集

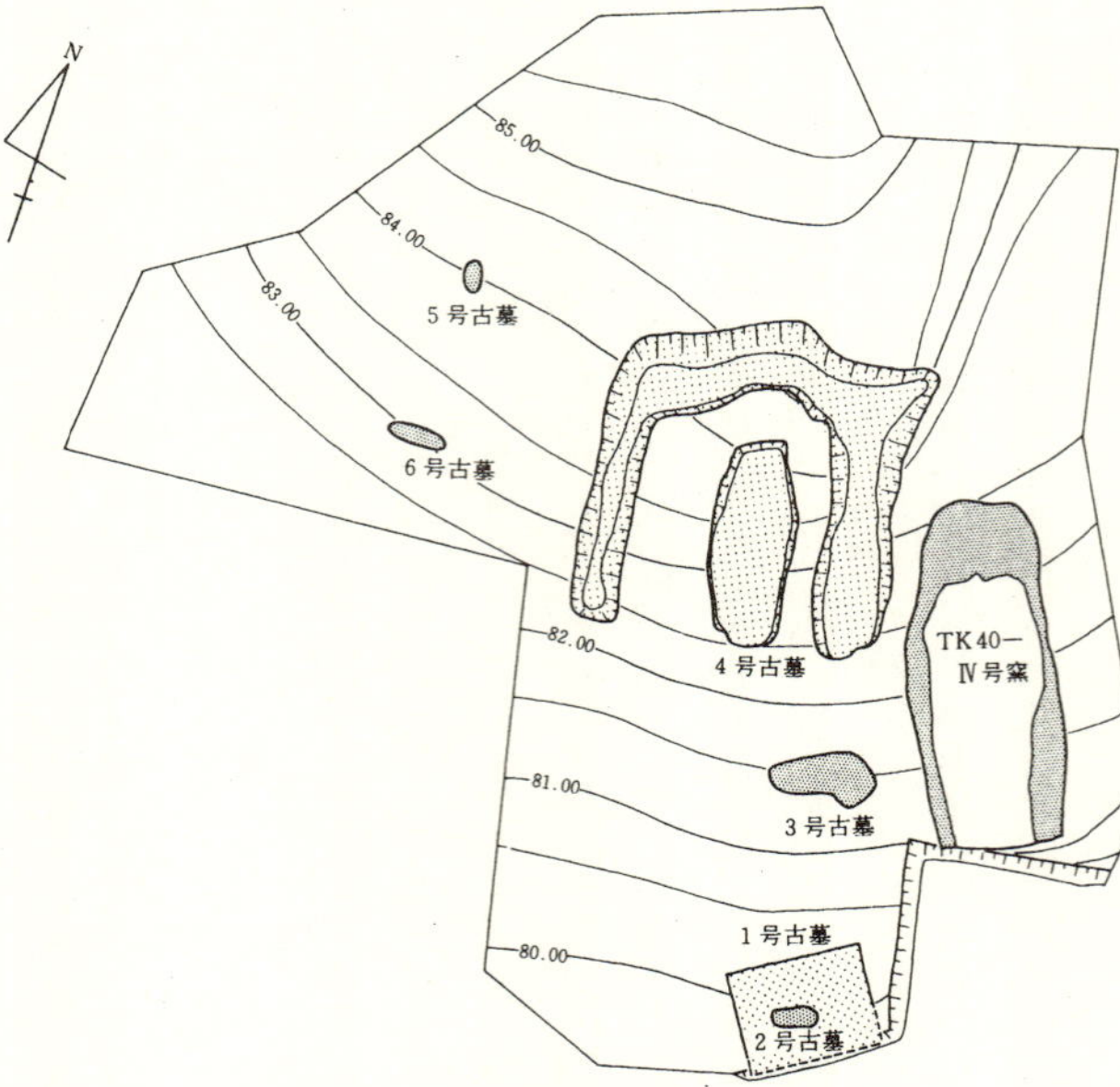

図２　和泉陶邑原山墳墓群配置図

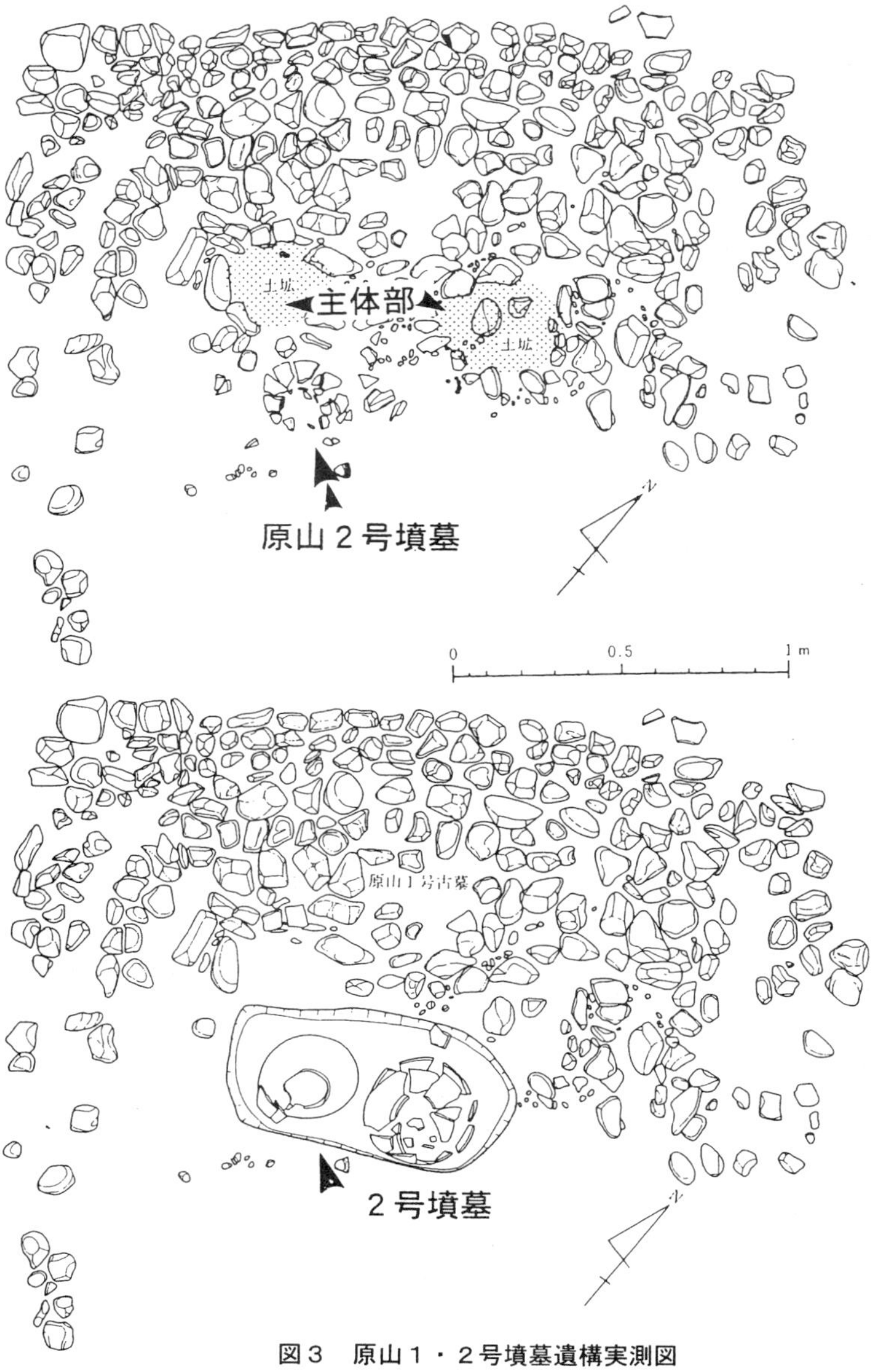

図３　原山１・２号墳墓遺構実測図

されているが、それらが骨蔵器として使用された可能性も極めて少ない。しかしこれら須恵器を当該墳墓に伴う副葬品の可能性は十分にあると考えられる。ちなみに出土須恵器の時期は陶邑編年Ⅱ型式３段階とⅢ型式段階のものがわずかに見られる。

・原山２号墳墓

１号墳墓の裾部を一部削平する形で構築された火葬墓である。特に当該墳墓構築のために丘陵部分を削ったり、盛り土を行ったりというような地形の改変は行われていない。ここでは長径（東西）〇・八五ｍ、短径（南北）〇・四五ｍをはかる不正形な楕円に近い土坑内部に二個の須恵器骨蔵器が埋納されていた。二個の骨蔵器はわずかに四㎝しか隔たっておらず、本来両者は、ほぼ接する形で収納されたものと見られる。土坑および埋納状況から骨蔵器両者の前後関係を明らかにすることはできない。

検出段階で上部堆積層が失われており、両者ともに蓋が見当たらなかったが、本来は両者ともにつまみを天井部中央に貼付する蓋を伴っていたと考えられる。なお骨蔵器の口径一三・三㎝、器高一九・五㎝をはかる、やや大型の須恵器薬壺型骨蔵器である。内部からは人骨が微量検出されたが、被葬者の年齢、性別などは全く明らかにできなかった。時期的には陶邑編年Ⅳ型式３～４段階相当と考えられる。

・原山３号墳墓（図４）

１号墳墓と同一斜面、その東北四ｍで、ＴＧ40‐Ⅳ号窯跡の西壁に接するような状況で検出された。主軸方向をほぼ東西にとる長径二・一五ｍ、短径〇・八ｍをはかる不正系な楕円形を呈する土坑と、その内部に埋納された骨蔵器から構成される。土坑内には東端と南端中央部、西端部などに窯壁片が配置されている。特にこれらの窯壁片はＴＧ40‐Ⅳ号窯に伴っていたものと見られるが、少なくともそれらが当該土坑内に見られるのは不自然と言わざるを得ない。すなわちその配置には何らかの意識的な配慮に伴う背景が見られたと考えられる。

また骨蔵器が相当上面で確認されていることから、本来は現在面よりもかなり上面に盛り土が行われていたことが

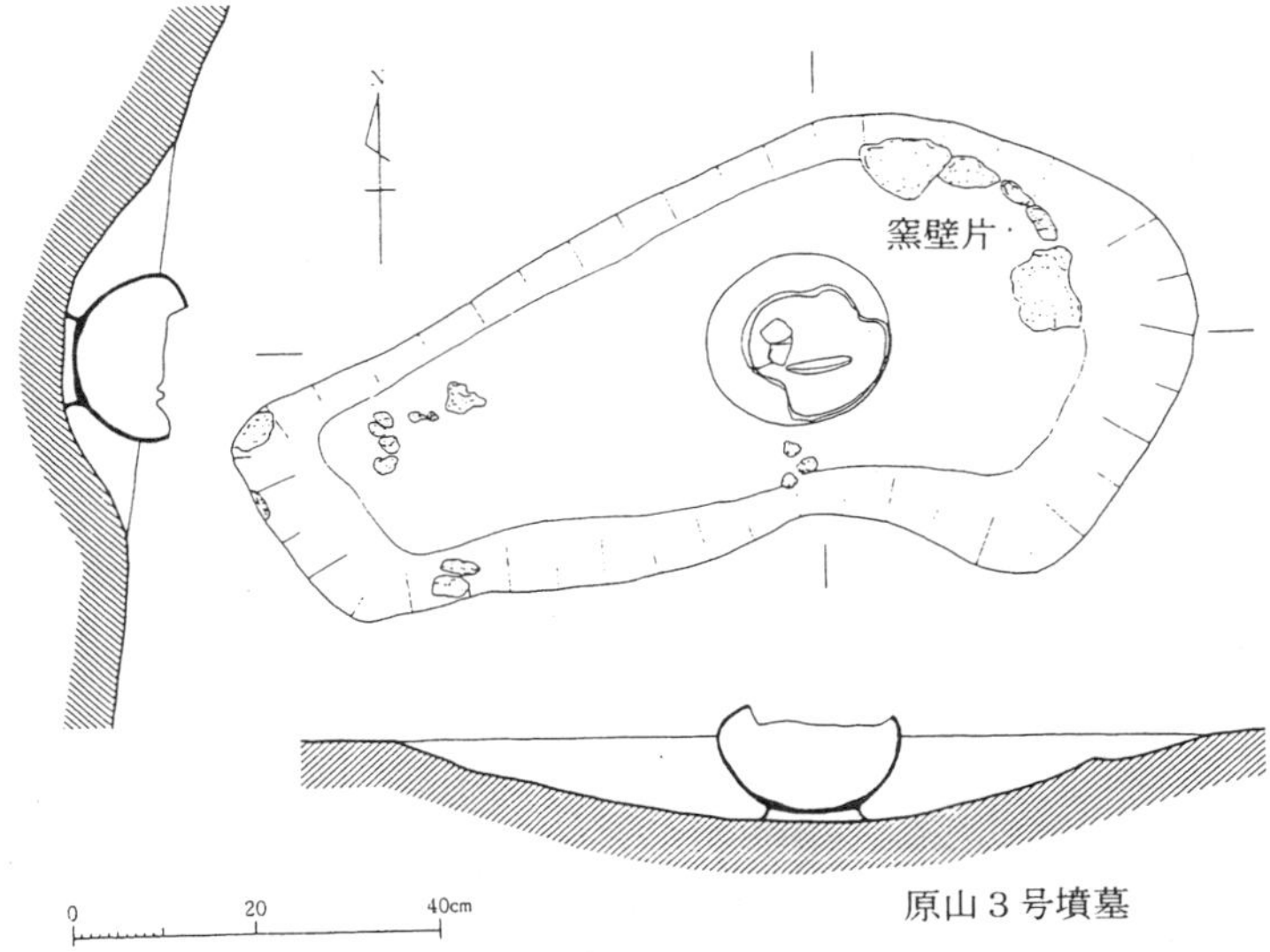

原山３号墳墓

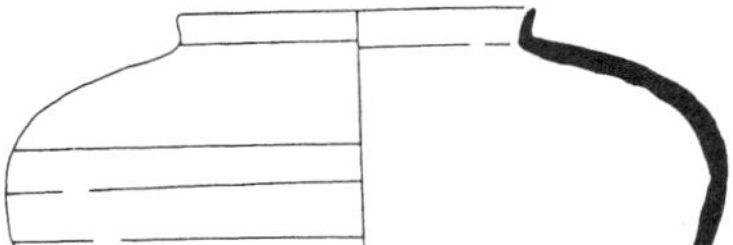

原山２号墳墓出土骨蔵器

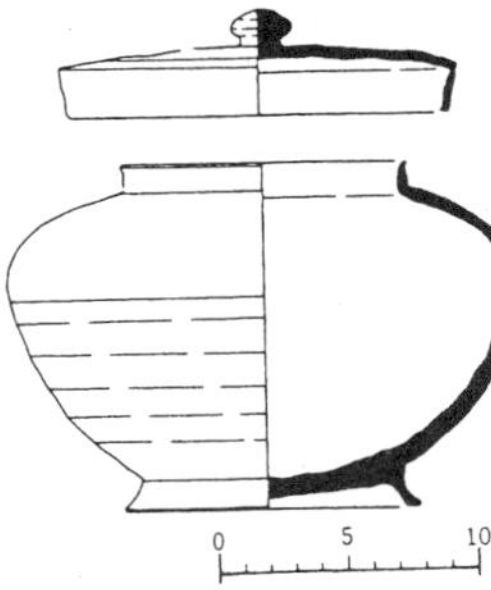

原山３号墳墓出土骨蔵器

図４　原山２号墳墓と原山２・３号墳墓出土骨蔵器

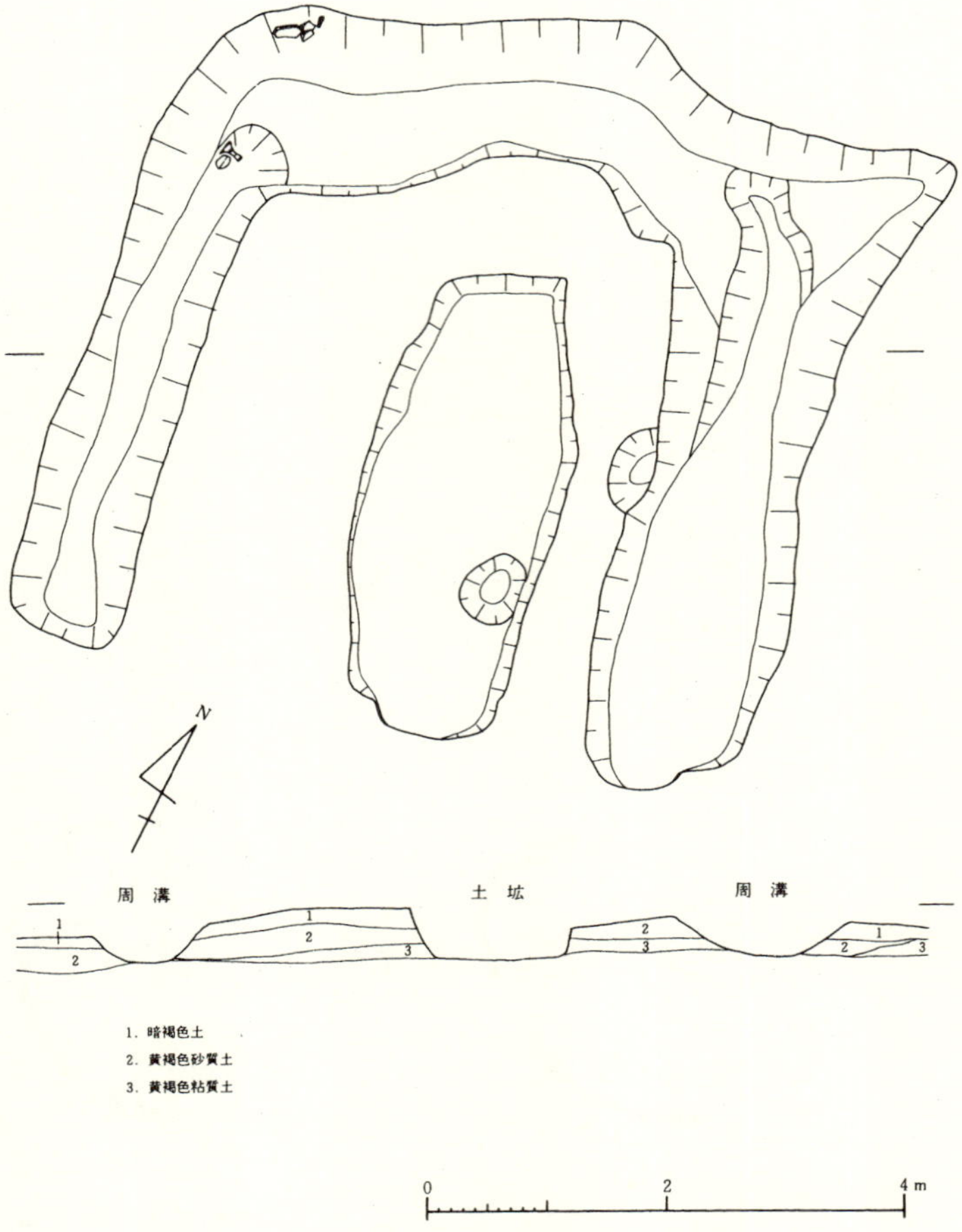

図５　原山４号墳墓遺構実測図

わかる。ちなみに骨蔵器内部からは人骨の痕跡は確認できなかったが、蓋の破片が検出された。

骨蔵器の蓋は、直径一三・六cm、器高四・三cmをはかる。口縁部は下外方に下がり、端部には沈線を巡らす凹面をなし、天井部中央に宝珠つまみを貼付する典型的な薬壺形の形状をなす。短頸壺は口径一〇・七cm、器高一三・九cmをはかる。口頸基部は太く直立し、端部は丸みを持つ。体部は最大径を上位に求める球体をなし、底部には基部の太い比較的高い高台を伴う。全体に丁寧な調整が行われている。時期的には陶邑編年Ⅳ型式1～2段階に相当すると見てよいだろう。

・原山4号墳墓（図5）

1～2号墳墓と同じ丘陵の同一斜面、1号墳墓の北約六m、標高八二・五mから八四m付近に暖斜面に構築された墳墓である。当該墳墓群の中では最大規模を持つ。主体部の主軸方向N‐65度‐Wをはかり、周囲に幅一・〇～一・七m前後をはかる溝を巡らせている。現状では上部と左右の三方向のみ溝が確認されており、下方部分はおそらく地形的な面からみると自然流出した可能性が濃い。当該墳墓に設定したトレンチの断面観察からは盛り土の存在は確認できなかったが、それらが当初から全く行っていなかったとは考えがたい。おそらく若干の墳丘部を形成させる盛土があったものと考えられる。

主体部は記述のごとく南北方向に長径をとる楕円形に近い地山面を掘り込んだ長方形の土坑である。内部からは多くの遺物、とりわけ鴟尾、土釜状須恵器、須恵器蓋などが出土した。これら遺物は、いずれも上下に層をなして堆積しており、明らかにそれら遺物が意識的に配置されていたことを物語っている。図6はこれら遺物の検出状況である。以下その上面から下層面へ、徐々に遺物の個体確認を実施しながら下げていった。その状況について各層ごとの観察結果を記述する。

まず表土層を除去した段階が第一層面である。土坑の上部（北側）域では円筒状土製品を縦方向に一列配置し、その南側には横方向に二列以上同種のものが配置されていたことを想定できる。さらに下部（南側）域では鴟尾の破片が無秩序に配置されており、中央部では一部で須恵器蓋が見られた（図7・8）。

第二層面は、中央から南側で円筒状土製品が縦方向に二本見られたほかは、全面にわたって鴟尾の破片の散布状況が目立った。これらの間には須恵器蓋が配置されていることが観察できるが、それらは整然とした状況ではない。

第三層面では、円筒状土製品は見られず、中央部に土釜状須恵器が二個横たわっているのが確認される。鴟尾は依然として北側部分に認められるが、南側部分では圧倒的に須恵器蓋の散布が目立っている。

第四層面は、遺物堆積の最下層である。鴟尾と須恵器蓋については当該面でも確認される。とくに蓋では同一器種のみを積み重ねた状態で配置されていることが確認される。土坑の底面（基底面）には特段の加工は行われておらず、

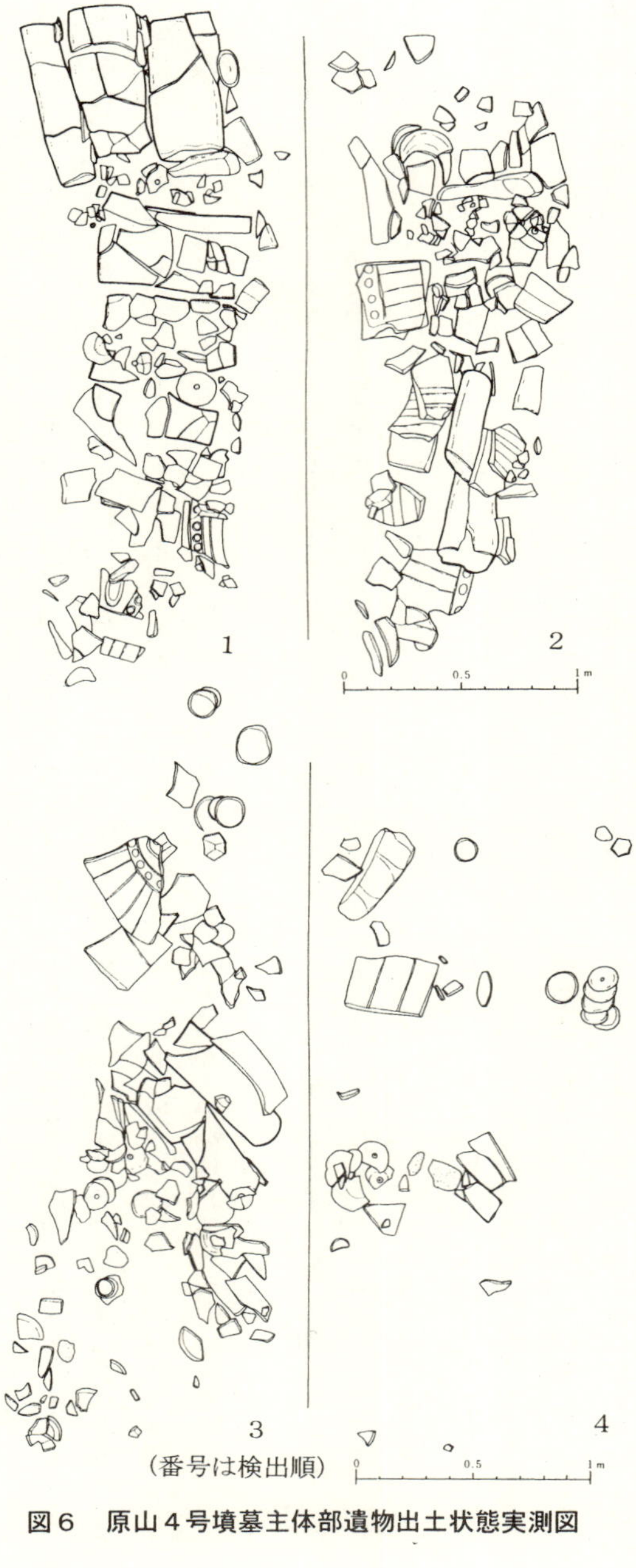

（番号は検出順）

図6　原山4号墳墓主体部遺物出土状態実測図

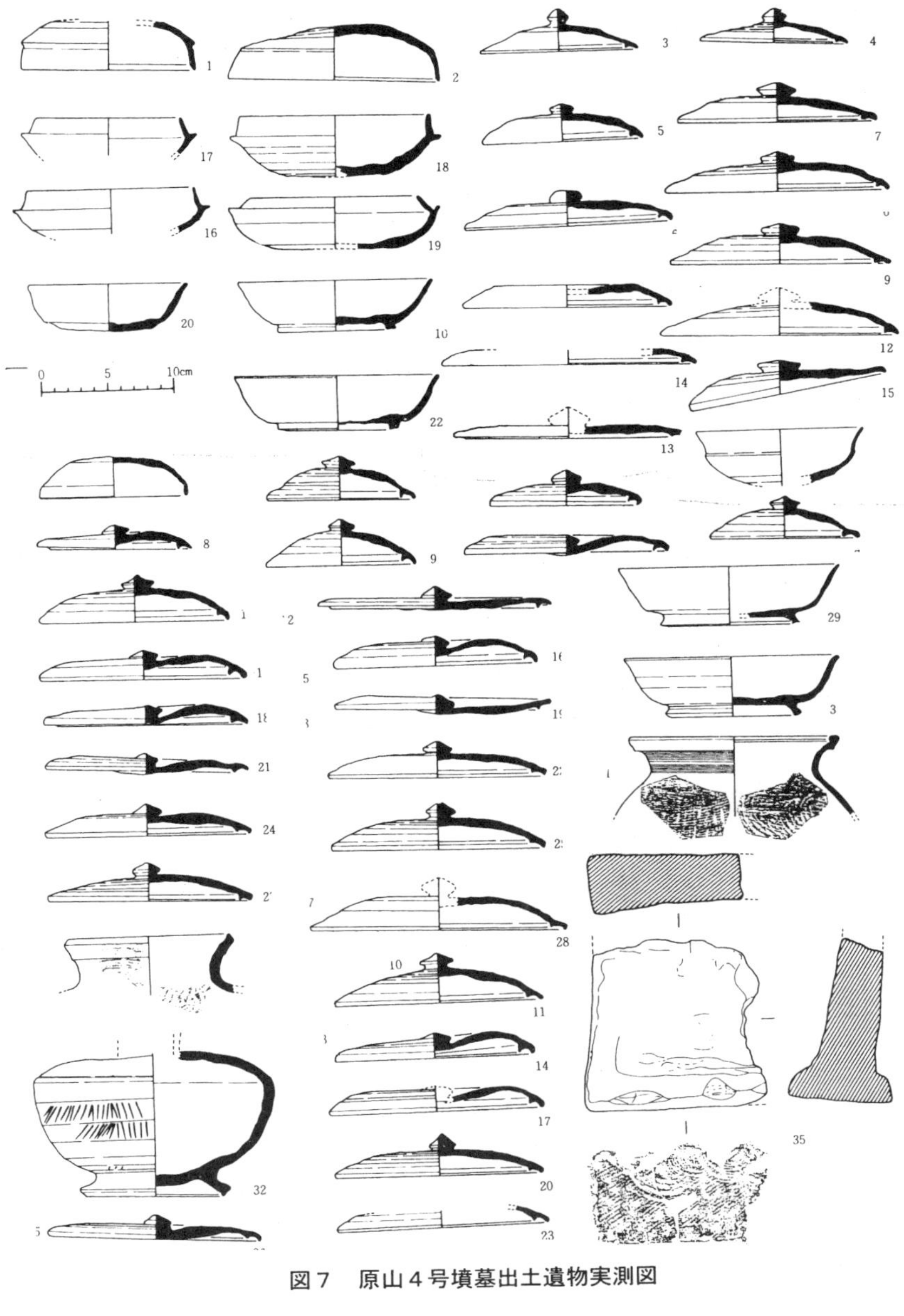

図７　原山４号墳墓出土遺物実測図

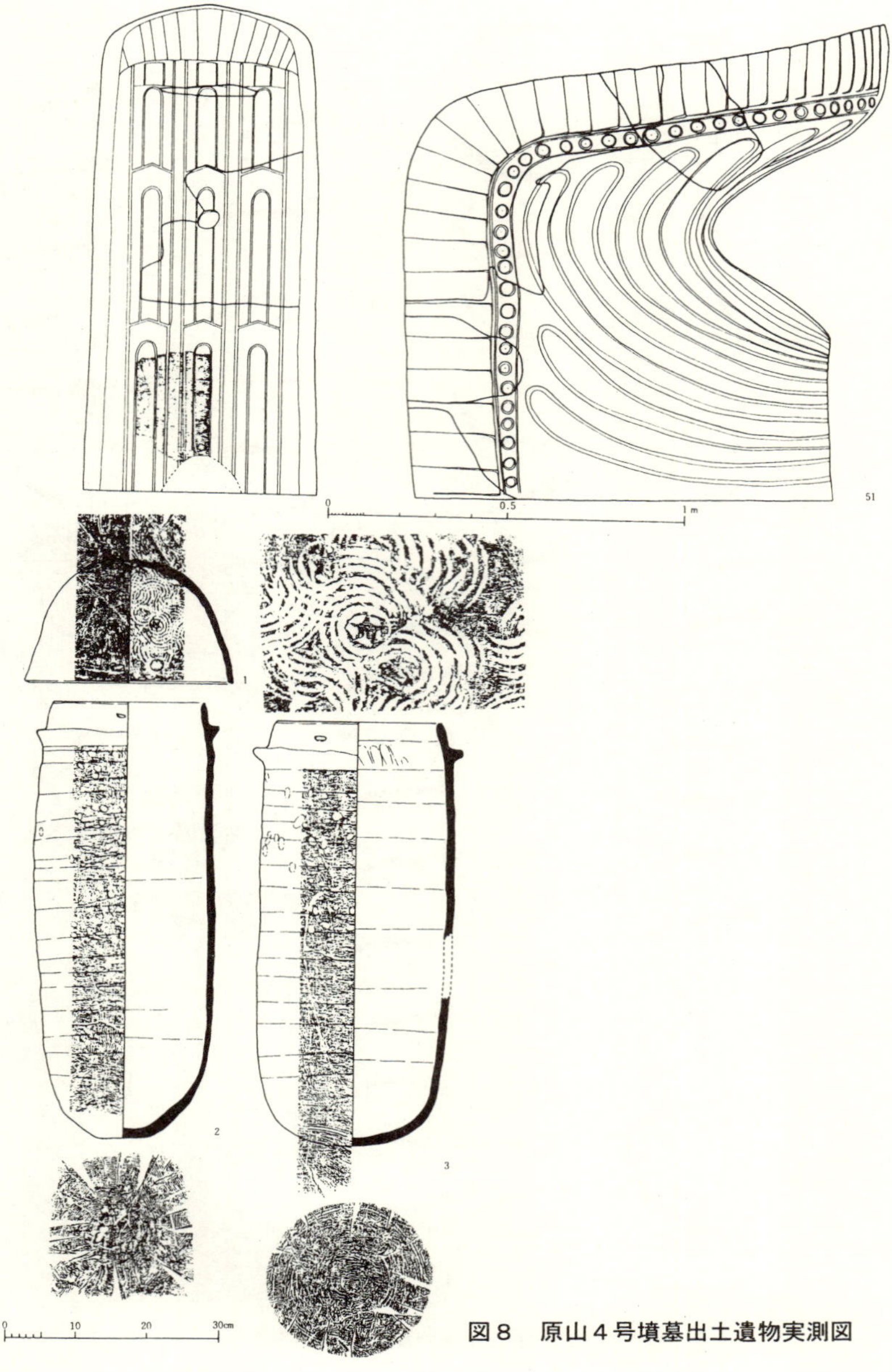

図８　原山４号墳墓出土遺物実測図

これら遺物の埋置のために掘り下げられたものと考えられる。

これらの観察によって上層の周囲に円筒状土製品が配置され、須恵器蓋が内部一面に配置されていたことがわかる。土釜状須恵器については、破損していたものの二点の個体が検出され、それぞれが蓋を伴っていたことも明らかになった。

一方、鴟尾は瓦に分類される遺物であり、これらの遺物群に含まれているのは注目される。これら遺物の特徴についてはすでに報告書『陶邑』Ⅶで記述した。とりわけ須恵器蓋杯セットとして本来は供給されているはずの性格の製品が蓋のみで確認されている状況にも注目しなければならないだろう。この点これらの蓋に伴う杯が須恵器ではなく木製の杯であればその痕跡が残されていなくとも問題はないだろう。しかし何故にあえて木製品の杯を使用しなければならなかったのかについては問題となるが、現在のところ明快な答えは明らかではない。なおこれらの出土遺物は蓋を除いてはいずれも特徴的なものであり、生産窯の特定が比較的容易であると考える。この点については後に記述する。

・原山5号墳墓（図10）

墳墓群の西北地域、標高八一・四m前後をはかる丘陵斜面に位置する。1号墳墓の北西一七mにあり、当該墓群中では最も標高の高い位置に構築された遺構である。すでにみた1～4号墳墓のように本格的な葬送用の構造物などは検出されていない。

しかし同一斜面で近接して窯跡などが確認されておらないにもかかわらず、4号墓と同時期の遺物が出土していることから、墳墓群の一つの遺構と考えた。したがって、他の墳墓に供された遺物の可能性もある。ちなみに当該墳墓は南北方向に長軸を持つ不整形な楕円形を呈する土坑である。

・原山6号墳墓

五号墳墓の南六m、標高八三m前後の丘陵見南斜面に位置する。先の5号墳墓と同様、明確な墓という形状では確

図９　原山４号墳墓出土遺物実測図

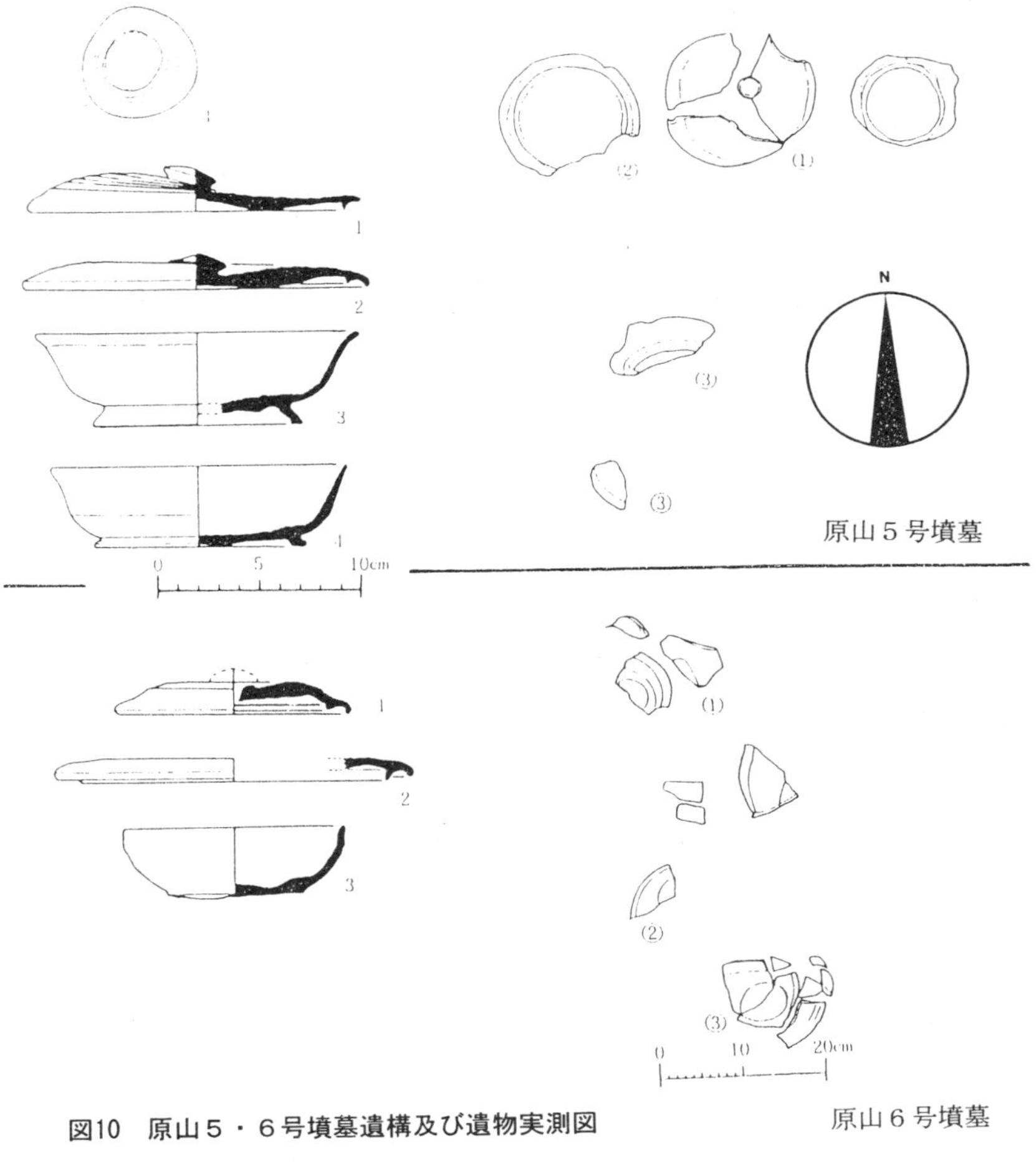

図10　原山５・６号墳墓遺構及び遺物実測図

認されていない。わずかに須恵器蓋杯が三個整然と配置された形で検出されたもので、それらが納められた土坑は確認されていない。したがって5号墳墓の場合と同様にほかの施設に供された遺物である可能性は捨てきれない。

　副葬品と見られる遺物には、須恵器蓋杯および壺がある。いずれも破片であり、微妙な点で5号墳墓の須恵器とほぼ同じ時期と見られる。しかし厳密にみると、本例のほうが五号例よりは、わずかに古くさかのぼる可能性がある。

2　墳墓の形成をめぐって

　原山墳墓群について1号墳墓から6号墳墓について遺構と遺物の記述を行ってきたが、次にそれらが如何に形成されていったのか、またそこにみられる遺物から生産地の特定が可能なのかどうか、あるいは書く墳墓の相互の関連が明らかになるのか等々の問題がある。これらについて若干の検討を加えてみたい。

　まずこれらの墳墓の築造の順番についてである。すでに出土遺物から各々の時期については記述してきた。その順に従えば形成時期が最もさかのぼるのは四号墳墓である。次いで1号墳墓、さらに2号墳墓、3号墳墓となる。とくに2，3号墳墓については両者の骨蔵器の形態的な特徴から2号が3号に先行することがわかる。また5・6号墳墓については4号墳墓とほとんど同じ段階であり、あえて前後関係を求めるとすれば記述のごとく六号墳墓がわずかにさかのぼる可能性がある。ただし5・6号墳墓については、本来墳墓として構築されたのではなく、4号墳墓と何らかのかかわりで形成されたとみることも不可能ではない。すなわち両遺構は、4号墳墓の被葬者との関連で近接して形成された、あるいは遺物が配置されたと見ることもできるのである。あえて言えばこれら5・6号墳墓とした遺構からの出土遺物を骨蔵器と判断するには問題があろう。ともあれ以上の結果から各墳墓の築造順位を示したのが図11である。

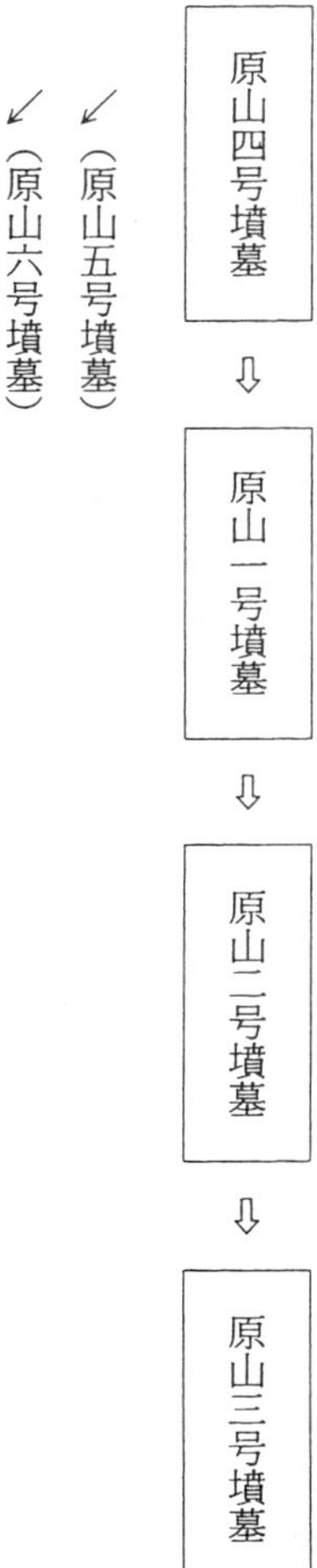

図11　原山墳墓群の形成順序概念図

3　各墳墓と生産窯との関連

4号墳墓では、鴟尾や土釜状須恵器さらには円筒状土器という特殊な形状の遺物が出土している。これらは陶邑ではごく限られた窯跡から出土しているものである。とくに鴟尾は改めて説くまでもなく瓦の一種である。ところで瓦を生産した窯は陶邑では比較的少なく、地域的には光明池（ＫＭ）地区および栂（ＴＧ）地区に限定されている。しかも瓦生産の痕跡の見られた窯では平瓦、丸瓦、磚などがあり、鴟尾の生産は見られない。わずかに栂（ＴＧ）64号窯から鴟尾の破片が出土している。これらの破片と当該原山4号墳墓出土の鴟尾を比較対象してみたところ、一致し、接合できたものもある。

さらに土釜状須恵器についても同じ栂（ＴＧ）64号窯から検出されている。さらに土釜状須恵器の蓋内面に施されている叩き目文様は独特である。すなわち同心円の中央部分に車輪文と呼ばれる星形の文様が確認される。このような車輪文叩きが認められる例は、栂（ＴＧ）64号窯跡、68号窯跡の二つの窯跡から確認されている。64・68号窯跡は、近接して構築されているが、同じ丘陵、斜面ではない。これらの資料は須恵器工人の系譜を知るために重要であり、当該例についても68号窯跡出土例が64号窯跡出土例より、わずかに先行するものである。本来いかなる時期あるいは場合であっても、またいかなる製品にあっても、完全に完成した形状の製品を持って供給されるのが常である。にもかかわらず破片で、かつ二分の一以下を供給することが考えられるだろうか。おそらくこれに対しては否定的な答えとならざるを得ないだろう。

また当該墳墓に対して行われた同所からの供給と考えられる製品には、歪みなどの著しいものも多く含まれており、副葬品としては異例であるといえる。すなわちこれらの製品が当該墳墓に供給された背景には通常の需要、供給の関係ではない、両者の濃密な関係が想定される。あるいは当該墳墓群がこれら須恵器工人達の墓域であると見るのが自然なのかもしれない。

さらに当該墳墓には多くの特徴ある須恵器の出土があり、それらによって当時の須恵工人の地域的な分布との比較検討が可能となる。その重要な遺物の鴟尾は、同一個体の破片の一部が生産されていた窯跡に残された状態で確認されており、一方の破片が４号墳墓の主体部で確認されている。この事実は、両者の関係の濃密さを証明するほかには考えられない。またＴＧ68号窯と64号窯は、栂丘陵の南端部付近の丘陵西斜面に構築された近接する登窯である。両者の生産に対応していた工人が同一集団であったと考えることは十分可能であり、まったく時期的な連続関係についても問題はない。すなわちＴＧ68号窯は陶邑編年Ⅱ型式６段階に相当する時期の生産であり、ＴＧ64号窯は同Ⅱ型式６段階からⅢ型式３段階までの時期に生産が継続した窯である。とりわけこのⅡ型式６段階からⅢ型式１段階にかけての須恵器生産は、大きく器種構成に変化がもたらされる段階に相当する。その変化は内部での発展的な変化とは考えられず、むしろ外的要因の強い変化と考えられる。

一方、内面の叩きに見られる車輪文の存在は、陶邑地域で確認されている例が少ないもので特徴的であり、道具の系譜から工人の系譜をたどれる数少ない徴証資料として注目される。

4　墓域の問題について

これらの窯跡が所在する地域から原山墳墓群までは、いくつかの丘陵や谷という自然地形にへだてられ、かつ相当の距離があるにもかかわらず、この地域に墳墓を設置したという意味はどこにあるのだろうか。なお既述のように当該墳墓群と窯の出土品に共通する部分があり、両者にかかわった氏族あるいは個人に共通性がある、あるいは同一家族、人物の可能性も考えられる。いわばこれらの地域全体が、彼らの生産かかわる供用区域であったと見ることも可能である。

『日本書紀』大化二年三月甲申条に「……（略）、凡自畿内、及諸国等、宜定一所、而使収理、不得穢散理所々。……（略）」とある。これはよく知られた大化薄葬令とよばれる法令の末尾部分の一節である。この時期に公布された法令そのものの有効性や存在に関して、疑問を呈する研究者も多い。しかしその実施か否かという問題はともあれ、この時期に同趣旨のような規模の古墳が多くみられたという状況が存在したと見ることは大方の一致するところであろう。

本稿で対象とした4号墳墓についてもその具体例の一つとしてみてよいだろう。さらに系譜を同じくする氏族が同じ地域に墳墓を形成するというのは、『続日本紀』延暦九年秋七月辛巳条に以下の記載がある。

津真道等上表言、真道等、本系出自百済貴須王者、百済始興第一六世王也。夫百済太祖都慕大王者、日神降霊、奄扶余而開国、天帝授、惣諸韓而称王、降及近肖古王、遥慕、聖化、始聘貴国、是即神宮皇后摂政之年也、其後軽明麻御宇、応神天皇命上毛氏遠祖荒田別、使於百済、捜聘有識者、国王貴須王恭奉使旨、択採宗族、遣其孫辰孫王、一名智宗王随使人朝、天皇嘉焉、特加龍命、以為皇太子之師矣、……（略）。難波高津朝御宇、仁徳天皇以為辰孫王長子午定君、午定君生三男、長子味沙、仲子辰爾、季子麻呂、従此而別始為三姓、各因所載以命氏焉、葛井、船、津連等是也。

とある。その内容は津真道等の一族、すなわち津氏、葛井氏、船氏は元来同一氏族であったということを、その祖先をたどって上表したものである。

その上表はやがて『続日本紀』延暦一八年三月丁巳条に「己等先祖、葛井・船・津三氏墓地、在河内国丹比郡野中寺以南、名曰寺山、子孫相守、累生不侵。」と先と同じ津真道が上表している。これは彼ら同族系譜に連なる三氏が河内国丹比郡野中寺以南の寺山に墓地を共有し、守護してきたというものである。

この記事から渡来系氏族の場合、分家する以前の本来系譜を同じくする氏族にさかのぼって、同一氏族として同じ地域に墓域を定め、かつ保有していたことが明らかとなる。本稿で紹介してきた原山墳墓群についても、これらの場合と同様、あるいはそれ以上に新来の渡来者集団の可能性があり、その結束はより強固なものがあったと考えられる。また大化改新に伴う薄葬令がだされたとしても、その強固な氏族関係の表現として、彼らの主要な生業の場であった窯に近い丘陵地域をその一族の墳墓域として定めたのではないだろうか。⑥

ちなみに時期を同じくして陶邑地域では檜尾地域に数か所の墳墓群が形成されている。それらには火葬段階まで継続して営まれた場所もみられる。当該墳墓群は規模的には小さいが、その系譜関係を示す墓域の形成地として重要な資料を提供することになったといえる。

〈補注・参考文献〉

①陶邑の窯跡以外の遺跡については、中村「陶邑窯跡群における工人集団と遺跡」『古文化談叢』20集、一九八八年のほか、中村『須恵器窯跡の分布と変遷』雄山閣出版、一九九二年を参照されたい。

②中村「原山古墳群の調査」『陶邑』Ⅶ、大阪府文化財調査報告書、第37冊、大阪府教育委員会、一九九〇年。

③通称原山大師と地元では呼ばれていたが、特に僧侶が居住しあるいは祭祀が行われているという様子もなく、その寺とは関係のない家族が一時居住していた。とくに何らかの歴史的由緒がある寺とは伝聞していない。

④栂（TG）39－Ⅰ～Ⅳ号窯跡、40－Ⅰ～Ⅳ号窯跡、41－Ⅰ～Ⅲ号窯跡などが、煙出しと重複するほど近接して構築されていた。さらに主軸を同じくして上下層に重複して構築された窯もみられた。いずれも須恵器登窯である。時期的には陶邑編年Ⅰ型式からⅣ型式までさまざまであったが、最も窯が集中して所在したことから、当時開発者側との協議によって現地が保存されていたが、その後、削平され現在は宅地となっている。

⑤類例としては兵庫県三木市久留美所在の久留美窯跡に隣接した毛谷遺跡で確認されている。時期は奈良後期～平安時代である。

⑥このような一族の墓域に関する具体的な遺跡の報告例は比較的少ないようである。

細川女谷SX15土坑出土

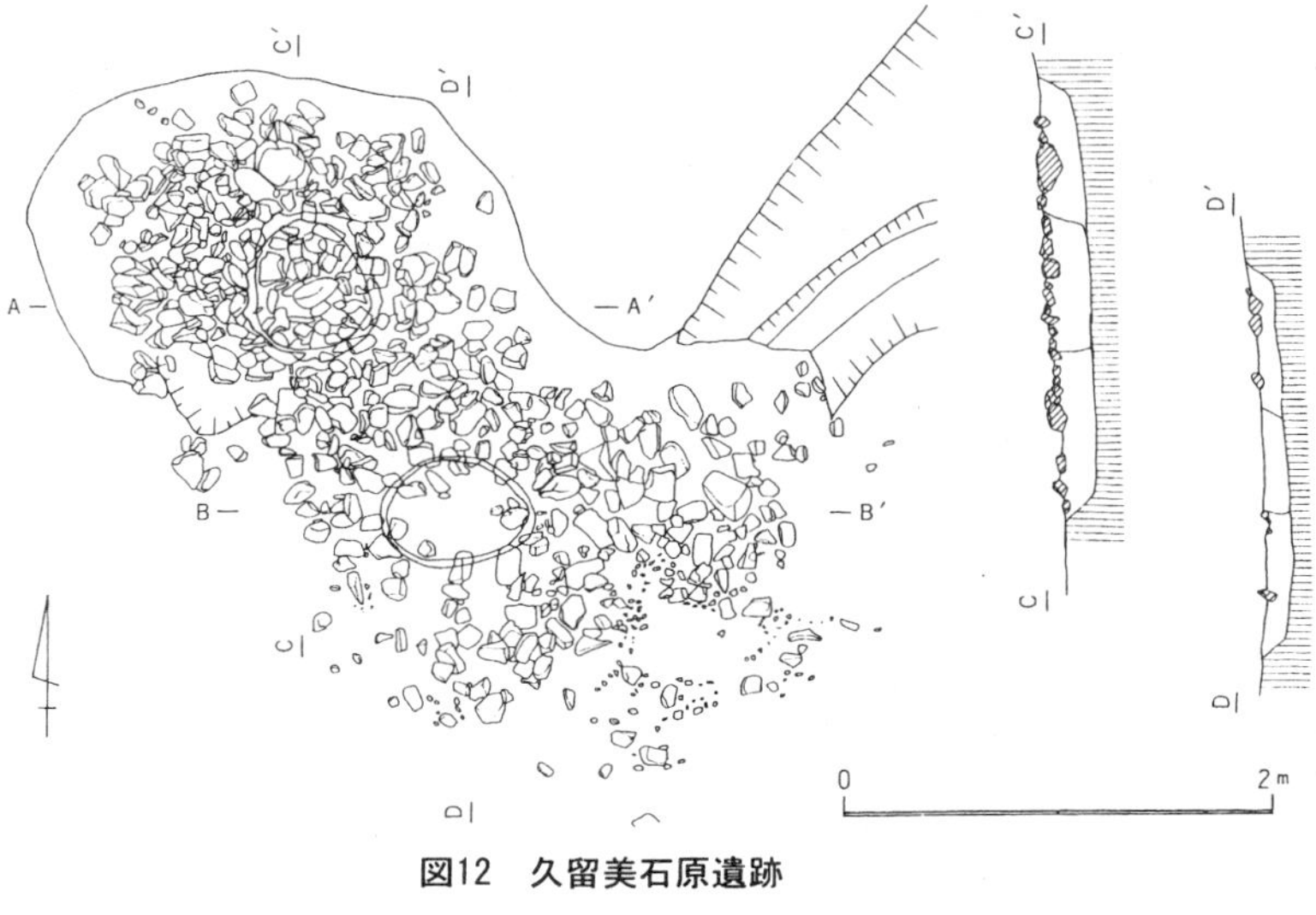

図12　久留美石原遺跡

あとがき

従来須恵器生産とりわけ陶邑における須恵器生産について墳墓と遺物を中心に考えてきた。本書はその須恵器を生み出した工人層、さらに各地の古墳の被葬者層について記述してきた。これらはすでに研究誌に投稿したものである。今回収録にあたって改めて見直した部分もいくつかあるが、論の趣旨にかかわる部分は手を加えることをしていない。また新たに書き加えたものも一部見られる。以下にその掲載誌と掲載年次を記述しておく。

第一部　須恵器から見た被葬者像

第一章　金山古墳の年代とその被葬者像（『立命館大学考古学論集』Ⅴ、立命館大学考古学論集刊行会、二〇一〇年）

第二章　阿武山古墳の被葬者について―とくに出土須恵器の再検討―（『古代文化』50―6、古代学協会、一九九八年）

第三章　仏教文化の地方波及を示す墳墓―五反迯古墳出土遺物の再検討を通じて―（原題「仏教文化の地方波及の一例―岡山県五反迯古墳出土遺物の再検討」『楢崎彰一先生古希記念論集』真陽社、一九九八年）

第四章　小丸山古墳の被葬者像について（原題「兵庫県加東郡社町所在小丸山古墳の再検討」『立命館大学考古学論集』Ⅱ、立命館大学考古学論集刊行会、二〇〇二年）

附・「河内龍泉寺坪付帳案文」について（『文化財研究』10、大阪大谷大学文化財学会、二〇一〇年）

第二部　陶邑の須恵器について

第一章　古窯の操業期間に関する一考察（『志学台考古』2、大谷女子大学文化財学科、二〇〇二年）

第二章　初期須恵器移動の背景とその系譜―岩手県中半入遺蹟出土初期須恵器について―（『大谷女子大学紀要』37、大谷女子大学、二〇〇三年）

第三部　陶邑の古墳―須恵器工人の墳墓―

第一章　野々井南遺跡の墳墓遺構について（原題「須恵器生産者の墳墓―野々井南遺跡の墳墓遺跡について―」『大阪大谷大学紀要』41、大阪大谷大学、二〇〇七年を改変追加）

第二章　檜尾塚原古墳群の形成（原題「須恵器生産者と古墳群」『大谷女子大学紀要』38、二〇〇四年を改変追加）

第三章　檜尾塚原九号古墳の被葬者像―その埋葬主体と出土須恵器について―（原題「檜尾塚原九号古墳出土遺物について」『王朝の考古学―大川清先生古希記念論集』1、一九九五年）

第四章　牛石13・14号墳の再検討（原題「須恵器生産者とその墳墓―牛石13・14号墳の再検討―」『立命館大学考古学論集』Ⅲ―2、立命館大学考古学論集刊行会、二〇〇三年）

第五章　原山墳墓群の形成（原題「和泉陶邑における墳墓の形成―原山墳墓群の形成を中心に―」『大谷女子大学紀要』29―2、大谷女子大学、一九九五年）

最後に、本年三月をもって長らくお世話になった大阪大谷大学（旧大谷女子大学）を定年退職となる。三十五年間在職し、その間は考古学、博物館学を担当して今日に至った。この間、いくつかの試練や成果もあったが、今ではどれも懐かしい思い出の一こまである。長年にわたっての研究生活を支えていただいた大学、学園、先輩、同僚、後輩の諸氏に感謝を申し述べる。

とくにわがままな自分を支えてくれた家族、とくに妻タカノに感謝したい。妻は平成二十三年九月に他界し、今は冥界を異にするが、霊前に供えてともに喜びを分かちたい。

著者

中村　浩（なかむら　ひろし）
1947年大阪府生まれ。1969年立命館大学文学部史学科日本史学専攻卒業。大阪府教育委員会文化財保護課勤務を経て、大谷女子大学文学部専任講師、助教授、教授となり現在に至る（校名変更で大阪大谷大学）。博士（文学）。この間、福井大学、奈良教育大学非常勤講師ほか、宗教法人龍泉寺代表役員（住職）。専攻は、日本考古学、博物館学、民族考古学（東アジア窯業史）、日本仏教史。
主な編著書に、『陶邑』Ⅰ～Ⅲ（編著、大阪府文化財調査報告書、1976～78年）、『河内飛鳥再訪』（飛鳥出版、1976年）、『須恵器』（考古学ライブラリー、ニューサイエンス社、1960年）、『和泉陶邑窯の研究』（柏書房、1981年）、『窯業遺跡入門』（考古学ライブラリー、ニューサイエンス社、1982年）、『古代窯業史の研究』（柏書房、1985年）、『古墳文化の風景』（雄山閣出版、1989年）、『研究入門須恵器』（柏書房、1990年）、『須恵器窯跡の分布と変遷』（雄山閣出版、1992年）、『古墳時代須恵器の編年的研究』（柏書房、1993年）、『須恵器集成図録』全６巻（雄山閣出版、1995～97年）、『古墳時代須恵器の生産と流通』（雄山閣出版、1999年）、『新訂考古学で何がわかるか』（芙蓉書房出版、1999年）、『博物館学で何がわかるか』（芙蓉書房出版、1999年）、『和泉陶邑窯の歴史的研究』（芙蓉書房出版、2001年）、『和泉陶邑窯出土須恵器の型式編年』（芙蓉書房出版、2001年）、『泉北丘陵に広がる須恵器窯―陶邑遺跡群』（新泉社、2006年）などがある。

須恵器《すえき》から見《み》た被葬者像《ひそうしゃぞう》の研究《けんきゅう》

2012年３月28日　第１刷発行

著　者
中村《なかむら》　浩《ひろし》

発行所
㈱芙蓉書房出版
（代表 平澤公裕）
〒113-0033東京都文京区本郷3-3-13
TEL 03-3813-4466　FAX 03-3813-4615
http://www.fuyoshobo.co.jp

印刷・製本／モリモト印刷

ISBN978-4-8295-0553-3